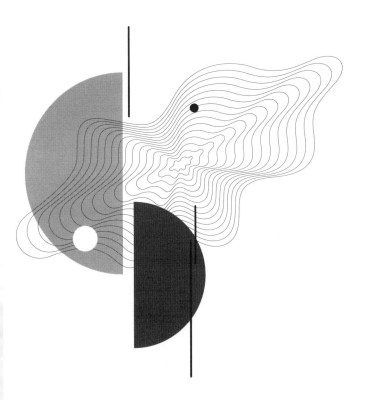

"FRAMEWORK OF COMMON SENSE"
Labor Law

'상식의 틀' 노동법

<혼동 주의> 개별적 근로관계법

박은중 공인노무사 · 외국변호사

박영사

머리말

"인사노무에 힘을 쏟지 않기 위하여"

우리 국민의 상당수가 회사원이나 중소상공인이라는 것은 국민에게 가장 밀접한 법률이 노동법이라는 뜻이 되기도 한다. 살아가면서 민법, 형법 등과 관련된 문제에 연루되는 일은 사실상 잦지 않으나 노동법은 늘 우리 곁에 있다. 이 글은 얼핏 노동법 관련 수험생들이 참고하기에 좋은 면도 있지만, 사실은 노동법을 알아야 하는 기업체의 인사노무 담당자와 대다수 직장인, 중소상공인 등이 노동법에 대해 '쉽게, 그러나 온전하게' 접근하고 혼동을 최소화하여 장기 기억을 가져가는 데 도움을 주고자 하였다. 이 글은 노동조합 등과 관련한 집단적 노사관계가 아닌 '개별적 근로관계'를 다루고 있다. 다만, 단체협약이나 노사협의회와 같은 내용은 관련된 부분에서 언급하였다.

이 글은 노동법에 관한 법령, 이론, 판례 등을 방대하게 나열하기보다 전반적인 주요 논점에 효과적으로 접근하고, 최대한 나의 지식으로 변환하여 유지할 수 있도록 지원하는 데 초점을 맞추었다. 말하자면, 노동법 지식의 나열에 그치지 않고, '습득 방법'을 고려하여 서술했다는 것이 특징이다. 방대한 내용은 아니지만 단편적인 요점만 뽑은 내용도 아니다. 개별적 근로관계에 관한 모든 내용은 아닐지라도 '중요한 모든' 내용은 대부분 반영하였다고 생각한다. 주요 법령 내용, 대법원 판례 및 고용노동부 행정해석을 토대로 전반적 논점에 두루 효과적이고 효율적으로 접근할 수 있도록 내용을 쉽게 풀었고 때로는 한눈에 들어오도록 구조화하였다. 장황한 법령이나 법리에 대해서 나름대로 명확하고 간결하게 정리하려고 노력하였고, 주요 논점이 아니어서 참고를 위해 간략히 정리한 사항도 이를 통해 전체를 조망할 수 있도록 하였다. 책을 다 읽고 난 이후에는 두꺼운 서적을 읽은 것 못지않게 많이 기억 속에 남고, 요약 정리된 서적을 본 것보다 주요 논점을 더 명징하게 습득할 수 있기를 기대한다. 노동법은 자주 변경되므로, 시간이 흐르면 본 저서에서 언급한 세세한 내용은 바뀔 수 있지만, 본 저서를 노동법의 기본 토대를 구축하는 용도로는 계속 활용할 수 있을 것이다.

현장에서 인사노무 관련 분쟁이 발생하는 모습을 보면 안타깝다. 저자가 인사노무와 관련한 직업에 종사하지만, 사용자나 근로자, 노동조합이 인사노무와 관련한 문제에 힘을 쏟는 것은 반대한다. 기획·연구·생산·판매 등 기업의 본령을 위해 노력하고 인재개발에는 힘을 쏟되, 이상하게 들릴 수도 있지만 인사노무관리에는 힘을 쏟지 말아야 한다. 그러기 위해서라도 노사 관계자가 노동법에 대해 제대로 이해하는 것이 중요하다.

법률 지식의 혼동을 방지하고 장기간 기억하려면, 흩어져 있는 법리를 연계하고 비교 또는 대조하면서 정리할 필요가 있다. 가급적 어떤 개념과 관련된 사항을 함께 이해하는 것이 효과적이다. 이처럼 독자가 연관하여 습득하는 데 도움이 될 수 있도록 노력하였다.

우리가 책을 읽을 때는 다 이해하고 잊어버리지 않을 것 같지만 시간이 지나면 기억이 희미해지거나 개념들이 섞여버려서 갈피를 잡지 못하는 경우가 많다. 그래서 '상식의 틀', '원칙과 예외의 틀'을 항상 염두에 두고 접근하면 기억을 재생하는 데 도움이 된다. 상식은 판례에서 많이 나오는 판단 기준인 사회통념과도 같은 맥락이다. 법과 판례도 기본적으로 상식에서 출발하기 때문에 우리도 상식을 토대로 생각해 내면 법령이나 판례의 내용과 구체적으로 부합하지는 않아도 방향성이 같은 취지의 결론을 충분히 생각해 낼 수 있다. 예를 들어, 무단결근을 사유로 한 해고의 정당성과 관련하여, 동료의 폭행으로 휴직을 신청했는데 거부당하여 무단결근한 경우와 해고된 근로자를 복직시키면서 해고가 유효하다는 판단 아래 이미 진행된 인사이동 등을 고려하여 원직과 같은 업무가 아닌 다른 일을 시켰는데 근로자가 이를 거부하며 무단으로 결근하는 경우를 비교해보자. 판례를 들여다보기 전에 우리의 상식을 가동해 본다. 여러분의 생각과 마찬가지로 ─ 저자의 추측이 맞는다면 ─ 판례는 전자의 경우 해고는 과한 징계이고, 후자는 해고가 정당하다고 보았다.

'원칙과 예외의 틀'은 상식의 틀과 일맥상통한다. 예를 들어, 사생활의 비행은 원칙적으로 해고 사유로 삼으면 안 되지만, 예외적으로 그것이 사업과 직접적인 관련이 있거나 기업의 사회적 평가를 훼손한다고 인정되면 해고 사유로 삼을 수 있다는 것이 판례의 태도이다. 사생활이 해고 사유가 되는지 여부에 대해서 역시 판례를 들여다보기 전에, 회사 업무라는 공적인 영역에서 사적인 생활을 문제 삼아 해고하는 것은 지나치다는 생각은 상식선에서 생각해 낼 수 있다. 다만 여기서 그쳐서는 안 되고, 비록 사생활이라도 그것이 기업의 사회적 평가라는 공적인 영역에 영향을 미친다면 이야기가 달라질 수 있다는 점까지 생각하는 것이다. 많은 법조문과 판례가 이처럼, '~하다. 다만~'의 틀을 취하고 있다. 사실 시험 공부가 임박한 경우나 회의 석상 등에서 관련 내용이 바로 필요한 경우가 아니라면 법조문과 판례를 문자 그대로 외우고 있을 필요는 없다. 서두에서 언급했듯이, '법이 움직이는 원리와 기본 개념'을 익히고 '상식을 동원'하고, 상식적인 판단을 벗어난 듯한 개념들은 더욱 유의 깊게 숙지하고, 세부적인 내용이 필요한 경우를 대비하여 서적이든 신뢰할 만한 웹사이트든 즉시 대응할 수 있는 접근 경로를 갖고 있으면 된다.

이 글은 여러 부분에서 〈법리가 상식에 토대를 두고 있음〉을 강조하였다. 본 저서가 복잡할 이유가 없음에도 불구하고 의외로 복잡한 노동법에 '쉽게, 그러나 온전하게' 접근하려는 인사노무 담당자, 직장인 등에게 작은 길잡이가 되길 소망한다.

아울러, 이 책을 펴내주신 박영사의 안종만, 안상준 두 분 대표님께 감사드리고, 여러모로 수고해 주신 임재무 전무님, 장유나 차장님, 김민규 대리님과 관계자 여러분께 감사드린다.

2024년 8월
저자 박은중

차례

03
근로관계의 시작, 의무의 발생

04
근로시간

05

휴일

06

연차유급휴가

07
임금의 기본

08
최저임금 및 휴업수당

09
가산임금 및 포괄임금제

10

유연근무제도

11

연소자 · 여성 보호 및 일 · 가정 양립 지원

12
인사명령과 징계

13
근로관계의 마무리

14
임금채권 보장 및 퇴직급여

첨부
산업안전 및 산업재해

01

근로조건 규율의 근거

근로조건 규율의 근거

1 우선하는 근거

> **사례**
>
> 근로자 A는 지난달 본인의 잘못으로 인해 1주일간 대기발령1 상태에 있었는데, 어느 날 급여 계좌를 들여다보니 그달의 월급이 생각보다 적어서 인사담당자 B에게 전화를 걸었다.
>
> A : 급여가 덜 들어온 것 같아요!
>
> B : (급여 확인 후) 맞는데요. 최근에 개정된 단체협약을 보면 대기발령 기간은 무급인데 그래서 적은 거예요.
>
> A : 대기발령 기간에 무급이라고요? 70%는 나오는 줄로 알았는데요. 취업규칙에 그렇게 되어 있지 않나요?
>
> B : 아, 취업규칙에는 그렇게 되어 있는데요. 단체협약을 적용해야죠.
>
> A : ??.........................

---

1 대기발령은 징계일 수도 있고 인사관리일 수도 있는데, 여기서는 징계의 하나로 본다

(1) 노사가 합의한 단체협약은 힘이 세다

다른 모든 법률관계와 마찬가지로 근로조건을 규율하는 최고의 근거도 헌법과 관계 법령[2]이다. 그리고 자치법규인 단체협약, 사용자가 정한 취업규칙, 사용자와 개별 근로자가 체결한 근로계약이 있고, 마지막으로 근로 관행이 있다. 각 근거의 내용에 관해서는 후술하고 이들의 관계부터 본다면, 헌법과 노동관계 법령이 가장 먼저 적용되고, 단체협약, 취업규칙, 근로계약, 관행 순으로 적용된다. 즉, 단체협약에 정한 근로조건 기타 근로자의 대우에 관한 기준에 위반하는 취업규칙 또는 근로계약의 부분은 무효가 되고(노동조합법 제33조), 취업규칙에 미달하는 근로계약의 내용도 그 부분에 한해서는 무효가 된다(근로기준법 제97조). 무효로 된 부분은 선순위 근거에 있는 내용이 적용된다. 관행은 사실상의 제도로서 확립되어 있다면 근로계약의 내용으로 인정된다.[3]

[선순위 근거에 규정되지 않은 사항]　　선순위 근거에 위반해서는 안 된다는 원칙은 물론 선순위 근거에 관련 규정이 있을 때 적용된다. 예를 들어, 단체협약과 취업규칙이 상호 충돌한다면, 즉 단체협약에서 '규정한 사항'에 충돌하는 내용을 취업규칙에서 규정한다면 취업규칙의 내용이 무효가 되나, 단체협약에서 '규정하지 않은 사항'을 취업규칙이 규정한다면 물론 이 내용은 유효하다.

(2) 후순위 근거에 근로자에게 유리한 조건이 있다면

① 단체협약 vs. 취업규칙, 취업규칙 vs. 근로계약

근로관계를 규율하는 근거의 내용이 상이할 때, 상대적으로 약자인 근로

2　법률 – 시행령(대통령령) – 시행규칙(부령) 등
3　대법원 2002.4.23. 2000다50701

자에게 유리한 내용을 우선하여 적용하는 것이 타당하다. 그런데, 단체협약과 취업규칙 간에는 이러한 원칙이 적용되지 않는다. 즉, 단체협약에 취업규칙보다 근로자에게 불리한 내용이 있어도 그 내용이 현저히 합리성을 결하여 노동조합의 목적을 벗어난 것과 같은 특별한 사정이 없으면 단체협약을 적용한다.[4] 취업규칙과 근로계약 간에는 유리한 조건 우선의 원칙이 적용되어, 일반적인 효력은 취업규칙이 근로계약보다 우선하지만, 근로계약의 내용이 취업규칙의 내용보다 근로자에게 유리하다면 근로계약을 적용한다.[5]

② 단체협약 vs. 근로계약

단체협약과 근로계약 간에 유리한 조건 우선의 원칙을 적용할 것인지 여부에 대해서는 아직 명확히 정립되지 않았다.[6] 이 경우에도 유리한 조건 우선 원칙을 적용하여 근로자에게 유리한 근로계약의 효력을 우선할 수는 있으나 다툼의 여지가 있다.[7]

상기 사례에서 비록 회사의 취업규칙의 내용보다 불리한 내용이 단체협약에 포함되어 있어도, 특별한 사정이 없는 한 단체협약이 우선적으로 적용된다. 이를 인정하는 것은 노동조합은 조합원의 권익을 대표하는 단체라는 점을 고려하고, 노사가 대등한 교섭을 통해 정한 자치법규의 효력을 강하게 인정하는 취지이다. 노사가 대등한 힘을 바탕으로 교섭하여 도출해 낸 결과에 사용자의 부당한 영향력이 있지는 않을 것이라는 점을 고려한 것이다.

---

4   대법원 2002.12.27. 2002두9063
5   대법원 2022.1.13. 2020다232136
6   이를 적용하면 사용자가 단체협약보다 유리한 근로계약을 일부 근로자와 체결함으로써 근로자를 분열시킬 수 있다는 우려가 있다
7   상여금과 관련하여, 단체협약보다 유리한 근로계약의 효력을 인정한 하급심 판례는 있다(대구지방법원 2021.5.27. 2020가단120698)

유리한 조건 우선 원칙

- 취업규칙 vs. 근로계약: 적용
- 단체협약 vs. 취업규칙 간: 미적용 → 단체협약 우선

단체협약 또는 노사 합의는 항상 우선인가?

각 근거 간의 우선순위 문제는 아니지만 관련해서 이해할 사항이 있다. 위와 같이 기존의 근로조건보다 불리한 내용의 효력도 인정할 만큼 단체협약의 효력은 강력하지만, 개별근로자와의 합의를 원칙으로 하는 사안도 있다. 예를 들어, 연장근로에 대한 합의는 개별 근로자와의 합의가 원칙이다. 단체협약의 효력을 아무리 존중한다고 해도, 내가 연장근로를 할지 말지에 대한 결정 권한을 내가 아닌 노동조합이 갖는다는 것은 법 이전에 상식에도 부합하지 않는 면이 있다. 연장근로에 대한 합의는 근로자 개인의 개별적인 합의가 원칙이고, 단체협약 등 근로자단체의 집단적 합의는 근로자 개인의 합의권을 제한하지 않는 범위 내에서만 인정된다.[8]

연장근로 등에 대한 가산임금 등의 수당을 미리 정하여 급여에 포함해 지급하는 포괄임금제와 관련, 고용노동부는 단체협약에 실시 근거가 명기되어 있더라도 개별 근로자의 명시적 동의를 얻어야 한다고 해석한다.[9] 또한, 단체협약은 아니지만 노사가 무급휴직 실시를 합의하였다 하더라도 개별 근로자의 동의나 신청이 없이 휴직을 강제한다면 이는 사실상의 휴업에 해당하여 휴업수당 지급 의무가 발생하므로 무급휴직 실시를 위해서는 개별근로자의 동의가 필요하다고 해석한다.[10]

---

8 대법원 1993.12.21. 93누5796
9 포괄임금제 사업장 지도지침, 고용노동부(2017.10), p.3
10 근기 68207-388, 1999.2.13, 근로기준정책과-3283, 2018.5.18

2 각 근거

(1) 근로기준법 및 관계 법령

개별적 근로관계를 규율하는 기본법인 근로기준법을 비롯한 노동관계 법령은 헌법 다음으로 근로관계를 규율하는 선순위의 근거이다. 근로기준법은 헌법에 따라 근로조건의 기준을 정한 법률이다. 관계 법률에는 기간제 및 단시간근로자 보호에 관한 법률(이하 "기간제법"), 남녀고용평등과 일·가정 양립 지원에 관한 법률(이하 "남녀고용평등법"), 파견근로자 보호에 관한 법률(이하 "파견법"), 근로자퇴직급여보장법(이하 "퇴직급여법"), 임금채권보장법, 산업안전보건법, 산업재해보상보험법(이하 "산재보험법") 등이 있다.

① 근로기준법의 주요 원리

강제 근로의 금지, 폭행의 금지, 근로조건의 준수, 근로조건의 노사대등 결정, 중간착취의 배제,[11] 공민권 행사의 보장 등 그 용어 자체로 명확한 기본원리는 논외로 하고, 최저기준 보장, 균등처우의 원칙, 기능습득자에 대한 보호에 관해 서술하고자 한다.

[최저기준 보장] 근로기준법에서 정하는 근로조건은 최저기준이므로 이에 미달하는 근로조건은 무효이고, 무효로 된 부분은 근로기준법에 따른다. 또한, 근로관계 당사자는 '이 기준을 이유로' 근로조건을 저하할 수 없다(근로기준법 제3조). 근로기준법의 기준이 아니라 다른 합리적인 이유가 있거나 근로자의 의사를 반영하여 근로조건을 저하할 수는 있다. 기존에 형성된 근로조건을 저하할 수 있다는 뜻이고, 근로기준법의 최저기준 아래로 저하할 수 있다는 의미가 아니다.

---

[11] '누구든지' 법률에 따르지 아니하고는 영리로 다른 사람의 취업에 개입하거나 중간인으로 이익을 취득하지 못한다(근로기준법 제9조)

[균등처우의 원칙]   사용자는 근로자에 대하여 남녀의 차별적 대우를 하지 못하며, 국적, 신앙 또는 사회적 신분을 이유로 근로조건에 대한 차별적 처우를 하지 못한다(근로기준법 제6조). 균등처우와 관련해서는 사회적 신분이 주로 쟁점이 된다. 사회적 신분이란 사회생활에서 장기간 점하는 지위로서 일정한 사회적 평가를 수반하는 것을 의미한다.[12] 공무원이나 전과자와 같은 후천적 신분도 포함한다. 무기계약직, 기간제와 같은 고용 형태는 사회에서 장기간 차지하는 지위라고 하더라도 사회적 평가가 수반된다고 단정하기는 어렵고, 설령 사회적 평가가 수반된다고 하더라도 쉽게 변경할 수 없는 지위라고 보기는 어려운 면이 있다.[13] 대법원 전원합의체는 '공무원과의 관계에서'라는 전제가 있기는 하나 무기계약직은 사회적 신분에 해당하지 않는다고 판단했다.[14]

종교적 또는 정치적 단체와 같이 특정한 신앙 또는 신조를 토대로 운영하는 사업체에서 신앙 또는 신조를 이유로 한 차별을 할 수 있는지도 문제가 된다. 종교적 또는 정치적 활동이 근로의 주된 내용을 이루고 있다면 해당 종교단체나 정치단체 등의 본질적인 활동을 침해하는 행위를 한 근로자에 대하여 차별 대우를 하더라도 균등처우 원칙의 위반은 아니라고 보나, 그러한 경우가 아니라면 아무리 종교적·정치적 사업체라도 단지 신앙 등이 다르다는 이유로 차별하는 것은 헌법 및 근로기준법 위반으로 보아야 한다.

[기능 습득자의 보호]   사용자는 양성공, 수습, 그 밖의 명칭을 불문하고 기능의 습득을 목적으로 하는 근로자를 혹사하거나 가사, 그 밖

---

12 헌법재판소 1995.2.23. 93헌바43
13 상기 결정에서 헌법재판소는 근로기준법 제6조에서 사회적 신분과 함께 차별 금지 사유로 열거한 성별, 국적, 신앙이 쉽게 변경할 수 없는 특성이 있다는 점을 제시하는데, 사회적 신분 역시 쉽게 변경할 수 없는 특성을 가진다고 볼 수 있다
14 대법원 전원합의체 2023.9.21. 2016다255941

의 기능 습득과 관계없는 업무에 종사시키지 못한다(근로기준법 제77조). 고용관계에서 약자의 위치에 있는 이들 기능 습득자에 대하여 부당한 대우를 하지 못하도록 법으로 규정한 것이다.

근로기준법 적용 대상 사업장: 상시근로자 5인 이상[15]

상시근로자 수는 파견근로자와 사내도급 근로자를 제외하고 사용자가 '직접 고용'하여 해당 사업 또는 사업장[16]에서 근무하는 모든 근로자를 기준으로 계산한다.[17] 상시근로자는 법 적용 사유의 발생일 전 1개월 동안 사용한 근로자의 연인원(매일 사용한 근로자 수의 누적)을 같은 기간 중의 가동일수로 나누어 산정한다. 예를 들어, 가동일에 매일 출근하는 근로자가 5명, 한 달에 4번 출근하는 근로자가 2명이고, 월 가동일수가 22일인 경우, 상시근로자 수는 5.36명((5x22 + 2x4) / 22)으로 근로기준법이 적용된다.

유의할 점은 상기와 같이 계산한 상시근로자 수가 5인 미만이라도, 일별로 근로자 수를 계산했을 때, 법 적용 기준에 미달(5인 미만)한 일수가 1/2 미만이면 근로기준법이 적용되는 사업장으로 본다. 반대로, 상시근로자 수가 5인 이상이라도 일별로 근로자 수를 계산했을 때 법 적용 기준에 미달한 일수가 1/2 이상이면 근로기준법이 적용되지 않는 사업장으로 본다(근로기준법 시행령 제7조의 2).

사업장의 통상적인 근로자 사용 상태를 제대로 반영하기 위해서 '주휴일에 실제 출근하지 않은 근로자'는 연인원 및 일별근로자 수에서 제외한다.[18]

---

15 다만, 동거하는 친족만을 사용하는 사업 또는 사업장과 가사 사용인에 대해서는 적용하지 아니한다(제11조). 국가, 특별시 · 광역시 · 도, 시 · 군 · 구, 읍 · 면 · 동, 그밖에 이에 준하는 것에 대해서도 적용된다(제12조)

16 쉽게 말해, 사업은 '업체'의 개념, 사업장은 '장소'의 개념

17 근기 68207-1549, 2003.11.28 참조

18 대법원 2023.6.15. 2020도16228

\<표1\> 상시근로자 5인 미만 사업장에도 적용되는 규정

구분	적용 규정(근로기준법 시행령 별표1)
근로 기준법	**[총칙 규정]** 공민권 행사의 보장 등 **[주요 인사관리]** * 근로조건 명시, 근로자명부, 사용증명서, 위약금 예정·전차금 상계·강제저축 금지, 근로조건 위반 시 손해배상·즉시 계약해제, 휴게시간, 주휴일, 해고 예고, 해고 시기의 제한, 퇴직자 금품청산 및 지연이자, 단시간근로자의 근로조건(통상 근로자 비례) * 임금대장·임금명세서, 임금지급 4원칙,[19] 비상시 지급, 도급사업·건설업 임금지급 연대책임, 도급근로자 임금보장, 임금채권 우선변제, * 산업안전, 재해보상 **[임산부·연소자·육아기·가족돌봄 관련]** * 출산전후휴가, 임산부·연소자에 대한 유해·위험 업무 사용 금지 및 야간·휴일 근로 제한, 임산부의 보호, 산부의 시간외근로 제한, 연소자 증명서, 미성년자 보호, 최저 연령·취직인허증, 연소자의 법정근로시간 및 연장근로 제한, 임신기 근로시간 단축
기타 법령[20]	* 퇴직급여, 최저임금, 육아휴직·육아기 근로시간 단축, 가족돌봄 휴가·휴직·근로시간 단축, 직장 내 성희롱 금지, 대지급금, 산업안전법·산재보험법 규정

참고) 근로시간, 공휴일, 연차유급휴가, 가산임금, 직장 내 괴롭힘 금지, 휴업수당, 해고의 정당한 이유·서면 통지, 부당해고 구제 신청 등은 5인 미만 사업장에 미적용

---

19 통화·직접·전액·정기 지급

20 [주요 관계법령의 적용범위] 퇴직급여법, 최저임금법, 임금채권보장법, 남녀고용평등법, 산업안전보건법, 산재보험법, 파견법: 모든 사업장(제21조(차별적 처우의 금지 및 시정 등)는 5인 이상 사업장 적용) / 기간제법: 5인 이상 사업장(일부 조항은 5인 미만 적용)

(2) 단체협약

① 개요

단체협약은 노동조합과 사용자(또는 사용자단체)가 단체교섭을 하고 그
결과물로서 근로조건, 그리고 노동조합 관련 내용 등 노사관계에 관해 합
의한 자치법규이다. 단체협약의 유효기간은 3년을 초과하지 않는 범위에
서 노사가 합의하여 정할 수 있다(노동조합법 제32조제1항). 단체협약의 체결일
로부터 15일 내에 행정관청에 신고해야 한다(제2항). 단체협약의 해석 및
이행방법에 관해 의견이 일치하지 않으면, 당사자 쌍방이 노동위원회에
견해의 제시를 요청할 수 있고(제34조제1항), 노동위원회의 견해는 구속력
을 갖는다.[21] 당사자 쌍방이 요청해야 하나, 단체협약에 당사자 일방도 요
청할 수 있다고 되어 있으면 일방도 요청할 수 있음은 당연하다.(제34조제
1항) 단체협약의 주요 내용[22]을 위반하면 형사처벌(벌금)을 받는다(제92조).

---

21 노동위원회는 요청받은 날부터 30일 이내에 명확한 견해를 제시해야 하고, 노동위원회가 제시한
해석 또는 이행방법에 관한 견해는 중재재정과 동일한 효력을 가진다(노동조합법 제34조제2항,
제3항)

22 임금·복리후생비·퇴직금에 관한 사항, 근로·휴게시간·휴일·휴가에 관한 사항, 징계·해고의
사유와 중요한 절차에 관한 사항, 안전보건·재해부조에 관한 사항, 시설·편의제공 및 근무시간
중 회의 참석에 관한 사항, 쟁의행위에 관한 사항(노동조합법 제92조)

② 개별근로자 관련 내용 vs. 노동조합 관련 내용

단체협약의 내용은 일반적으로 규범적 부분과 채무적 부분으로 구분한다.[24] 규범적 부분은 근로자 '개인'과 사용자 간의 관계에 관한 내용으로, 근로조건 및 근로자의 대우에 관한 기준이 바로 그것이다(노동조합법 제33조 참조). 규범적 부분은 말 그대로 규범처럼 근로자와 사용자의 관계를 직접적으로 규율한다.[25] 이에 반해 채무적 부분은 '노동조합'과 사용자의 관계에 관한 것으로, 조합원의 범위 조항, 근로자를 고용하면 일정 기간 내에 노동조합에 가입하도록 하고 가입하지 않거나 탈퇴 또는 제명한 경우에는 해고하도록 하는 유니언숍 조항, 조합활동 조항, 단체교섭 조항, 단체협약의 유효기간 중에는 단체협약에서 정한 사항의 개정과 폐지를 목적으로 쟁의행위를 하지 않아야 한다는 평화의무 조항, 쟁의행위를 하려면 일정한 절차를 거치게 하는 평화 조항, 쟁의행위가 개시된 후에 노사당사자가 지켜야 할 의무를 규정한 쟁의 조항 등이 있다. 이러한 채무적 부분은 노동조합이 그 권리·의무의 주체이고 조합원 개개인은 직접 이에 대해 권리를 갖거나 의무를 부담하지 않는다.

---

23 정확하게는 각 행정관청의 장에게 신고하는 것이나 편의상 행정관청으로 표현
24 김형배, 노동법(제27판), pp.1244~1245, pp.1266~1267 참조
25 대법원 2016.7.22. 2013두24396

③ 단체협약의 효력 연장

단체협약의 유효기간 만료 시점을 전후하여 새로운 단체협약을 체결하고자 단체교섭을 계속했지만, 새로운 단체협약이 체결되지 아니한 경우에는 별도의 약정이 없다면 종전의 단체협약은 그 효력만료일부터 3월까지 계속 효력을 갖는다. 다만, 단체협약에 그 유효기간이 경과한 후에도 새로운 단체협약이 체결될 때까지 종전 단체협약의 효력을 존속시킨다는 취지의 별도 약정이 있다면 그에 따르되, 당사자 일방은 해지하고자 하는 날의 6월 전까지 상대방에게 통고함으로써 종전의 단체협약을 해지할 수 있다(노동조합법 제32조제3항).

---

26 대법원 2002.11.26. 2001다36504
27 대법원 2018.7.26. 2016다205908

단체협약의 효력 '확장': 협약 당사자가 아닌 자에게도 적용된다

단체협약의 효력 확장은 일반적 구속력과 지역적 구속력으로 구분하는데 '규범적 부분'에만 적용된다. 일반적 구속력은 하나의 사업 또는 사업장에서 '상시 사용되는 동종의' 근로자 반수 이상에게 적용되는 단체협약은 다른 동종의 근로자에게도 적용됨을 의미한다(노동조합법 제35조).

지역적 구속력은 하나의 지역에 있어서 종업하는 '동종의' 근로자 2/3 이상이 하나의 단체협약의 적용을 받게 된 때에는 행정관청은 당해 단체협약의 쌍방 당사자 또는 일방 당사자의 신청에 의하거나 그 직권으로 노동위원회의 의결을 얻어 당해 지역에서 종업하는 '다른 동종의' 근로자와 그 사용자에 대하여도 당해 단체협약을 적용하는 결정을 할 수 있음을 의미한다(노동조합법 제36조). 일반적 구속력과 달리 동종의 근로자가 상시 사용되는 근로자일 필요는 없다. 고용노동부에 의하면, 하나의 지역은 행정구역, 경제권역, 관습 등을 종합하여 동일한 생활여건에 있는 지역을 의미할 수 있으나 사안에 따라 판단한다.[28] 물론, 다른 사업장에서 별도의 교섭으로 단체협약을 체결한 경우에는 그것을 적용하면 되므로 지역적 구속력이 적용되지 않는다. 당연한 논리이겠으나, 이것도 대법원 판례이다.[29]

(3) 취업규칙

① 개요

취업규칙은 사용자가 근로조건과 복무에 관해 정한 규정이다. 상시 10인 이상의 근로자를 사용하는 사용자는 의무적으로 취업규칙을 마련

---

28 집단적 노사관계 업무매뉴얼, 고용노동부(2022.10), p.255
29 대법원 1993.12.21. 92도2287

해야 한다(근로기준법 제93조). 취업규칙은 별다른 접근 절차 없이 근로자가 자유롭게 볼 수 있도록 회사의 내부망 등에 항상 게시하여야 한다(제14조).

한 회사에 여러 개의 취업규칙이 있을 수 있다. 근로자의 근로조건, 근로형태, 직종 등의 특수성에 따라 근로자 일부에 적용되는 별도의 취업규칙을 작성할 수 있다.[30] 하나의 업체 내에 여러 사업장이 있다면 사업장별로 취업규칙을 작성할 수도 있다. 업무 성격이 상이한 본사와 지사가 있다면 각각의 취업규칙을 작성할 수 있는데, 각 사업장이 다른 단체협약 등의 적용을 받거나, 인사노무·회계 등이 독립적이라면 독립된 사업장으로 본다.[31]

개정 취업규칙에 적혀있는 적용일과 실제 시행일이 다르다면 실제 시행일부터 적용한다.[32]

취업규칙의 필요적 기재사항(근로기준법 제93조)

시업·종업시간, 휴게시간, 휴일, 휴가, 교대근로, 임금·가족수당·상여·최저임금, 승급, 퇴직·퇴직급여, 교육시설, 모성보호 및 일·가정 양립 지원, 안전·보건, 사업장 환경 개선, 재해부조, 표창·제재, 직장 내 괴롭힘 예방·대응, 식비·작업용품 부담 관련, 기타 근로자 전체에 적용될 사항

---

30 대법원 1996.2.27. 95누15698
31 근로개선정책과-2403, 2013.4.18., 산재예방정책과-3063, 2021.6.25. 참조
32 대법원 2022.10.14. 2022다245518

② 취업규칙 제·개정의 요건: 근로자의 의견청취 또는 동의(불이익 변경 시)

단체협약이 '노사가 합의한' 자치법규라면 취업규칙은 '사용자가 정한' 규정이다. 그런데, 사용자가 정한다는 말이 사용자가 마음대로 정할 수 있다는 뜻은 아니다. 노사가 대등하게 교섭하여 합의하는 절차를 거치지는 않지만, 취업규칙 작성 및 변경에도 노동조합 또는 근로자의 의사는 반영된다. 즉, 취업규칙을 작성하거나 변경하는 경우 과반수 노조의 의견을 들어야 하고, 과반수 노조가 없으면 근로자 과반수의 의견을 들어야 한다. 내용을 근로자에게 불이익하게 변경하는 경우에는 의견을 듣는 것만으로는 안 되고 그 동의를 얻어야 한다(근로기준법 제94조).

[의견청취·동의의 방법]　　의견청취·동의를 위해서는 취업규칙의 적용을 받는 모든 근로자가 모여 회의하는 것이 원칙이겠으나, 규모가 큰 기업의 경우는 이는 현실적으로 어렵기 때문에, 변경 내용에 대한 상세한 설명을 전제로 사용자가 개입하지 않고 근로자 상호 간의 의견교환이나 찬반 토론을 거쳤다면 회람의 방법으로도 가능하다.[33] 이러한 토론 과정 없이 단순히 회람문서에 서명만 한 경우에는 인정되지 않는다.[34] 근로자의 과반수가 동의했어도, 사용자가 해당 내용을 충분하게 설명하지 않았고, 소규모 팀 단위로 찬반 의견을 취합했다면 무효로 본 판례도 있다.[35]

다만, 불이익 변경에 대한 적법한 동의가 없었더라도 단체협약을 체결하여 취업규칙의 변경 내용을 소급하여 적용하기로 추인했다면 취업규칙은 단체협약이 시행된 시점부터 효력을 갖는다.[36] 취업규칙이 변경

---

33 대법원 2003.11.14. 2001다18322
34 대법원 2001.6.26. 2000다65239 참조
35 서울고등법원 2017.1.13. 2015나2049413
36 대법원 1997.8.22. 96다6967

되면 동의하지 않은 근로자나 비조합원 또는 조합원 자격이 없는 근로자에게도 적용된다.

의견청취·동의가 필요한 근로자의 범위

"전체근로자가 아닌 취업규칙의 적용을 받는 근로자"

과반수의 의견청취나 동의가 필요한 근로자는 전체근로자가 아닌 '취업규칙의 적용을 받는(& 장차 받게 될)' 근로자를 의미한다.[37] 이와 비교할 것으로, 과반수 노조란 기존 취업규칙의 적용을 받는 근로자 중 조합원 자격을 가진 근로자의 과반수로 조직된 노조가 아니고 '전체 근로자'의 과반수로 조직된 노조를 의미한다.[38]

과반수의 기준

<의견청취·동의>의 과반수: 전체근로자가 아닌 취업규칙 적용자 기준
<과반수 노조>의 과반수: 전체근로자 기준

[직종별로 근로조건이 다른 경우] 어느 직종의 근로자들이 개정에 동의한 경우 그 직종에 대한 부분에 국한하여 개정의 효력이 있을 뿐 개정에 동의한 바 없는 다른 직종에 대한 부분에 대해서는 개정의 효력

---

37 이수영 외, 노동법실무(전면개정판), p.46, 대법원 2009.5.28. 2009두5238 참조
38 대법원 2009.11.12. 2009다49337 참조

이 없다. 예를 들어, 사원과 노무원으로 이원화된 퇴직금 규정이 불리하게 변경된 경우에 노무원이 퇴직금 개정안에 완전히 동의하였다 하더라도 개정된 퇴직금 규정의 효력은 노무원에 대한 부분에 국한할 뿐, 개정에 동의한 바 없는 사원에 대한 부분은 효력이 없다.[39] 적법한 동의 절차를 거쳐 취업규칙이 변경되면 동의하지 않은 근로자 등에게도 적용되는 것과 비교할 필요가 있다.

[장차 적용받게 될 직원]　　취업규칙의 적용을 받는 근로자에는 당장 적용받지 않더라도 장래 변경될 취업규칙의 적용을 받을 수 있는 근로자도 포함한다. 예를 들면, 사원도 장차 간부가 될 수 있으므로 간부에 대한 취업규칙의 내용은 사원도 적용 대상으로 하고, 따라서 사원들도 의견청취 및 동의의 대상자가 된다.[40]

불이익 변경 여부 판단

[일부 조건 유리, 일부 조건 불리]　　어느 근로조건은 불리하게 변경되고 다른 근로조건은 유리하게 변경되는 경우에는 각각의 근로조건별로 판단하되, 서로 연관이 있어서 함께 유불리를 고려할 필요가 있다면 종합적으로 판단한다. 이 역시 상식에 근거한 법리일 뿐이다. 예를 들어, 대법원 판례는 취업규칙을 개정하여 정년을 연장하면서 정년퇴직 기준일을 앞당겨도 불이익 변경은 아니라고 보았다. 기존 취업규칙에 정년은 58세로 하고, 정년퇴직 기준일은 정년에 달한 날이 1월에서 6월 사이

39　대법원 1990.12.7. 90다카19647
40　대법원 2009.5.28. 2009두5238

에 있는 경우에는 6월 30일로, 7월에서 12월 사이에 있는 경우에는 12월 31일로 한다고 되어 있었는데, 정년을 60세로 연장하면서 정년퇴직 기준일은 '정년에 도달한 바로 그날'로 한다고 개정한 것을 불이익 변경으로 단정할 수는 없다고 하였다.[41] 정년퇴직 기준일이 앞당겨진 것 자체는 불이익하나, 관련된 근로조건인 정년 연장과 함께 보면 불이익하지 않고 오히려 유리하기 때문이다.

[일부 근로자 유리, 일부 근로자 불리]   반면에, 일부 근로자에게는 유리하고 다른 근로자에게는 불리하다면 불이익한 변경으로 본다.[42] 위에서 언급한 바와 같이, 일부 조건이 불리해도 다른 조건들과 연계해서 보면 종합적으로는 유리하다고 판단될 여지가 있지만, 일부 근로자에게 불리하다면 다른 근로자에게 아무리 유리하다고 해도 이를 종합적으로 볼 수는 없는 것이고 그저 불이익한 변경이기 때문이다.

동의 없는 변경의 효력

"합리적 변경도 동의 없으면 무효"

기존 판례에 의하면, 사회통념상 합리성이 인정되는 경우 근로자의 동의가 없었더라도 변경된 취업규칙의 효력을 부인하지 않았으나,[43] 최근 판례에 의하면, 사용자가 취업규칙을 근로자에게 불리하게 변경하면

---

41 대법원 2022.4.14. 2020도9257

42 대법원 1993.5.14. 93다1893

43 대법원 2001.1.15. 99다70846; 대법원 2009.6.11. 2007도3037

서 근로자의 집단적 동의를 받지 못한 경우, 노동조합이나 근로자들이 집단적 동의권을 남용하였다고 볼 만한 특별한 사정이 없으면 해당 취업규칙의 작성 또는 변경에 사회통념상 합리성이 있다는 이유만으로 그 유효성을 인정할 수는 없다.[44]

[변경 후 입사자] 기존 근로자의 동의를 얻지 못한 취업규칙이라도 변경 후에 입사한 근로자에 대해서는 유효하기 때문에, 기존 근로자와 신규 입사자가 각각 다른 취업규칙에 의해 규율되는 상황도 발생할 수 있는데, 이것은 균등대우 원칙을 위반하는 것이 아니다.

취업규칙 변경 시 의견청취 누락 & 취업규칙 신고 누락

불이익 변경이 아닌 한 의견청취 절차를 거치지 않았어도 개정의 효력은 인정한다.[45] 마찬가지로, 취업규칙을 변경하거나 개정한 경우 고용노동부장관에 신고해야 하는데, 신고는 감독을 위해 요구하는 것이고 취업규칙의 효력요건은 아니므로 신고하지 않은 취업규칙도 그 효력은 인정한다.[46]

(4) 근로계약

근로계약 체결에 따른 근로조건 명시 등에 관해서는 3장에서 서술하고, 여기서는 개략적인 내용만 언급하고자 한다. 근로계약은 근로자가 사용자에게 근로를 제공하고 사용자는 그 대가로서 임금을 지급하기로 하

---

44 대법원 전원합의체 2023.5.11. 2017다35588, 2017다35595(병합)
45 대법원 1994.12.23. 94누3001
46 근기 01254-8855, 1991.6.21

는 계약이다. 근로계약은 서면으로 체결하는 것이 일반적이나, 말로 체결한 근로계약도 유효하다. 다만, 근로계약의 효력과는 별개로, 근로계약을 서면으로 체결하지 않고, 임금, 근로시간 등 주요 근로조건을 별도의 서면으로 근로자에게 교부하지 않는다면 사용자는 처벌을 받게 된다.

근로기준법, 단체협약, 취업규칙에서 정하는 기준에 미치지 못하는 근로조건을 정한 근로계약은 그 부분에 한정하여 무효로 하고, 무효로 된 부분은 근로기준법, 단체협약, 취업규칙에서 정한 기준에 따른다고 하였다.

[상호 의무의 발생]　　근로계약을 체결하면 상기한 근로제공 의무와 임금지급 의무 외에, 근로자는 영업비밀을 보호하고 사용자의 업무와 경쟁적인 관계에 있는 다른 업무에 종사하지 않는 등 사용자의 이익을 침해하지 않아야 할 의무를 부담하고, 사용자도 근로자의 안전과 건강 등을 보호할 의무를 부담한다.[47] 또한, 사용자는 법정 의무교육을 시행해야 한다.[48]

47　이상윤, 노동법 제18판, p.192 참조

48　법정 의무교육으로, ① 퇴직연금 교육(가입자 대상 매년 1회 이상 / 퇴직급여법 제32조제2항), ② 직장 내 성희롱 예방 교육(사업주·근로자 대상 연 1회 이상 / 남녀고용평등법 제13조), ③ 개인정보보호 교육(개인정보취급자 대상 정기 / 개인정보보호법 제28조제2항), ④ 장애인 인식개선 교육(사업주·근로자 대상 연 1회 1시간 이상 / 장애인고용촉진 및 직업재활법 제5조의2제2항), ⑤ 산업안전보건 교육(5인 이상 사업장(유해·위험 작업 관련 추가 교육은 모든 사업장) 근로자 대상 반기별 / 산업안전보건법 제29조, 동법 시행규칙 제26조)이 있다

※ 직장 내 괴롭힘 예방 교육은 법률에 명시되어 있지는 않지만, 산업안전보건법상 안전보건교육의 항목 중 하나로서 동법 시행규칙에 실시 근거가 있다(시행규칙 별표5)

02

노동법의 두 주인공

02

노동법의 두 주인공

사례[1]

화물운송기사 A는 비록 화물운송업체와 근로계약이 아닌 도급계약을 체결하고 업체로부터 차량을 빌려 운송 업무를 수행하지만, 운송 업무에 대해 업체의 통제를 받기 때문에 자신도 업체에 속한 근로자라고 주장하며 근로기준법·산재보험법 등에 제시된 각종 근로자의 권리를 본인도 행사할 수 있다고 주장했다.

운송업체 사장은 부득이 업무를 감독하는 것은 맞지만, A가 사업자등록을 하여 자기 명의의 세금계산서를 발행하고 사업소득세 등을 납부하며, 취업규칙의 적용도 받지 않는 등 여타 직원과는 완전히 다르기 때문에 근로자가 아니라 엄연한 사업자라며 A씨의 주장을 무시하였다. 둘이 소송을 한다면 법원은 누구의 손을 들어줄까?

---

1   대법원 2021.4.29. 2018누53650 판결 참조

1 근로자

근로기준법과 같은 개별적 근로관계법은 노동조합이 아닌 '근로자'와 사용자의 관계를 다룬다. 근로자들은 누구인가? 우선 법에서 정의하는 근로자 개념부터 살펴볼 필요가 있다. 그러나 개별 직종에서 일하는 사람들이 근로자에 해당하는지 여부를 법적 정의만으로 쉽게 판단하기 어려운 경우가 있으므로, 판례에 의해 정립된 근로자성 인정의 판단기준을 이해해야 한다. 그리고 근로시간, 근로계약기간을 기준으로 구분하는 근로자와 사용자와의 관계에 따라 구분하는 근로자 유형을 확인할 필요가 있다.

(1) 근로자 여부의 판단

"지휘·감독 여부"

① 법적 정의

개별적 근로관계를 규율하는 기본법인 근로기준법은 근로자를 '임금을 목적으로 사업 또는 사업장에 근로를 제공하는 자'로 정의한다(제2조제1항). 그런데, 우리가 근로자의 전형적인 모습으로 많이 떠올리는 일반적인 사무직, 기능직 등과 달리, 여러 가지 직종의 근로자성을 판단함에 있어서는 업무의 통제, 근태관리 등 다른 판단 지표가 더 필요하다. 이와 관련해서는 후술하기로 하고, 어쨌든 기본 개념을 익힐 때 법적인 정의로부터 시작하기로 한다. 근로기준법과는 달리, 집단적 노사관계를 규율하는 기본법인 노동조합법은 근로자를 '임금, 급료, 기타 이에 준하는 수입에 의해 생활하는 자'로 정의한다(제2조). 근로기준법과의 차이는 무엇인가? 표현 그대로 살펴보면 답이 나온다. 근로기준법상 정의는 임금, 사업

(장)에서의 근로를 전제로 하는데 노동조합법상 근로자는 이를 전제로 하지 않는다. 용역계약에 따른 수입을 목적으로 하는 자와 같이 반드시 임금을 목적으로 하지 않는 자도 노동조합법상 근로자에 해당한다. 해고되어 그 효력을 다투는 자 등은 근로기준법의 정의에 있는 '사업(장)에 근로 제공'의 요건을 충족하지 못하기 때문에 근로기준법상 근로자는 아니지만, 노동조합법은 이를 요건으로 하지 않기 때문에 근로자로 인정한다. 개별적 근로관계를 다루는 근로기준법의 취지인 최저 근로조건의 보호와 달리 집단적 노사관계를 다루는 노동조합법의 취지는 근로자의 단결력 확보라는 점을 고려한 것이다. 근로계약은 사법상 계약이므로 불법체류자, 범죄자와의 근로계약도 유효하고, 이들도 근로기준법 및 노동조합법상 근로자로 인정된다.[2]

<표2> 근로기준법 & 노동조합법상 근로자 비교

구분	근로기준법상 근로자	노동조합법상 근로자
핵심어	임금·사업(장)·근로	수입·생활
보수의 성격	임금	임금에 한정하지 않음(용역수입 등)
사업(장)에 근로제공	필요	불요
보호 목적	최저 근로조건 확보	단결력 확보

---

2 대법원 1995.9.15. 94누16067

산재보험법상 노무제공자(특수형태근로종사자 & 플랫폼 종사자)

산재보험법상 노무제공자는 사업주로부터 직접 노무 제공을 요청받거나, 온라인 플랫폼을 통해 노무 제공을 요청받는 경우에 자신이 직접 노무를 제공하고 그 대가를 지급받는 사람으로서, 택배기사, 대리운전 기사, 학습지 교사, 골프장 캐디, 보험설계사 등이 있다(산재보험법 제91조의15, 동법 시행령 제83조의5). 이들은 근로계약이 아닌 상기 내용의 계약을 맺고 일하는 자로서, 근로기준법상 근로자는 아니지만 산업안전보건법의 적용을 받고, 산재보험법에 따라 업무상 재해로부터 보호를 받는데, 이에 관해서는 <산업안전 및 산업재해> 편에서 다시 다루고자 한다.

② '근로기준법상 근로자'로 인정된 직종 vs. 부정된 직종

"승려도 근로자"

근로계약을 맺지는 않았지만 근로기준법상 근로자로 인정되는 직종이 있다. 대법원 판례(이하 "판례")[3]는 텔레마케터, 정수기 임대 지점장, 백화점 직원, 학원강사, 수리기사(정수기·가구), 축구구단의 재활트레이너, 웨딩플래너, 초등학교 방과후 강사, 임대차조사원, 장애인 활동보조 도우미, 제화공(구두), 재택위탁집배원, 자동차판매사원(카마스터), 문서파쇄 지입차주,[4] 위탁진료계약을 맺고 일하는 소위 페이닥터 등의 근로자성을 인정하였고, 학습지 교사, 골프장 캐디, 야쿠르트 위탁판매원, 간병인의 근로자성을 부정하였다.[5] 근로자로 인정된 직종과 부정된 직종을 보면 여

---

3   본서에서 판례는 대법원 판례를 지칭하고, 하급심 판례는 별도로 언급한다

4   차량을 직접 소유하며 업체와 계약을 맺고 문서파쇄 및 운송 담당

5   온라인 플랫폼 종사자인 차량 호출(타다) 운전기사도 근로자로 인정했는데, 계약당사자(협력업체)가 아니지만 실제로 업무를 통제한 쏘카를 사용자로 보았다(대법원 2024.7.25. 2024두 32973). 또한, 하급심은 위탁 배송기사, 뮤지컬 앙상블 배우(합창·춤) 등도 근로자로 인정하였다

러 가지 판단 근거가 있지만, 결국 근태·복무 또는 업무를 사용자가 통제하는 면모가 확인되는지 여부가 중요한 구분 기준이다. 즉, 근로자성 인정의 중요한 지표는 사용자의 지휘·감독이다.

[근로자성 판단의 핵심 기준] 판례가 근로자로 인정한 근거들은 다음과 같다. 정수기 수리기사(엔지니어)는 회사가 매출 목표를 설정하여 관리하는 등 실적을 지속하여 관리하고, 제품 홍보 활동을 하도록 지시하며, 실적이 부진한 경우 교육을 받게 하였다는 점 등을 근거로 근로자성이 인정되었다.[6] 학원강사는 학원이 근로시간·퇴직·해고 등에 관한 규정을 두었고, 학습 진도 등 학원생 관리에 관해 구체적으로 지시했으며, 강사들이 시험 기간에 수업을 집중적으로 하고 나머지 근무일에 결근하자 이에 비례하여 급여를 삭감할 것을 요구하는 등 근태관리를 했던 점 등을 근거로 근로자성이 인정되었다.[7] 축구구단과 용역계약을 체결한 재활 트레이너도 출퇴근 시간이 사실상 정해진 상태에서 근무일지를 작성했고 업무 내용도 구단에 보고했던 점, 구단 감독이 휴가를 결정하는 등 업무 및 근태를 관리했다는 점, 구단의 사전 동의 없이는 자신의 업무를 다른 사람에게 시킬 수 없었던 점 등을 들어 근로자성이 인정되었다.[8] 장애인 활동보조 도우미도 기본급과 고정급을 받지 않고 근로시간과 업무 범위 등이 정해지지 않았으나, 이는 장애인 활동보조 서비스 특성상 불가피하여 근로자성을 부인하는 근거가 되기는 어렵고, 장애인부모회가 도우미의 업무를 지휘·감독한 것으로 보아 근로자성이 인정되었다.[9] 지방자치단체의 요구로 주민센터에서 일하는 자원봉사자라도 실제로 업무에 대한 상당한 지

---

6 대법원 2021.11.11. 2020다273939 참조
7 대법원 2022.5.26. 2022도2188
8 대법원 2021.7.15. 2017도13767
9 대법원 2019.4.25. 2015다228652

휘·감독이 있고 이에 대한 대가가 지급된다면 근로자로 본다.[10]

승려의 근로자성

사찰에서 예불업무를 수행하는 스님이 두 차례 범종 타종과 새벽 예불을 하지 않았다는 이유로 기도 스님으로서의 소임이 박탈되어 부당해고를 다툰 사건에서, 승려도 근로기준법상 근로자로 인정되었다. 사찰(마곡사)로부터 구체적인 지시를 받았다는 사정은 보이지 않으나, 원고(스님)가 자기의 의사에 따라 업무의 내용과 방법을 변경할 수 없고, 근무시간과 장소가 사전에 지정된 이상 원고가 종속적인 관계에서 근로를 제공했음이 충분히 드러나고 사용자로부터 지시를 받고 있다고 봄이 타당하며, 원고가 받은 금원 중 일부가 근로의 대가성이 인정되어 근로기준법상 근로자에 해당한다.[11]

*대법원은 교회의 전도사도 근로자로 인정하였다.[12] (담임목사의 통제를 받는 부목사도 하급심에서 근로자로 인정되었음)

반면에, 판례는 학습지 교사의 경우 사용자의 지시가 있긴 하지만 최소한의 지시여서 업무를 통제한다고는 볼 수 없어 근로자성을 부정하였고, 골프장 캐디의 경우도 근로시간이 정해지지 않았고, 업무와 관련하여 구체적이고 직접적인 지휘·감독이 없었다는 점을 들어 근로자성을 부정하였다.[13] 학습지 교사[14]와 골프장 캐디 모두 근로기준법상 근로자로 인정

---

10 대법원 2020.7.9. 2018두38000

11 대법원 2022.11.17. 2022두53686

12 대법원 2023.8.31. 2022도17087

13 대법원 1996.4.26. 95다20348; 대법원 2014.2.13. 2011다78804 등 / 골프장 캐디 관련, 대법원은 직장 내 괴롭힘 예방 관련 주의 의무를 다하지 않은 사업주에게 손해배상 책임을 인정하였다(2024다207558). 단, 이는 근로기준법상 직장 내 괴롭힘 금지 조항에 근거한 것이 아니라, 산업안전보건법령에 근거한 것이다(본서 p.34 주석48 참조)

14 서울행정법원 2020.4.2. 2018구합83444

되지 않았으나 노동조합법상 근로자로 인정되었다.[15] 언급한 바와 같이 노동조합법상 근로자는 노동삼권 보장 필요성의 관점에서 판단한 것이다.

구체적인 면모에 따라 판례가 근로자성을 인정하기도 하고 부정하기도 한 직종 등으로는 프리랜서 아나운서, 채권추심원, 영상취재원, 화물운송기사, 기업의 임원이 있다. 즉, 같은 명칭의 직종 등이라도 구체적인 양태에 따라 결론이 달라질 수 있음을 유의해야 한다. 임원의 경우, 등기 여부를 불문하고 실질적으로 업무집행권을 갖고 위임받은 사무를 처리하는 자로 인정되면 근로자에 해당하지 않으나, 사용자의 지휘·감독 아래 근로시간의 통제를 받으면서 일정한 근로를 제공하고 그 대가로 보수를 받는 자라면 근로자에 해당한다.[16]

[근로자성 판단의 부차적 기준] 판례는 급여 형태, 근로소득세의 원천징수 여부, 4대 보험 가입 여부 등은 사용자가 우월한 지위를 이용하여 임의로 정할 여지가 크다는 점에서 그러한 점들이 인정되지 않는다고 하여 근로자성을 쉽게 부정해서는 안 된다는 입장이다.[17] 즉, 이러한 지표들은 근로자성 인정 여부를 판단하는 데 부차적인 요소이다.

상기 사례와 관련, 판례는 화물운송기사가 화물운송업체의 상당한 지휘·감독을 받았다는 이유로 근로자성을 인정하였다. 성과급 형태의 보수도 근로의 대가로서 임금의 성격이 있다고 하면서, 근로계약서가 아닌 도급계약서를 작성하고, 사업자등록을 하여 기사 명의의 세금계산서를 발행하고 사업소득세를 납부하는 등 사업주로서의 외관을 갖추며, 취업규칙·복무규정 등의 적용을 받지 아니한 사정 등은 실질적인 노무 제공

---

15 대법원 2014.2.13. 2011다78804 등
16 대법원 2017.11.9. 2012다10959
17 대법원 2006.12.7. 2004다29736

실태와 부합하지 않거나 사용자가 경제적으로 우월한 지위를 이용하여 임의로 정할 수 있는 사항이므로 근로자성을 부인하는 사정이라고 보기에는 부족하다고 판단했다.[18]

(2) 근로자 유형

법률 용어는 아니지만, 근로자를 보통 고용 형태에 따라 정규직과 비정규직으로 구분한다. 일반적으로 정규직은 사용자와 직접 근로계약을 체결하여 전일제로 정년까지 근무하는 근로자를 의미하고,[19] 이러한 정규직 이외의 근로자들, 즉 기간제·단시간·파견근로자 등을 비정규직이라고 부른다. 고용 기간에 따라 근로자를 상용직과 임시·일용직으로 구분하기도 한다. 아래에서는 근로시간, 근로계약기간, 사용자와의 관계를 기준으로 구분한 근로자를 중심으로 살펴보기로 한다.

① 근로시간 기준: 통상 근로자 vs. 단시간근로자

근로시간에 따라 근로자를 통상 근로자, 단시간근로자로 구분할 수 있다. 고용노동부에 의하면, 통상 근로자는 소정근로시간, 고용 형태(계약기간), 임금체계 등을 종합적으로 고려하여 통상적으로 근로할 것이 예정된 정규직 근로자를 의미한다.[20] 통상 근로자는 차별 여부를 판단할 때 단시간근로자의 비교 대상이 된다. 단시간근로자는 당해 사업에서 같은 종류의 업무에 종사하는 통상 근로자를 전제로 하는 개념으로, 1주의 소정근로시간이 통상 근로자에 비하여 짧은 근로자이다(근로기준법 제2조제1항).

---

18 대법원 2021.4.29. 2018누53650
19 고용차별개선과-1200, 2012.6.15
20 근기 68207-1248, 2002.3.26

같은 종류의 업무 여부는 업무의 수행방법·조건·난이도 등을 종합적으로 고려하여 업무의 차이로 인해 근로조건이 현저하게 구별되는지 여부를 중요한 기준으로 판단한다.[21] 단시간근로자로 분류되면, 기간제법에 따라 근로조건의 서면 명시 의무가 강화되고, 법정근로시간뿐 아니라 소정근로시간을 초과해도 가산임금이 발생한다.

통상 근로자와 비교하여 상대적으로 근로시간이 짧은 근로자가 단시간 근로자이고, 근로시간이 짧다고 무조건 단시간근로자가 되는 것은 아니다. 예를 들어, 어떤 사업장에서 근로자 전체의 근로시간이 주당 35시간이라고 한다면, 이들은 통상 근로자가 될 수 있다.

다만, 고용노동부에 의하면, 동종 업무에 통상 근로자가 없는 경우에는 그 업무에 종사하는 가장 일반적인 형태의 근로자를 잠정적으로 통상근로자로 볼 수 있고,[22] 설령, 해당 근로자를 단시간근로자가 아닌 통상근로자로 보아야 할 경우에도 연차유급휴가, 주휴수당 등은 법정근로시간인 주 40시간에 비례하여 산정한다.[23]

▍단시간근로자의 근로조건: 적게 일한 만큼 비례하여

단시간근로자의 근로조건은 통상 근로자의 근로조건에 비례한다. 덜 일한 만큼 임금 등의 근로조건도 그만큼 비례하여 축소하는 것이 타당하기 때문이다.

---

21 상기 행정해석 / 이에 따르면, 제조업은 생산직·사무직, 판매업은 관리직·영업직, 운수업은 관리직·운전직, 학교는 교원·행정직 등으로 동종 업무를 구분한다. 단, 동종 업무 여부는 구체적인 상황에 따라 달라질 수 있다

22 상기 행정해석

23 임금근로시간과-2754, 2021.12.3

[초단시간근로자]   초단시간근로자는 법률 용어는 아니고, 단시간근로자 중에서 4주(4주 미만 근로 시 그 기간)를 평균하여 1주의 소정근로시간이 15시간 '미만'인 근로자를 말하는데, 이들에게는 휴일(유급주휴일, 공휴일·대체공휴일), 연차유급휴가, 퇴직금 규정이 적용되지 않는다.(근로기준법 제8조제3항, 퇴직급여법 제4조제1항) 업무에 따른 피로 회복의 의미도 있는 주휴일이나 연차유급휴가를 근로시간이 매우 짧은 초단시간근로자에게는 부여하지 않는다고 이해하면 된다. 퇴직금에 관해서는 헌법재판소도 퇴직금은 장기근속 유도를 위한 제도의 성격도 있고 사업장에 대한 기여도를 전제로 하므로 초단시간근로자에게 적용하지 않는 것은 합헌이라는 취지로 결정하였다.[24]

1주 소정근로시간이 15시간 이상과 미만 반복시[25]

[주휴수당] 주휴일 적용의 산정사유 발생일을 기준으로 4주를 평균하여 1주 소정근로시간이 15시간 이상이면 발생한다.

[연차유급휴가] '1년 전체'에 대해 1주 평균 소정근로시간이 15시간 이상이면 발생한다.

[퇴직급여] 퇴직일을 기준으로 이전 4주 단위씩 계산하여 1주 소정근로시간이 15시간 이상이면 4주를 산입하고 15시간 미만이면 산입하지 않을 때, 산입한 주의 합계가 52개 주를 초과한다면 퇴직급여 지급 대상이다.

---

24 헌법재판소 2021.11.25. 2015헌바334등

25 퇴직연금복지과-554, 2020.2.7., 근로기준정책과-7315, 2017.11.22., 근로개선정책과-3091, 2014.5.28. / 주휴수당, 연차유급휴가, 퇴직급여 관련 상세내용은 제5장, 제6장, 제14장 참조

• 상시 주 15시간 이상 초과근로를 한다면?

> **사례**
>
> 1주의 소정근로시간을 14시간으로 하여 근로계약을 체결한 근로자 A는 상시
> 적인 초과근로에 의해 실제로는 1년 동안 매주 15시간 이상 근무하였다고 주
> 장하면서 주휴수당, 연차유급휴가미사용수당을 지급할 것을 주장하였다. A
> 의 요구는 받아들여질 수 있을까?

　　위 사례와 같이 근로계약은 초단시간으로 맺었지만, 실제로 상시적
인 초과근로로 주당 15시간 이상 근무했다면 이는 초단시간근로자가 아
닌 것으로 간주되어 주휴일 등의 권리가 인정될 수 있을지가 문제가 된
다. 초단시간근로자 여부는 그 정의에 따라 실근로시간이 아니라 '소정
근로시간'을 기준으로 판단하므로 사실상 주 15시간 이상 근무하는 경
우라도 소정근로시간이 주 15시간 미만이면 초단시간근로자에 해당하
여 주휴수당, 연차유급휴가, 퇴직금의 혜택을 받을 수 없다. 다만, 일을
하다 보니 초과근로가 필요하게 된 경우가 아니라, 마땅히 소정근로시간
을 주 15시간 이상으로 하여 근로계약을 체결했어야 하나, 사용자가 법
령의 제한을 회피할 목적으로, 즉 주휴수당, 연차유급휴가, 퇴직금을 주
지 않을 목적으로 초단시간 계약을 맺은 것이라면 이는 초단시간근로자
가 아닌 것으로 보아야 한다.[26]

---

26 [같은 취지의 판례] 형식적으로 소정근로시간을 1주당 15시간 미만으로 정하고, 실제로는 상시
　　초과근로를 하지 않을 수 없게 하는 등의 방법으로 무기계약직 전환 내지 계약의 갱신을 회피하
　　는 경우, 이러한 소정근로시간 약정은 효력을 인정할 수 없고 근로자가 통상적으로 근로를 제공
　　할 의무를 부담하는 시간을 기준으로 초단시간근로자 해당 여부를 판단하여야 할 것이다(서울고
　　등법원 2018.5.16. 2017누76410)

② 근로계약기간 기준: 무기계약 근로자 vs. 기간제 근로자

근로계약기간에 따라, 기간의 정함이 없는 무기계약 근로자와 기간의 정함이 있는 기간제 근로자로 구분할 수 있다. 기간제법에 따라 기간제 근로자를 2년 이상 사용하면 무기계약 근로자로 전환된다. 다만, 예외적으로, 사업의 완료 또는 특정한 업무의 완성에 필요한 기간을 정한 경우, 휴직·파견 등으로 결원이 발생하여 해당 근로자가 복귀할 때까지 그 업무를 대신할 필요가 있는 경우, 근로자가 학업·직업훈련 등을 이수함에 따라 그 이수에 필요한 기간을 정한 경우, 55세 이상 고령자와 근로계약을 체결하는 경우,[27] 전문적 지식·기술의 활용이 필요한 경우와 정부의 복지정책·실업 대책 등에 따라 일자리를 제공하는 경우로서 일정한 요건을 충족하는 경우, 초단시간근로자를 사용하는 경우, 고등교육법에 따른 강사, 조교, 겸임·초빙 교원, 국공립 연구기관·기업·대학의 연구기관 등에서 연구 업무에 종사하는 자, 한국표준직업분류상 관리직·전문가 중 고소득자(최근 2년간 연평균 근로소득이 전문가 기준 상위 25%) 등은 2년을 초과해도 기간제로 계속 사용할 수 있다(기간제법 제4조 및 동법 시행령 제3조).

고용노동부에 의하면, 2년의 계약기간이 만료하여 퇴사한 이후 실질적인 공개채용이 이루어졌다면, 다시 별개의 새로운 근로계약을 시작할 수 있다. 다만, 채용 절차가 형식에 불과하여 계속고용의 기대가 형성되어 있다면 채용 전후의 기간을 계속근로로 보아 2년이 초과한 시점에서 무기계약으로 전환된 것으로 간주한다.[28]

---

27 사용자가 기간제 근로계약을 최초로 '체결'할 당시 근로자가 만 55세 이상인 경우뿐 아니라, '갱신'할 당시 만 55세 이상이고 계속근로기간이 2년 이하인 경우도 포함한다(대법원 2013.5.23. 2012두18967 참조)

28 퇴직연금복지과-2030, 2019.5.2. 참조

③ 사용자와의 관계 기준: 파견근로자 vs. 사내도급 근로자

사용자와의 관계에 따른 근로자 유형은 사용자가 근로자를 직접 고용하여 자기의 업무에 사용하는 일반적인 형태의 근로자와 그렇지 않은 파견·사내도급 근로자로 크게 구분할 수 있다.[30] 일반적인 형태는 논외로 한다.

▌파견근로자

근로자 파견은 어떤 사업주(파견사업주)가 근로자를 고용한 후 그 고용관계를 유지하면서 근로자파견계약의 내용에 따라 해당 근로자가 다른 사업주(사용사업주)의 지휘·명령을 받아 그 사업주를 위한 근로에 종사하게 하는 것을 의미한다(파견법 제2조).[31]

---

29 단, 고용보험법상 일용직은 1개월 미만 동안 고용된 자를 의미한다(고용보험법 제2조제6항). 일용직과 다른 개념으로 '일당(급)직'은 근로계약의 단위가 아니라 '임금의 산정' 단위가 1일인 근로자를 의미한다. 임금은 시급·일급·주급·월급 등 다양한 산정 단위를 적용할 수 있고, 일당직은 일용직일 수도 있고 상용직일 수도 있다

30 사용자가 직접 고용하지 않고 근로자를 활용하는 파견, 사내도급 등의 형태를 간접고용이라고도 한다. 도급에서 수급인이 맡은 일을 제삼자에게 다시 맡기는 것을 하도급 또는 하청이라고 한다

31 대법원 2022.7.14. 2019다299393

[파견 대상 업무]　　파견법 시행령에 파견 대상 업무로서 컴퓨터 전문가, 경영·재정·특허 전문가 등 전문적 업무에서부터 영화, 기술, 사무종사자, 조리종사자 등, 그리고 청소, 경비원, 배달 등 단순한 업무에 이르기까지 다양한 업무가 나열되어 있다(별표1). 제조업의 '직접생산'공정업무는 파견대상에서 제외된다(파견법 제5조제1항). 파견법에 의해 허용된 업무가 아니라도 출산·질병·부상 등으로 결원이 발생하거나 일시적·간헐적으로 인력을 확보해야 할 필요가 있는 경우에는 파견이 가능하다(제5조제2항). 단, 파업 시 대체인력 투입을 위해 파견근로자를 사용할 수는 없다.[32] 아래의 업무는 어떠한 상황에도 파견이 금지된다.

파견금지 업무

건설공사 현장에서 이루어지는 업무, 하역 업무로서 근로자공급사업 허가를 받은 지역의 업무, 선원의 업무, 유해하거나 위험한 업무(산업안전보건법상), 분진작업 업무, 건강관리카드의 발급 대상 업무, 의료인의 업무 및 간호조무사의 업무, 의료기사의 업무, 여객자동차운송사업의 운전 업무, 화물자동차운송사업의 운전 업무(파견법 제5조제3항, 동법 시행령 제2조제2항)

※ 상기 업무는 출산·질병·부상 등으로 결원이 생긴 경우 또는 일시적·간헐적으로 인력을 확보해야 할 필요가 있는 경우에도 파견이 금지된다(파견법 제5조제3항).

32　사용자는 쟁의행위 기간에 그 쟁의행위로 중단된 업무의 수행을 위하여 당해 사업과 관계없는 자를 채용 또는 대체할 수 없고, 도급 또는 하도급을 줄 수 없으며(노동조합법 제43조제1항, 제2항), 파견사업주는 쟁의행위 중인 사업장에 그 쟁의행위로 중단된 업무의 수행을 위하여 근로자를 파견해서는 안 된다(파견법 제16조제1항). 한국경영자총협회에 따르면 미국, 영국, 프랑스, 독일, 일본은 외부 대체인력 투입을 허용하나, 이 중, 프랑스, 독일, 일본은 파견에 의한 대체인력 투입은 금지한다

[파견근로자의 사용 제한]　　　파견 기간은 파견 대상 업무의 경우와 임시 파견의 경우가 각각 다르다. 파견 대상 업무의 파견기간은 원칙적으로 1년이다. 근로자, 고용사업주, 사용사업주가 합의하면 파견기간을 연장할 수 있는데, 1회 연장 시 그 연장기간은 1년을 초과할 수 없고, 연장된 기간을 포함한 총 파견기간은 2년을 초과할 수 없다. 다만, 파견근로자가 55세 이상 고령자이면 2년을 초과하여 파견기간을 연장할 수 있다. 기간제 근로자의 경우와 같다.

사용사업주가 2년을 초과하여 계속하여 파견근로자를 사용하는 경우 직접 고용의 의무가 발생한다(파견법 제6조, 제6조의2). 직접 고용한 것으로 간주하는 것이 아니라 '의무'가 발생한다. 기간제법상 기간제 근로자를 2년을 초과하여 사용한 경우에 기간의 정함이 없는 근로계약을 체결한 것으로 '간주'하는 것과 다르다.

임시 파견의 경우, 출산·질병·부상 등 그 사유가 객관적으로 명백한 경우에는 그 사유의 해소에 필요한 기간을 파견 기간으로 하고, 일시적·간헐적으로 인력을 확보할 필요가 있는 경우에는 3월 이내의 기간을 파견 기간으로 하나, 그 사유가 해소되지 아니하고 근로자와 양 사업주가 합의하면 1회에 한하여 3월의 범위 안에서 그 기간을 연장할 수 있다(파견법 제6조제4항).

파견근로자 직접 고용 시 근로조건

근로자가 명시적으로 기간제로의 계약을 원하는 등 특별한 사정이 없는 한 무기계약으로의 직접 고용이 원칙이다.[33] 파견법에 의해, 사용사업주가 파견근로자를 직접 고용하는 경우에 있어서 파견근로자의 근로조건은 사용사업주의 근로자 중 해당 파견근로자와 같은 종류의 업무 또는 유사한 업무를 수행하는 근로자가 있는 경우에는 그 근로자에게 적용되는 취업규칙 등에서 정하는 근로조건을 따르고, 그러한 근로자가 없는 경우에는 해당 파견근로자의 기존 근로조건의 수준보다 낮아져서는 안 된다(파견법 제6조의2제3항).[34]

[**파견·사용사업주의 책임 관계**]　　파견 중인 근로자의 파견근로에 관하여는 파견사업주 및 사용사업주를 근로기준법의 사용자로 보되(파견법 제34조제1항), 대체로 근로자의 '고용·임금' 등과 관련해서는 파견사업주가, '사용'가 관련해서는 사용사업주가 책임을 부담한다. 즉, 근로계약, 근로조건의 명시, 해고, 사용증명, 임금(연장근로 등 가산 포함), 퇴직급여, '연차유급휴가', 재해보상 등과 관련해서는 파견사업주가 책임을 부담하고, 근로시간, 연장근로의 제한, 휴게, 휴일, '휴가의 대체', 여성·임산부·연소자 보호 등과 관련해서는 사용사업주가 책임을 부담한다(제34조제1항 단서). 연차유급휴가는 파견사업주의 책임이라는 점을 유의할 필요가 있다.

근로자에 대한 임금 지급은 파견사업주의 의무이나, 사용사업주가 정당한 사유 없이 근로자파견계약을 해지하거나, 계약에 따른 대가를 지급하지 않은 경우에는 양 사업주가 연대하여 책임을 부담한다(제34조제2항,

---

33　대법원 2022.1.27. 2018다207847
34　자치적으로 근로조건을 형성하지 못한 경우에는 법원이 사용사업주와 파견근로자가 합리적으로 정했을 근로조건을 적용할 수 있다(대법원 2024.3.12. 2019다222829, 2019다222836(병합))

파견법 시행령 제5조). 사용사업주가 파견근로자에게 유급휴일 또는 유급휴가를 주는 경우 그 휴일 또는 휴가에 대하여 유급으로 지급되는 임금은 파견사업주가 지급하여야 한다(제35조제3항).

산업안전보건법과 관련해서도 사용사업주가 책임을 부담하나,[35] ① 안전·건강 유지 및 산업재해 예방,[36] ② 본인 동의 없이 건강진단 결과 공개 금지, ③ 건강진단의 결과에 따라 근로자의 건강을 유지하기 위한 작업장소 변경, 작업 전환, 근로시간 단축, ④ 감독기관에 대한 신고 시 불리한 처우 금지와 관련해서는 파견사업주 및 사용사업주를 사업주로 본다(제35조제2항). 일반건강검진과 관련해서는 파견사업주를 사업주로 본다(제35조제4항, 동법 시행규칙 제18조).

파견사업주와 사용사업주가 근로기준법 및 산업안전보건법을 위반하는 내용을 포함한 근로자파견계약을 체결하고 그 계약에 따라 파견근로자를 근로하게 함으로써 같은 법을 위반한 경우에는 그 계약 당사자 모두를 사용자로 보아 해당 벌칙규정을 적용한다(제34조제4항, 제35조제6항).

근로자공급 vs. 근로자파견

근로자공급은 공급자가 구인업체에게 근로자를 '소개·알선'하는 것으로 공급자가 근로자의 '사용자일 필요가 없으나', 근로자파견은 파견자가 근로자를 '직접 채용'하여 다른 업체에 파견하는 것으로 파견자는 '근로자의 사용자'이다. 국내에서의 근로자공급사업은 허가를 받은 노동조합만 할 수 있다.(직업안정법 제33조제3항)

---

35 "근로자를 채용할 때" 시행하는 안전보건교육은 "근로자파견의 역무를 제공받은 때" 시행하면 된다(파견법 제35조제1항)
36 산업재해 예방 기준, 쾌적한 작업환경 조성 및 근로조건 개선, 안전·보건 정보 제공 이행 등

▌사내도급 근로자

사내도급 근로자는 도급인이 아닌 수급인에 고용되어 그의 지휘·감독을 받으면서 도급인의 사업장에서 업무를 수행하는 근로자를 의미한다. 즉, 파견근로자와 사내도급 근로자를 가르는 핵심 지표는 지휘·감독권이 어떤 사용자에게 있느냐이다. 파견근로자에 대한 지휘·감독권은 고용사업주가 아닌 사용사업주에 있고, 사내도급 근로자에 대한 지휘·감독권은 고용사업주인 수급인에게 있다. 파견은 고용과 사용이 분리된 관계이고, 사내도급은 고용과 사용이 일치하는 관계이다.

◪ 관련 참고 사항

비정규직 차별 금지[37]

사용자는 기간제 근로자임을 이유로 당해 사업 또는 사업장에서 동종·유사한 업무에 종사하는 무기계약 근로자(비교대상 근로자)에 비하여 차별적 처우를 하여서는 안 된다(기간제법 제8조). 또한, 파견사업주와 사용사업주는 파견근로자임을 이유로 사용사업주의 사업 내의 동종·유사한 업무를 수행하는 근로자(비교대상 근로자)에 비하여 차별적 처우를 하여서는 안 된다(파견법 제21조).

* 비교대상 근로자: 신청인이 주장한 비교대상 근로자와 동일성이 인정되는 범위 내에서 노동위원회는 신청인이 주장한 자 외의 근로자를 비교대상 근로자로 선정할 수 있음
* 동종·유사 업무: 업무 범위·책임·권한 등이 다소 달라도 주된 업무의 내용에 본질적 차이가 없는 업무(규정상의 업무가 아닌 '실제' 업무 기준)

---

37 대법원 2012.3.29. 2011두2132; 대법원 2014.11.27. 2011두6592 등 참조

2 사용자

(1) 사용자 개념

사용자는 사업주, 사업 경영 담당자, 그 밖에 근로자에 관한 사항에 관하여 사업주를 위하여 행위하는 자를 의미한다(근로기준법 제2조제1항). 노동조합법상 사용자[38]도 표현은 일부 다르나 유사한 개념이라고 보면 된다.

사업주는 법인 그 자체 또는 개인사업체의 대표를 뜻한다. 법인의 경우, 사장이나 회장이 사업주가 아니라 주식회사와 같은 그 법인 자체가 사업주이다. 사업 경영 담당자는 법인의 대표이사 등 사업 경영 일반에 관한 책임과 권한을 가진 자를 뜻한다.[39] 근로자에 관한 사항에 관하여 사업주를 위하여 행위하는 자는 근로자의 인사·급여·후생·노무관리 등 근로조건의 결정 또는 업무상의 명령이나 지휘·감독에 관하여 사업주로부터 일정한 권한과 책임을 부여받은 자를 말한다.[40] 직급을 기준으로 일

---

38 사업주, 사업의 경영담당자 또는 그 사업의 근로자에 관한 사항에 대하여 사업주를 위하여 행동하는 자

39 대법원 2008.4.10. 2007도1199

40 대법원 2008.10.9. 2008도5984

률적으로 판단할 수는 없으나, 일반적으로 그러한 권한과 책임을 가진 임원이나 부서장, 간부급 직원이 이에 해당하고 관련 실무를 수행하더라도 '권한과 책임을 부여받지 않은' 직원은 해당하지 않는다.[41]

[근로자이면서 사용자]　　　사업 경영 담당자나 사용자를 위하여 행위하는 자는 사용자이면서 근로자에도 해당할 수 있다. 앞서, 회사의 임원의 경우 등기임원 여부나 직명과 관계없이, 업무집행권을 가진 임원은 근로자로 보지 않으나, 업무집행권을 가진 임원의 지휘·감독을 받으며 노무를 제공하는 자라면 근로자에도 해당된다고 하였다.[42]

사용자성 판단지표

일반적으로 사용자는 근로자와 근로계약을 체결하고, 근로자와 사용종속관계를 형성하며, 근로의 대가인 임금을 지급하는 주체이다. 근로계약은 묵시적으로도 체결할 수 있고, 실질적으로 근로관계가 있으면 근로계약은 성립한 것으로 본다.[43] 사용종속관계는 근로자성 판단의 핵심 지표라고 강조했던 지휘·감독과 일맥상통하는 개념이다. 근로계약의 당사자가 아니라도 실질적으로 사용자성이 인정된다면 사용자로 보는 판례도 있다.[44] 보통 사용자는 근로자에 대한 임금 지급의 주체이긴 하나, 파견 사업의 사용사업주와 같이 임금을 지급하는 주체가 아니어도 사용자가 될 수 있다.

41　노동조합의 자주성을 유지하고, 단체교섭 및 부당노동행위 관련 의무를 인정하기 위해 넓게 볼 필요가 있는 노동조합법상 사용자와 달리, 근로기준법상 사용자는 상기한 권한과 책임 여부를 기준으로 제한적으로 해석하는 것이 타당하다
42　대법원 2003.9.26. 2002다64681 등
43　대법원 2020.4.9. 2019다267013 등
44　대법원 2010.7.22. 2008두4367 등 참조

(2) 사용자 유형

근로자 구분의 경우와 마찬가지로 일반적인 사용자와 파견사업 및 도급사업(사내도급)의 사용자로 구분하되, 일반적인 사용자는 논외로 하고 나머지 유형에 대해 살펴보기로 한다.

① 파견사업의 사용자

언급했듯이, 근로자 파견은 파견사업주가 근로자를 고용한 후 사용사업주의 지휘·명령을 받아 근로에 종사하게 하는 것이다. 파견사업의 경우, 고용과 관련해서는 파견사업주가 사업주이지만 불법파견으로 인정되는 경우, 즉 법으로 인정된 파견 대상 근로자가 아닌데 파견근로자처럼 지휘·감독하며 사용하는 경우 사용사업주에게 직접고용의 의무가 발생한다고 하였다. 하급심 판례에 의하면, 지휘·감독은 표준작업지침서(SOP)와 같은 문서나 규정에 의한 경우도 포함한다.[45]

제조업의 직접생산공정업무 & 불법파견

도급계약이라면 도급인이 수급인 소속 근로자를 직접적으로 지휘·감독해서는 안 됨에도 불구하고 그렇게 했다면(수급인의 관리자를 통해 지시하는 경우 포함), 도급인이 파견사업의 사용사업주와 같은 역할을 하므로 이는 사실상 파견 관계로 보는데, 제조업의 직접생산공정업무는 파견법상 파견 대상 업무에서 제외되므로 불법파견이 된다.

---

45 인천지방법원 2023.9.21. 2019가합59164

② 도급사업(사내도급)의 사용자

도급계약은 수급인이 '일의 완성'을 약정하고, 도급인이 그 일의 결과에 대해 보수 지급을 약정하는 계약이다(민법 제664조). 앞서, 고용사업주에게 업무지휘권이 없는 파견사업과 달리, 수급인 소속 근로자에 대한 업무지휘권은 근로자를 고용한 수급인에게 있다고 하였다. 일반적으로 사내도급 근로자에 대한 사용자는 물론 수급인이나, 판례에 의하면, 아래 기준의 실질적 관계에 따라 사내도급 근로자와 근로계약을 체결하지 않은 도급인이 사용자로 인정될 수 있다.[46]

도급인이 수급인 소속 근로자의 사용자로 인정될 수 있는 지표

(지시·통제) 도급인이 구체적인 작업지시, 출퇴근 등 복무 통제
(인사권 행사) 도급인이 채용·평가·고용관계 종료 등 인사권 행사
(보수 지급) 도급인이 수급인 소속 근로자의 상여금, 4대 보험, 퇴직금 등 지급
(수급인의 독자성 부재) 수급인의 독자적인 물적 시설 미비 등

"위의 내용을 일일이 외우거나, 심각하게 바라볼 필요가 없다"

위의 내용은 한마디로 도급인이 수급인 소속 직원의 '업무 및 복무를 통제'한다는 것이다. 이 핵심 개념을 틀로 삼아서 판단하면 된다. 판례를 보면 형식적인 관계보다는 실질적 관계를 기준으로 판단을 내리는 경우가 많다. 이 경우에도 형식적으로 수급인이 사용자라도 그 실질적 관계를 들여다보았을 때 도급인에게 사용자로 보이는 요소들이 발견된다면 그 형식에도 불구하고 도급인을 사용자로 인정할 수 있다.

---

46 대법원 2008.7.10. 2005다75088 등 참조

03
근로관계의 시작, 의무의 발생

03

근로관계의 시작, 의무의 발생

1 채용내정은 채용이다

사례

취업준비생 A는 甲 회사의 모집에 응시하였는데, 회사의 인사담당자 B로부터 문자 메시지를 받았다.

B : 이번 신입사원 채용에 합격하셨습니다. 축하합니다. 향후 일정에 대해서는 추후 안내해 드리겠습니다.

A : 감사합니다!!!

--- 며칠 후 A는 다시 문자 메시지를 받았다 ----

B : 죄송한 말씀을 드려야 할 것 같습니다. 부득이한 사정상 채용을 예정대로 진행할 수 없게 되었습니다. 양해해 주시기를 바랍니다. 지원 서류는 모두 반환해 드리겠습니다. 다시 한번 죄송하다는 말씀을 드립니다.

A : ???...............

"통보에는 책임이 따른다"

(1) 정확하게는 채용내정 '통보'

채용내정은 입사하기 전에 채용대상자로 미리 정하는 것을 의미한다. 그런데, 채용내정이라는 말에는 오해의 소지가 있다. 보통 '내정'이라고 하면 말 그대로 '내부적으로 정한다'는 뜻이다. 즉, 외부로 공표되기 전에 조직 내부에서 의사결정을 내린 상태를 말한다. 채용내정을 이러한 의미로 사용하기도 하지만, 물론 여기서 이야기하고자 하는 채용내정은 그러한 내부적인 의사결정을 말하는 것이 아니다. 근로자에게 채용되었음을 알려주는 행위를 말한다. 즉, 통보하는 것이다. 통보라는 의사표시를 하였기 때문에 당연한 결과로 법률효과가 발생하고, 그 신뢰를 보호할 필요가 있다. 따라서 채용내정이라는 말보다는 채용 통보, 또는 채용내정 통보라는 말이 더 정확하고, 이 말에 의하면, 비록 아직 근무를 시작하지 않았다고 하더라도 함부로 채용내정을 철회하여 신뢰를 훼손하는 것은 법을 가져오기 전에 상식에 맞지 않다는 생각을 충분히 할 수 있다. 채용내정자 입장에서는 채용 통보를 받은 것을 이유로 다른 회사의 면접에 불참했을 수도 있고, 심지어 다른 회사로부터 입사 제의를 받고도 입사를 거부했을 수도 있다.

(2) 채용내정은 '근로계약 체결' 상태

근로계약의 성립은 특별한 형식을 요하지 않는다.[1] 사용자가 채용내정을 통보하는 것은 근로계약의 체결을 승낙하는 의사표시이므로, 채용

---

1 특정 행위(응모)를 해야 계약이 성립하는 현상광고를 제외한 대부분의 계약처럼 근로계약도 당사자 간의 합의만으로 성립하는 소위 낙성·불요식 계약이다

내정의 법적 성질도 채용과 마찬가지로 이미 근로계약을 체결한 것이다. 다만, 정식 발령일까지 채용의 결격사유가 발생하면 사용자는 해약권을 행사할 수 있다.[2] 근로계약을 체결한 것이므로 채용내정의 취소는 해고와 다름이 없다. 따라서, 해고의 일반 법리에 따라 채용내정을 취소하려면 '정당한 이유'가 있어야 한다. 다만, 아직 입사도 하지 않은 상태이고, 해약권이 유보되었다는 점 등을 고려하여 일반 해고보다 정당한 이유의 인정 범위를 넓게 본다. 같은 맥락으로 채용내정자는 일반근로자보다 우선하여 경영상 해고의 대상자에 포함할 수 있다.[3] 경영상 해고에 있어서 회사에 대한 기여도, 근속 등은 합리적인 고려 요소가 되기 때문이다.

절차적인 면에서, 채용내정의 취소도 서면으로 통보해야 하는 것은 그 취소가 해고에 준하기 때문이다. 다만, 경영상의 이유로 채용내정을 취소하는 경우에 50일 전까지 통보하고 성실한 협의를 요구하는 경영상 해고의 요건은 충족하지 않아도 된다.[4] 비록 채용내정의 취소가 해고에 준하나, 입사한 지 3개월 이내의 근로자에게도 해고예고를 적용하지 않는 점(근로기준법 제26조제1호)을 고려할 때, 채용내정 통보 후 3개월 이내에 채용내정을 취소하는 경우에는 30일 전에 예고할 필요가 없다.[5]

상기 사례에서, A가 B로부터 채용 통보를 받은 시점에 이미 근로계약은 성립하였기 때문에 회사가 정당한 이유 없이 채용을 취소할 수는 없다. 다만, 회사의 사정이 좋지 않아 경영상 해고의 요건을 충족하였다면 경영상 해고의 대상자로 선정될 수는 있다.

---

2 대법원 2000.11.28. 2000다 51476

3 대법원 2002.12.10. 2000다25910

4 대법원 2000.11.28. 2000다 51476 / 고용되어 이미 근무하고 있는 직원에 대한 경영상 해고의 경우에도 근로자대표에 대한 50일 전 통보는 효력요건은 아니다(대법원 2003.11.13. 2003두4119)

5 서울행정법원 2020.5.18. 2019구합64167 참조

2 시용 vs. 수습: 정식 채용의 이전과 이후

(1) 개요

시용은 정식채용 이전에 정식채용 여부를 결정하기 위하여 근로자를 사용하는 것을 의미하고, 수습은 정식채용 이후의 업무 숙련을 위한 기간을 의미한다. 시용과 수습 모두 근로계약이 성립한 것인데 전자는 해약권이 유보된 계약6 또는 시용 계약7이 성립한 것이고, 후자는 정식계약이 이미 성립한 것이다. 실무상으로는 인턴을 시용의 개념으로 사용하기도 하나, 운영형태에 따라 시용일 수도 있고 수습일 수도 있고 단순히 교육생일 수도 있다.

(2) 본채용 거부 vs. 해고

시용 근로자에 대해서는 시용기간의 평가에 따라 정식채용을 거부할 수 있다. 사용자가 해약권을 행사하여 정식채용을 거부하는 경우, 시용의 취지를 고려하여 보통의 해고보다는 정당성의 인정 범위를 넓게 보나, 이 경우에도 객관적으로 합리적인 이유가 있어 사회통념상 상당하다고 인정되어야 한다.8 수습의 경우 이미 본계약을 체결한 것이므로 논리상 정식채용을 거부할 수는 없으므로, 수습 기간의 평가에 따라 근로자와의 근로관계를 종료하는 것은 일반적인 해고에 해당한다. 따라서, 시용과 달리, 수습의 경우는 일반적인 해고처럼 정당한 이유가 있어야 한

---

6 대법원 2006.2.24. 2002다62432

7 시용은 운영 형태에 따라, 해약권유보부 계약을 체결하는 경우와 정식계약과는 별개의 기간제 시용 계약을 체결하는 경우가 있다

8 대법원 2006.2.24. 2002다62432

다. 해약권이 유보된 계약에서 시용 이후의 정식채용 거부도 해고의 성격을 갖는 것이고, 수습 이후의 해고와는 정당성과 관련한 정도의 차이라고 볼 수 있다.

(3) 수습으로 규정하고 시용으로 운영하려 한다면

현장에서는 수습이라는 표현을 쓰고 사실상 시용으로 운영하려는 경우가 있다. 더 정확히 말하면 시용을 의도했지만, 근로계약이나 취업규칙 등에 수습이 그러한 의미라고 여기고 수습이라고 표기하면서 시용으로 인정될 만한 내용을 담지 않는 경우이다. 수습 기간 종료 후에, 마치 시용의 경우처럼 평가에 미달한 근로자와의 근로계약을 종료시키는 경우 해고로 간주하고 정당한 이유가 없다면 부당해고가 된다. 따라서, 시용으로 운영하고자 한다면, 비록 시용이라는 표현을 안 쓰더라도, 평가를 통해 근로계약이 종료될 수 있음을 명확하게 규정해야 한다.

<표3> 시용과 수습의 비교

구분	시용	수습
의미	정식채용 여부를 결정하기 위한 기간	정식채용 이후에 업무를 배우는 기간
근로계약	해약권이 유보된 계약 또는 기간제 시용계약 성립	정식계약 성립
평가 후 본채용 거부	가능	불가 (해고요건 충족 시 해고)
해고(본채용 거부)의 정당성	일반적인 해고보다 넓게 인정	일반적인 해고와 같은 기준 적용

3 근로계약 체결에 따른 사용자의 조치 의무

(1) 근로조건의 명시

근로조건 명시 및 교부와 관련하여, '명시'해야 하는 근로조건과 '서면으로 교부'해야 하는 근로조건을 구분해야 하고, 일반 근로자와 비교하여 연소근로자, 기간제·단시간근로자 등 보호가 더욱 필요한 근로자를 사용하는 사용자에게 추가로 부여되는 의무를 이해해야 한다. 명시해야 하는 근로조건은 임금, 소정근로시간, 유급주휴일, 연차유급휴가, 취업장소, 종사업무, 취업규칙의 필요적 기재사항, 기숙사 규칙(근로자를 기숙하게 하는 경우)이다.[9] 이 중에서 〈임금의 구성항목·계산방법·지급방법, 소정근로시간, 유급주휴일, 연차유급휴가〉는 전자문서를 포함한 서면으로 '교부'해야 하고, 나머지는 말로 명시해도 되고, 취업규칙에 쉽게 접근할 수 있다면 취업규칙에 의할 수도 있다. 서면 교부 대상은 '근로자의 요구가 없어도' 교부하되, 단체협약 또는 취업규칙의 변경 등으로 서면 교부 대상의 내용도 바뀌는 경우에는 '근로자의 요구가 있을 때' 교부하면 된다(근로기준법 제17조).

▌연소근로자 및 기간제·단시간근로자 보호 강화

일반근로자에 대한 단순 명시 사항도 연소근로자에게는 모두 서면으로 교부해야 한다(근로기준법 제67조제3항). 기간제법에 따라, 기간제·단시간근로자에게는 추가로 '근로계약기간'도 서면으로 명시해야 하고, 단시간

---

9 주휴, 연차, 취업규칙의 필요적 기재사항, 기숙사 규칙은 해당 시 / 명시된 근로조건이 사실과 다를 경우에 근로자는 근로조건 위반을 이유로 노동위원회에 손해의 배상을 청구할 수 있으며 즉시 근로계약을 해지할 수 있다(근로기준법 제19조)

근로자에게는 여기에 '근로일 및 근로일별 근로시간'을 추가하여 서면으로 명시해야 한다(기간제법 제17조). 기간제·단시간근로자의 특성을 반영하고, 이들을 보호하려는 것이다. 근로기준법의 단순 명시와는 달리, 반드시 서면으로 명시해야 한다.

기간제법상 서면 '명시' 요건을 충족하기 위해 반드시 모든 서면을 근로자에게 '제시'해야 하는 것은 아니다. 판례도 근로계약에 명시되지 않은 모든 사항은 취업규칙, 근로기준법, 제규정에 따른다고 한 것이 임금의 구성항목 등에 관한 서면 명시 의무를 위반한 것으로 보기는 어렵다고 보았다.[10]

단순 명시, 서면 교부, 서면 명시의 대상들은 아마도 관련 법령이나 참고서적을 읽을 때는 그러려니 이해가 되다가도 책을 덮으면 뭐가 교부 대상이고, 뭐가 명시 대상인지 머릿속에서 섞이기 쉽다. 근로조건의 경중에 따라 근로자에게 '보여주는' 방식을 달리하는 것도 기본적으로 상식의 틀이 적용된 것이지만, 즉각적으로 머릿속에 떠오르기 어려운 면도 있다. 다음의 〈표4〉와 같이 조망할 수 있다.

10 대법원 2007.3.30. 2006도6479 참조

<표4> 근로조건 명시 비교

구분		일반근로자	기간제·단시간근로자	비고
근로조건명시	서면교부	임금의 구성항목·계산방법·지급방법, 소정근로시간, 유급주휴일, 연차유급휴가 (근로기준법)		〈서면 교부 방법〉 근로계약서 기재, 별도서면, 취업규칙 발췌
	명시	〈명시〉 (근로기준법)	〈서면 명시〉 (기간제법)	
		• 취업장소 • 종사업무 • 취업규칙의 필요적 기재 사항(해당 시) • 기숙사 규칙(해당 시) ※ 연소근로자: 상기 사항 서면 교부	• 취업장소 • 종사업무 • **근로계약기간** • **근로시간·휴게** • 임금의 구성항목·계산 방법·지급방법 • **휴일·휴가** • **근로일·근로일별 근로 시간**(단시간근로자)	서면 명시 대상 의 일부는 근로기 준법에 의해 이미 서면 교부 대상 (임금·주휴·연차)

전자근로계약서 & 서면 교부

근로자가 전자근로계약서를 수신할 정보처리시스템을 지정하면 해당 시스템에, 지정하지 않으면 근로자가 관리하는 시스템에 전자근로계약서를 입력한 때 근로계약서를 교부한 것으로 본다. 후자의 경우, 근로자가 전자적 방법으로 받는 것에 동의하지 않으면 서면으로 교부해야 한다.[11]

---

11 전자근로계약서 활성화를 위한 가이드라인, 고용노동부(2016), pp.5~6

(2) 임금대장 작성 & 임금명세서 교부

사용자는 사업장별로 임금대장을 작성하고 임금과 가족수당 계산의 기초가 되는 사항, 임금액, 그 밖에 대통령령으로 정하는 사항을 임금을 지급할 때마다 적어야 한다(근로기준법 제48조제1항). 또한 성명, 생년월일, 사원번호 등 근로자를 식별할 수 있는 정보, 임금지급일, 임금총액, 임금의 구성항목별 금액, 출근일수·근로시간 수 등에 따라 달라지는 임금의 구성항목별 계산방법(연장·야간·휴일근로를 시킨 경우 그 시간 수 포함), 임금의 일부 공제 시 공제 내역(공제 항목별 금액, 공제 총액)을 포함한 임금명세서를 교부해야 한다(제2항, 동법 시행령 제27조의2). 임금의 계산방법과 관련, 고정적으로 지급하는 임금은 계산방법을 작성하지 않아도 되나, 연장근로 가산임금과 같이 근로시간에 따라 달라지는 임금은 계산방법을 작성해야 한다.

---

12 근로감독관집무규정(고용노동부훈령) 별표3

(3) 서류 보존

사용자는 근로자 명부,[13] 근로계약서, 임금의 결정·지급방법과 임금 계산의 기초에 관한 서류, 임금대장, 채용·해고·퇴직·승급·감급·휴가 관련 서류, 연소자 증명서를 3년간 보존해야 한다(근로기준법 제42조, 동법 시행령 제22조). 이런 것은 외우기보다, 직원, 계약, 주요 인사관리와 관련된 서류들은 일단 보관해야 한다고 이해하고, 하나하나 생각해 보면 된다. 주요 인사관리란 결국, 채용·보상·승진·휴가·퇴직 등이고, 결국 이와 관련된 서류를 보관해야 한다. 이 외에도 남녀고용평등법에 따라 교육, 배치, 정년, 성희롱 예방 교육 및 행위자에 대한 조치, 배우자 출산휴가, 육아휴직·육아기 근로시간 단축에 관한 서류도 3년간 보관해야 한다.

(4) 위약금 예정 금지, 상계 금지 등

이 밖에도 사용자는 근로자의 근로계약 불이행에 대한 위약금 또는 손해배상액을 예정하는 계약을 체결하지 못하고, '근로 제공을 조건으로' 사용자로부터 빌린 돈과 임금을 상계하지 못하는 '전차금 상계 금지' 의무 및 강제저축의 금지 의무도 부담한다(근로기준법 제20조~제22조). 근로 제공을 조건으로 하지 않는 금전은 임금과 상계할 수 있다. 판례도 학자금, 주택자금 등을 근로자의 명백한 자유의사에 따라 상계하는 것이나, 계산 착오 등에 따라 임금을 더 지급한 경우에 정산하기 위해 상계하는 것은 허용한다.[14]

---

13 사용자는 각 사업장별로 근로자 명부를 작성하고 근로자의 성명, 생년월일, 이력, 그밖에 대통령 령으로 정하는 사항을 적어야 한다(사용기간이 30일 미만인 일용근로자는 제외)(근로기준법 제 41조, 동법 시행령 제21조)

14 대법원 1995.6.29. 94다18553

[교육비 반환]　　일정 기간 근무하지 않으면 교육비를 반환하도록 하는 약정은 약정한 근무기간 및 상환비용이 합리적이라면 유효하다. 다만, 명목은 교육비로 되어 있으나, 사실상 근로에 대한 대가, 즉 임금으로 인정된다면 반환 약정은 금지되는 위약금 예정에 해당한다.[15]

[금지되는 '위약금 예정'이 아닌 경우]　　강제 근로의 빌미가 될 수 있는 위약금 또는 손해배상액의 '예정'을 금지하는 것이지 '실제로 발생한' 손해에 대한 배상의 청구를 금지하는 것은 아니다. 또한, '퇴직 후'의 영업비밀 유출에 대한 위약금 또는 손해배상을 예정하는 것은 가능하다. 고용노동부에 의하면, 재계약이 되지 않아서 근로의 대가가 아닌 복리후생성 비용의 반환을 요구하는 것은 위약금 예정이라고 볼 수 없다.[16]

사이닝보너스 (스카우트 시 지급하는 금액) 반환 약정 & 위약금 예정의 금지

사이닝보너스가 '이직 또는 근로계약 체결의 대가'인 경우 반환 약정은 무효, '전속계약금 및 임금 선급'의 성격으로 인정되면 재직 일수에 비례한 반환 약정은 유효하다.[17]

---

15 대법원 2008.10.23. 2006다37274; 대법원 1996.12.6. 95다24944 등 참조
16 근로개선정책과-169, 2011.3.10
17 대법원 2015.6.11. 2012다55518 등

1. 채용 시 유의사항(채용절차의 공정화에 관한 법률)

- 상시 30명 이상 사업장 적용(공무원 채용 시 미적용)

◎ 구직자 정보 수집 제한(제4조의3)

- 구인자는 직무의 수행에 필요하지 않은 구직자의 신체적 조건, 출신지역, 혼인 여부, 재산, 구직자의 직계존비속 및 형제자매의 학력·직업·재산 정보 수집 불가(사진, 주민등록상 주소, 현 거주지는 수집 가능)

◎ 채용 서류 반환·파기 등

- 구직자는 채용 확정일로부터 14~180일 내 구인자가 정하여 통보한 기간에 채용 서류의 반환 청구 가능(채용 여부 확정 전까지 반환 청구기간을 구직자에게 통보) (시행령 제4조)
- 반환 청구 시, 구인자는 본인 확인 후 14일 내 반환(시행령 제2조제1항)
  * 온라인으로 제출한 서류는 반환 불요(파기)
- 반환의 청구기간이 지난 경우 및 채용서류를 반환하지 아니한 경우에는 개인정보 보호법에 따라 파기(법률 제11조제3항)
※ 평정표 등 '회사가 작성한' 채용서류는 3년간 보관(남녀고용평등법 제33조)

2. 장애인 의무고용 제도 유의사항(장애인고용촉진 및 직업재활법)

- 상시 50인 이상의 민간기업은 직원의 3.1% 이상을 장애인으로 고용해야 함 (제28조제1항, 시행령 제25조)
  * 국가 · 및 지방자치단체18, 공공기관은 정원의 3.8% 이상(제28조의2, 제79조제1항)
- 의무고용률 미달 시 장애인고용부담금 납부(제33조)
  * 의무고용 제도 적용은 상시 50인 이상부터, 부담금 납부는 상시 100인 이상부터

---

18 공무원 · 비공무원 각각 3.8% 이상

3. 외국인 근로자[19] 채용 시 유의사항

(외국인 근로자 고용 등에 관한 법률(이하 "외국인고용법") 등)

◎ 내국인 구인 노력 선행 & 외국인 고용허가

- 외국인 근로자를 고용하려면 직업안정기관[20]에 우선 내국인 구인 신청(제 6조제1항)

- 직업안정기관의 직업소개를 받고도 채용하지 못한 경우 직업안정기관의 장에게 외국인 고용허가 신청(제8조제1항)

◎ 근로계약 체결

- 외국인고용법 시행규칙에서 제시한 표준근로계약서 사용 의무화(제9조제1항)

◎ 4대 보험 및 기타 보험

- 산재보험 & 건강보험: 적용(산재보험법 제6조, 국민건강보험법 제109조제2항)

- 고용보험: 실업급여[21]는 임의 가입, 고용안정 및 직업능력개발사업은 의무 가입 (고용보험법 제10조의2제1항)

- 국민연금: 외국인 근로자의 본국법이 대한민국 국민에게 국민연금에 상응하는 연금을 적용하는 경우에만 적용(국민연금법 제126조제1항)[22]

- [기타 보험] 출국만기보험·신탁[23](외국인고용법 제13조), 임금체불 보증보험 (상시 300인 미만), 상해보험 의무 가입(제23조)

---

19 비전문취업(E-9) 및 일정한 요건을 충족한 18세 이상의 외국국적동포에게 발급하는 방문취업 (H-2) 기준

20 직업소개, 직업지도 등을 수행하는 지방고용노동행정기관

21 비전문취업(E-9), 방문취업(H-2) 체류자격자는 '신청에 의해' 피보험자격을 취득하므로, 외국인 근로자가 고용보험 가입을 원하면 사용자는 근로복지공단에 가입 신청

22 [사업장 당연 적용 주요 국가 예시] 중국, 베트남, 우즈베키스탄, 캄보디아, 필리핀, 네팔, 태국(국 민연금공단/2024.4 기준)

23 취업활동기간이 1년 이상 남은 외국인 근로자를 고용한 경우 / 이에 가입 시 퇴직금제도 설정 간 주(제13조제2항)

◎ 고용변동 등 신고

- 근로계약 해지 시 외국인고용법 및 출입국관리법상 고용변동 신고를 각각 관할 고용센터, 관할 출입국·외국인청(사무소)이나 그 출장소에 15일 이내에 실시[24](외국인고용법 제17조 · 시행령 제23조, 출입국관리법 제19조 · 시행령 제24조)
- 방문취업(H-2) 자격자 고용 시 근로개시 신고(제12조제4항)

◎ 근로자 교육 & 사용자 교육

- 근로자: 입국 후 15일 내 업종별 기초적 기능, 고용허가제, 안전보건 등 취업 교육 (외국인고용법 제11조제1항, 시행규칙 제10조)
- 사용자: 고용허가서 최초 발급일로부터 6개월 이내에 노동법령, 인권, 고용 허가제 등 교육(외국인고용법 제11조의2, 시행규칙 제11조의2)

---

24 [기타 고용변동 신고 사유] ① 외국인고용법상 신고: 사망, 부상 등으로 계속근무 불가능, 5일 이상 무단결근 또는 소재 불명, 사용자나 근무처 명칭 변경 또는 근무장소 변경, ② 출입국관리법상 신고: 사망, 소재 불명, 고용계약의 중요내용 변경(계약기간, 고용주나 근무처 명칭 변경 또는 소재지 변경)

04
근로시간

04

근로시간

1 법정 & 소정근로시간

(1) 법정근로시간

법정근로시간은 말 그대로 법으로 정한 기준근로시간이다. 일반근로자의 법정근로시간은 1일 8시간, 1주 40시간이고, 연소 근로자(15세 이상 18세 미만)의 법정근로시간은 1일 7시간, 1주 35시간이다(근로기준법 제50조, 제69조). 일반근로자보다 하루에 1시간이 적고, 이것을 누적하면 한 주에 5시간이 적다고 보면 된다. 유해·위험 작업 종사자의 경우, 1일 6시간, 1주 34시간이다(산업안전보건법 제139조). 연소근로자의 1일 및 1주의 법정 근로시간보다 각각 1시간이 적다. 연소자의 경우와 달리, 1일 6시간을 누적하여 주 30시간이 아니고 주 34시간이다.

(2) 소정근로시간

소정근로시간은 법정근로시간 내에서 근로자와 사용자 사이에 '정한'(所定) 근로시간이다(근로기준법 제2조제1항). 9시부터 18시까지 근무하면서 그사이에 1시간의 휴게시간이 있는 근로자라면, 휴게시간을 제외하고 8시간이 하루의 소정근로시간이 된다. 앞서 언급했듯이, 취업규칙을 의무적으로 마련해야 하는 상시 10인 이상을 고용하는 사업장에서는 반드시 취업규칙에 소정근로시간에 관해서 규정해야 한다. 즉, 취업규칙의 필요적 기재사항이다.

2 근로시간 여부 판단

사례

甲 버스회사는 기사들의 운행 대기시간을 휴게시간으로 처리하고 있다. 갑 회사의 기사 대표인 A가 인사담당자 B를 찾아왔다.

A : 기사들의 운행 대기시간에 대해 그동안 주지 않았던 임금을 소급해서 지급해 주세요!!

B : 운행 대기시간은 휴식 시간입니다. 임금 지급의 의무가 없어요.

A : 대기시간은 휴게시간과 달리 근로시간에 포함되잖아요! 더 잘 아실 텐데요.

B : 운행대기시간에 실제로 휴식을 취하시잖아요. 어떻게 근로시간이 됩니까?

A : 말이 안 통하네요. 노동청 조사받을 준비나 하세요.

B : ??.........................

"근로자성 판단의 핵심 지표인 〈지휘·감독〉 다시 소환"

앞서 근로자 여부를 판단하는 핵심 지표가 사용자(로 추정되는 자)의 지휘·감독이라고 하였다. 근로시간 여부를 판단하는 핵심 지표도 이와 같다. 근로시간은 묵시적인 것을 포함하여 사용자의 통제, 즉 지휘·감독 아래에 있는 시간이다.[1] 근로를 제공하지 않더라도 업무를 준비하는 시간, 대기하는 시간, 업무를 마치고 정리하는 시간이 사용자의 지휘·감독 아래에 있는 시간으로 인정된다면 근로시간에 포함된다. 즉, 실제로 일을 하는 시간만을 근로시간으로 인정하는 것은 아니다.

(1) 대기시간(근로시간) vs. 휴게시간

① 구별 기준

작업을 위하여 근로자가 사용자의 지휘·감독 아래에 있는 대기시간 등은 근로시간으로 본다(근로기준법 제50조제3항). 근로시간의 핵심 지표가 근로의 제공 여부가 아니라 사용자의 통제, 즉 지휘·감독 여부인 것과 같은 맥락으로 대기시간인지 휴게시간인지를 구분하는 핵심 지표도 사용자의 지휘·감독 여부이다. 이 말은 실제 근무를 하지 않고 대기하는 시간도 근로자가 사용자의 간섭에서 벗어나 자유롭게 사용할 수 있는 시간이 아니라면 근로시간에 포함된다는 의미이다. 그렇다고 대기하는 시간이 모두 근로시간에 포함되는 것은 아니다. 근무를 위해 대기하는 중에 사용자의 통제에서 벗어나 실질적으로 휴식을 취한다면 이를 근로시간으로 볼 수는 없다.

---

[1] 근로기준법상 근로시간 규정의 주요 내용, 고용노동부(2021.3), p.3 참조

상기 사례와 관련, 판례는 버스기사의 운행 대기시간 전부가 근로시간에 해당하지는 않는다고 하였다.[2] 대기하는 시간 동안 식사를 하거나 이용이 자유로운 별도의 공간에서 커피를 마시거나 텔레비전을 시청하는 등 사용자의 간섭을 벗어나 실질적으로 휴식을 취하는 시간도 있었음을 인정하였다. 다른 여러 가지 사안에 대해서도 핵심 지표인 사용자의 지휘·감독을 기준으로 상식선에서 생각하면 판례와 부합하는 판단을 충분히 내릴 수 있다.

② 휴게시간

휴게시간은 사용자의 지휘·감독으로부터 벗어나 자유롭게 이용할 수 있는 시간인데, 직장질서의 유지를 위한 합리적인 제한은 허용된다. 휴게시간은 사용자의 지휘·감독으로부터 '완전히' 벗어날 수 있어야 한다는 표현으로 인해 외출 등도 당연히 허용되는 것으로 오해할 수 있는데 그렇지 않다. 직장질서를 위한 제한조치로서 외출 제한도 할 수 있다. 고용노동부에 의하면 사업장 밖으로 나갈 수는 없지만 사용자의 통제로부터 완전히 벗어난다면 이는 휴게시간으로 인정된다.[3] 사용자는 근로시간이 4시간인 경우에는 30분 이상, 8시간인 경우에는 1시간 이상의 휴게시간을 '근로시간 도중에' 주어야 한다(근로기준법 제54조). 8시간 근무 시 1시간 이상의 휴게시간을 부여하면 되므로, 7시간을 근무해도 법적으로는 30분의 휴게시간만 부여하면 된다. 휴게시간은 근무시간 도중에 아무 때나 부여하면 되는데, 근무가 시작하기 전이나 종료한 후에 부여할 수는 없다. 근로시간 도중에 부여하라고 되어 있기 때문이다. 따라서, 4시간 근무자의 휴게시간을 4시간 근무가 종료한 후에 부여하는 것은 법 위반이다.

---

2 대법원 2021.8.12. 2019다266485
3 근기 68207-3298, 2000.10.25

(2) 교육, 접대, 워크숍, 회식, 출장

교육시간 등이 근로시간에 포함되는지 여부에 대한 고용노동부의 해석은 다음과 같다.[4]

① 교육, 접대, 워크숍 등

사용자의 지시에 따른 교육인 경우 근로시간에 포함하되, 사용자의 권고에 의하거나 근로자가 자율적으로 받는 교육은 근로시간에 포함하지 않는다. 소정근로시간 외에 접대하는 경우 사용자의 지시나 승인이 있어야 근로시간으로 인정한다. 사용자의 지시·승인에 따른 워크숍 등은 근로시간으로 인정하나 자발적인 단합을 위한 경우는 근로시간으로 인정하지 않는다. 결국, 여기서도 근로시간으로 인정하는 경우와 그렇지 않은 경우를 가르는 핵심 지표는 사용자의 통제, 즉 지휘·감독이다.

---

4 근로시간 해당 여부 판단 기준 및 사례, 고용노동부(2022), pp.3~7, 근로개선정책과-798, 2013.1.25. 등

② 회식

회식에 관해서는 유의할 필요가 있다. 회식도 업무의 연장이라는 말을 흔히 하지만 회식은 사용자가 참석을 강제했어도, 즉 사용자의 통제가 있어도 근로시간으로 인정하지 않는다. '사용자의 통제' 여부가 근로시간 여부를 구분하는 핵심 지표인 것은 맞지만, 이와 더불어 '행위의 본질'도 고려하지 않을 수는 없다. 교육이나 워크숍, 접대는 행위 자체가 근무와 밀접하게 관련되어 있으나, 비록 단합을 통해 근무 여건을 개선하는 효과가 있고, 회식 참석 자체를 부담스럽게 여기는 근로자도 있겠지만, 먹고 마시는 회식을 근무라고 보기는 어렵다.[5] 회식과 같이 행위의 본질상 근로시간이 될 수 없는 경우를 제외하고는 여전히 사용자의 지휘·감독 여부가 근로시간 여부를 가르는 일관된 핵심 기준이다. 유의할 점으로, 회식 시간은 근로시간으로 인정하지 않지만, 회식과 관련하여 업무상 재해로 인정될 수는 있다. 이에 관해서는 산업재해 편에서 서술하고자 한다.

③ 출장지로의 이동

출장지로의 이동도 업무수행을 위한 것이므로 근로시간으로 보되, 출장지로의 이동이 '출퇴근에 갈음'하는 경우에는 근로시간으로 인정하지 않는다. 다만, 출퇴근에 갈음하는 경우라도 장거리 이동의 경우 근로시간에 포함한다.[6] 또한 야간이나 휴일에 출장지로 이동하는 경우에 일반적으로는 그 시간을 근로시간으로 볼 수 없으나, 사용자의 지시에 의한 경우라면 근로시간으로 볼 수 있다.[7]

---

5 불참할 경우에 불이익을 주는 등 회식이 강제적이라면 상황에 따라서 직장 내 괴롭힘이 될 수도 있다

6 근기 68207-1909, 2001.6.14

7 근기 68207-2650, 2002.8.5

3 연장근로

(1) 일반적 연장근로

연장근로는 법정근로시간(1일 8시간 또는 1주 40시간)을 초과하는 근로를 의미한다. 연장근로에는 일반적인 경우인 합의에 의한 연장근로, 특별연장근로, 특례연장근로가 있다. 당사자 간에 합의하면 1주간에 12시간을 한도로 법정근로시간인 주 40시간을 초과하여 근무할 수 있다(근로기준법 제53조제1항). 흔히 말하는 주 52시간 제도이다.[8] 단시간근로자의 경우 법정근로시간이 아닌 소정근로시간을 기준으로 주 12시간 한도를 적용한다.[9] 예를 들어, 주 35시간을 근무하는 단시간근로자의 경우, 연장근로의 한도는 47시간(35시간 + 12시간)이다.

연장근로 여부는 실근로시간을 기준으로 판단한다.[10] 예를 들어, 주중에 하루 연차를 사용하거나 결근하고 휴무일인 토요일에 근무하더라도, 월~금요일의 실근로시간과 토요일의 실근로시간 합계가 주 40시간을 초과하지 않으면, 토요일 근무가 연장근로에 해당하지 않는다. 통상의 근로에 비해 노동강도가 경미한 숙직 등의 경우는 원칙적으로 연장근로를 인정하지 않으나, 구체적인 근무의 내용이 통상의 근로로 인정될 경우 연장근로로 보아 가산임금을 지급한다.[11] 원칙과 예외의 틀이다.

1주간에 12시간이라는 연장근로 제한(총 52시간)은 있으나, 1일의 연장근로에 대한 별도의 제한은 없다. 즉, 1주 52시간 이내라면, 하루 연장

---

8 30인 미만 사업장에 대한 계도기간은 2024.12.31까지 연장되었다

9 근로자간 제도의 이해, 고용노동부(2021.8), p.4 / 이와 비교할 것으로, 임신 중인 근로자에 대해서는 연장근로가 금지되는데, 금지되는 연장근로의 기준이 되는 시간은 법정근로시간이다(법제처 22-0186. 2022.4.26)

10 대법원 2019.7.25. 2018도 16228

11 대법원 2000.9.22. 99다7367

근로시간이 12시간을 초과하거나 하루 단위로 계산한 연장근로의 합계가 12시간을 초과해도 무방하다.[12] 며칠 연속 연장근로를 하고 하루 휴무하는 근무 방식에서 흔히 발생하는 경우이다. 예를 들어, 어떤 근로자가 3일 연속 17시간을 일하고 2일을 휴무했다면, 매일 12시간을 초과한 5시간의 합계가 15시간이지만, 주 전체로 보면 17×3＝51시간이므로 주 12시간 이내이어야 하는 연장근로 제한의 위반이 아니다.

[연장근로의 합의 방식] 연장근로에 대한 합의는 근로자 개인의 개별적인 합의가 원칙이다. 앞서, 단체협약 등 근로자단체의 집단적 합의는 근로자 개인의 합의권을 제한하지 않는 범위 내에서만 인정된다고 하였다.[13] 당사자 간의 합의는 연장근로를 할 때마다 해야 하는 것은 아니고, 근로계약 등으로 미리 정할 수 있다.[14]

(2) 특별한 연장근로

① 특별연장근로

재난·사고·업무량 폭증 등 특별한 사정이 있으면 고용노동부장관의 인가와 근로자의 동의를 받아 일반적 연장근로의 법정한도인 1주 12시간을 초과하여(주 52시간 초과) 근로하게 할 수 있고, 연장의 상한은 없다. 사태가 급박하여 고용노동부장관의 인가를 받을 시간이 없는 경우에는 사후에 지체 없이 승인을 받아야 한다(근로기준법 제53조제4항). 특별연장근로는 정부의 인가와 당사자인 근로자의 동의라는 엄격한 요건 아래에 근

---

12 대법원 2023.12.7. 2020도15393

13 본서 p.19 / 대법원 1993.12.21. 93누5796

14 사용자가 노무를 수령함으로써 묵시적 연장근로가 인정될 수 있으나(근기 68207-1314, 1997.10.1.), 분쟁을 예방하기 위해 명확한 승인제도를 운영하는 것이 바람직하다

로시간의 제한을 받지 않고 비상사태에 대응할 수 있도록 하는 취지이다. 후술할 특례연장근로와 달리, 특별연장근로의 경우에는 이와 같은 비상시에도 '근로자의 동의'는 필수요건이다. 고용노동부장관은 특별연장근로가 부적당하다고 인정하는 경우, 연장근로 시간에 상당하는 휴게시간이나 휴일의 부여를 명할 수 있다(제5항). 사용자는 연장근로를 하는 근로자의 건강 보호를 위하여 건강검진 실시 또는 휴식 시간 부여 등 고용노동부장관이 정하는 바에 따라 적절한 조치를 하여야 한다(제7항).

특별한 사정(근로기준법 시행규칙 제9조)

- 재난관리법상 재난 또는 이에 준하는 사고의 수습 또는 예방을 위해 긴급한 조치가 필요한 경우
- 사람의 생명을 보호하거나 안전을 확보하기 위해 긴급한 조치가 필요한 경우
- 갑작스러운 시설·설비의 장애·고장 등 돌발적인 상황의 수습을 위해 긴급한 조치가 필요한 경우
- 업무량 폭증으로 단기간 내에 처리하지 않으면 사업에 중대한 지장을 초래하거나 손해가 발생하는 경우
- 소재부품장비산업법에 따른 소재·부품 및 장비의 연구개발 등 연구개발을 하는 경우로서 고용노동부장관이 국가경쟁력 강화 및 국민경제 발전을 위해 필요하다고 인정하는 경우

[연장시간·연장기간]   연장의 상한은 없으나, 고용노동부의 업무처리 지침[15]에 의하면 인가 시간은 원칙적으로 1주 12시간의 범위 내(총근로시간 64시간 이내)이고, 불가피한 경우에는 이를 초과하여 인가할 수 있

---

15 특별연장근로 인가제도 업무처리 지침, 고용노동부(2022.10), pp.17~18

으나, 그 기간이 연속하여 2주를 초과하지 않도록 지도하고 있다. 1회 최장 인가기간은 4주 이내이고, 연간 활용할 수 있는 기간은 재난·인명 보호 등의 경우에는 사유의 해소에 필요한 기간, 돌발적 상황·업무량 급증의 경우는 90일인데, 90일을 넘는 인가를 받으려면 신규인력 채용, 설비 확충 등 향후 근로시간 단축 대책안을 고용노동부에 제출해야 한다. 다만, 연구개발의 경우에는 1회 최장 인가기간이 3개월이고, 3개월을 초과하는 경우에는 심사를 거쳐 연장한다.

② 특례연장근로

육상운송업(노선 정기여객운송업 제외), 수상운송업, 항공운송업, 기타 운송서비스업, 보건업의 경우, 사용자가 근로자대표와 서면으로 합의하면 주 12시간을 초과하여 연장근로를 하게 하거나 휴게시간을 변경할 수 있다(근로기준법 제59조). 특례연장근로의 경우에는 개별 근로자의 동의가 필요하지 않다. 일반적으로는 연장근로에 대한 근로자의 동의가 필요하지만, 특례연장근로는 '업종의 특성'을 고려한 것으로 이해하면 된다.

사용자는 근로일 종료 후 다음 근로일 개시 전까지 연속하여 11시간 이상의 휴식 시간을 주어야 한다(근로기준법 제59조제2항).

※ 유연근무제도에서의 연장근로, 근로자 유형별 연장근로의 제한, 근로시간 단축제도에 대해서는 10장과 11장에서 서술하기로 한다.

05

휴일

05

휴일

1 휴일 vs. 휴무일

휴일은 근로제공의 의무가 없는 날을 의미한다. 휴일에는 법정휴일과 약정휴일이 있는데, 법정휴일은 유급휴일인 주휴일, 근로자의 날(5월 1일), 공휴일이 있고, 약정휴일은 기업 자체적으로 휴일로 정하는 날로서 특별한 규정이 없다면 무급이다. 휴일과 함께 보아야 할 개념이 (무급)휴무일이다. 휴일은 원래부터 근로제공의 의무가 없는 날이고 휴무일은 근무편성이 되지 않아 근로제공의 의무가 면제된 날이라고 구분하기도 하나, 결국 근로제공의 의무가 없는 날이라는 점은 마찬가지이다. 휴무일은 '휴일로 지정하지 않은' 근로제공의 의무가 없는 날이라고 쉽게 이해하면 된다. 토요일은 보통 휴무일로 정하나, 무급휴일로 정할 수도 있다. 무급휴일을 포함하여 휴일에 근무하면 휴일근로 가산임금이 발생하나, 휴무일에 근무한 경우 휴일이 아니므로 휴일근로 가산임금은 발생하지 않고, 법정근로시간 초과 시 연장근로 가산임금이 발생할 뿐이다.

2022년 1월부터 5인 이상 사업장도 관공서 공휴일을 유급휴일로 하도록 의무화되었다(근로기준법 제55조제2항). 근로자의 날과 주휴일은 5인 미만 사업장을 포함한 모든 사업장에 적용된다.(근로자의 날 제정에 관한 법률, 근로기준법 시행령 별표1) 단, 근로자의 날은 사업장 내의 모든 근로자에게 적용되나, 주휴일은 4주를 평균하여 1주 소정근로시간이 15시간 미만인 근로자에게는 적용되지 않는다(근로기준법 제18조제3항). 유급휴일 중에서는 주휴일에 관하여 유의할 필요가 있다.

2 주휴일

(1) 개요

"소정근로일 개근"

사용자는 1주 동안의 소정근로일을 개근[1]한 자에게 1주에 평균 1회 이상의 유급휴일을 부여해야 하는데(근로기준법 제55조), 이를 주휴일이라고 한다. 1주는 휴일을 포함한 7일을 의미하고, 주휴일은 반드시 일요일 등으로 특정할 필요는 없다.

(2) 주휴수당

주휴수당은 유급주휴일에 부여하는 임금을 말한다. 월급제나 연봉제 근로자의 경우 일반적으로 급여에 주휴수당이 포함된 것으로 간주하고, 시급제나 일급제 근로자의 주휴수당은 별도로 계산한다. 통상 근로자의

---

1 개근은 소정근로일에 결근하지 않고 하루도 빠짐없이 출근하는 것을 의미한다. 1주간의 지각·조퇴 시간을 합산하여 8시간이 되더라도, 1일을 결근한 것으로 보아 개근하지 않은 것으로 처리할 수는 없다(근로기준과-5560, 2009.12.23. 참조). 연차 사용으로 처리하지 않은 지각·조퇴에 대하여 규정 등에 따라 급여를 삭감하는 것은 가능하다

주휴수당은 정상근로일의 소정근로시간에 시간급을 곱하여 산정한다.[2] 단시간근로자의 하루 소정근로시간은 4주간의 소정근로시간수를 4주간의 통상 근로자의 소정근로일수로 나누어 구하고, 여기에 시간급을 곱해 시간 단위로 주휴수당을 산정한다. 단시간근로자의 주별 근로시간이 일정하고 통상 근로자의 한 주 근로시간이 40시간이면, 통상 근로자의 근로시간에 비례하여 계산해도 된다(한 주 소정근로시간/40시간 x 8 x 시급). 실근로시간이 소정근로시간에 미달하거나 연장근로로 실근로시간이 소정근로시간을 초과하더라도 실근로시간이 아닌 소정근로시간을 기준으로 주휴수당을 산정한다.[3] 연장근로 가산임금은 실근로시간을 기준으로 하는 것과 다르다.

[결근·연차사용 & 주휴수당] 　주휴수당은 한 주의 소정근로일을 개근한 자에게 지급하므로, 주중에 결근하거나 주중에 입사한 자에게는 지급하지 않는다. 근로자가 연차휴가를 사용하지 않고 하루 결근한다면 그날의 임금뿐만 아니라, 주휴수당도 받지 못한다. 물론, 근로자가 아닌 사업주의 사정에 의해 근로를 제공하지 못한 경우에는 다른 소정근로일을 개근했다면 주휴수당이 발생한다.

주중의 일부에 대하여 연차휴가를 사용한 경우에는 다른 소정근로일을 개근했다면 주휴수당이 발생한다. 연차휴가를 사용한 날은 결근일이 아니므로 나머지 소정근로일을 개근했다면 주휴수당의 요건을 충족하기 때문이다. 그런데, 한 주 전체에 대하여 연차휴가를 사용한다면 어떻게 될까? 주휴수당은 발생하지 않는다.[4] 그 이유는 그 주에 소정근로일이 없기 때문에 논리적으로 '소정근로일을 개근할 경우' 주어지는 주휴수당이

2　근로기준정책과-3614, 2018.6.1
3　근로개선정책과-4640, 2011.11.21 참조
4　근로조건지도과-3102, 2008.8.8

발생할 여지가 없기 때문이다.

[퇴사 직전 주휴수당]　　과거에는 주휴일을 부여하는 취지가 평상적인 근로관계를 전제로 다음 주의 근무를 위한 휴식을 부여하는 데 있으므로 퇴사 등으로 다음 주의 근무가 예정되어 있지 않다면 주휴수당을 지급하지 않아도 된다고 해석하였으나, 이러한 해석이 법률적 근거가 없다는 이유로 이 경우에도 - 1주 동안의 근로관계가 존속한다면 - 주휴수당이 발생하는 것으로 고용노동부 행정해석이 변경되었다.[5]

[쟁의행위 & 주휴수당]　　쟁의행위 기간에는 근로제공 의무 등 주된 권리·의무가 정지되므로, 쟁의행위 기간에 포함된 유급휴일에 대해서도 마찬가지로 임금을 지급하지 않아도 된다.[6]

연차 사용 시 주휴수당 REVIEW (소정근로일: 주 5일 기준)

- 주 1회 이상 5회 미만 연차 사용(나머지 근무일 개근) → 주휴수당 발생
- 주 5회 전부 연차 사용 → 주휴수당 미발생

---

3 휴일의 대체 & 보상휴가

(1) 주휴일 대체 vs. 공휴일 대체

휴일 대체는 쉽게 말해, 근로일과 휴일을 맞바꾸는 것이다. 원래의 휴

5　임금근로시간과-1736, 2021.8.4 참조
6　대법원 2009.12.24. 2007다73277

일에 근무하고 다른 근로일을 휴일로 대체하는 것을 의미한다. 휴일 대체를 하려면 대체휴일을 특정해야 한다. 휴일 대체에는 주휴일 대체와 공휴일 대체가 있다. 휴일 대체를 적용하더라도 주 52시간의 연장근로시간 제한 규정을 준수해야 한다. 주휴일 대체는 판례[7]가 인정하고 있으며, 공휴일 대체는 근로기준법에 근거가 있고(제55조제2항), 근로자의 날은 대체할 수 없다.[8] 주휴일 대체를 하려면 단체협약이나 취업규칙에 근거가 있거나 근로자의 동의가 있어야 하는데, 고용노동부에 의하면, 적어도 24시간 전에 근로자에게 통지해야 한다.[9] 공휴일 대체를 하려면 근로자대표와의 서면 합의가 있어야 하고(근로기준법 제55조제2항), 개별근로자의 동의는 필요하지 않다. 이는 연차유급휴가 대체의 경우에도 동일하다. 근로자의 날은 휴일 대체를 할 수 없지만, 근로자의 날에 근무한 경우 가산임금 대신 이에 상응하는 휴가를 부여하는 보상휴가제 적용은 물론 가능하다.

휴일 대체 vs. 연장근로의 요건상 차이

단체협약 또는 취업규칙의 근거가 있거나 개별 근로자의 동의가 필요한 주휴일 대체, 근로자대표와의 합의가 필요한 공휴일 대체의 요건과 비교해서 보아야 할 것이 앞서 언급한 연장근로의 요건이다.(하루를 일해서 이미 피로한 상태인 근로자의) 연장근로는 개별근로자의 합의권을 제한하지 않는 범위 내에서 단체협약 등으로 정할 수 있다고 하였다.

---

7 대법원 2008.11.13. 2007다590

8 근기-829, 2004.2.19

9 근기 01254-9675, 1990.7.10, 근로개선정책과-875, 2013.1.30

(2) 휴일 대체와 가산임금

연장·야간·휴일 근로 가산임금은 9장에서 서술하겠으나, 휴일 대체와 관련하여 먼저 언급하고자 한다. 휴일 대체를 하면, 원래의 휴일은 통상근로일이 되어 그날의 근로에 대해 휴일근로 가산임금은 지급하지 않아도 되고, 대체된 휴일(원래는 근무일이었던)에 근무할 경우 휴일근로 가산임금을 지급해야 한다. 원래는 휴일이었으나 근로일로 대체된 날에 근무한 경우 휴일근로 가산임금은 지급할 필요가 없지만, 연장근로 가산임금은 별개의 문제이다. 예를 들어, 이미 주 40시간 이상을 근무한 상황에서, 휴일대체를 하여 주휴일에 근무한 경우 이는 휴일근로는 아니지만 연장근로에 해당하여 연장근로 가산임금은 발생한다. 물론 주중에 연차를 사용하여 그 주의 실제 근로시간이 40시간이 안 되고 근로일로 대체된 휴일에 근무한 시간을 포함해도 주 40시간 이내일 경우 연장근로 가산임금은 발생하지 않는다.

휴일 대체 vs. 대휴

휴일 대체와 용어가 비슷한 소위 대휴는 법률상 용어는 아니고 휴일근로 '이후에' 피로 해소를 위해 부여하는 휴무 부여를 뜻하는 말로서, 대휴의 경우 당초의 휴일근로에 대해서는 가산임금이 발생한다는 점에서 휴일 대체와 다르다.[10]

한편, '대체 휴일' 제도는 토요일이나 일요일이 '관공서 공휴일에 관한 규정'이 정한 명절 및 국경일, 어린이날과 겹칠 경우에 비공휴일에 쉬도록 하는 제도를 말한다.

---

10 근로기준정책과-7347, 2016.11.18

(3) 보상휴가

"가산임금 대신 휴가 부여"

휴일 대체와 비교해야 하는 제도로 보상휴가가 있는데, 이는 휴일과 근무일을 맞바꾸는 휴일 대체와 달리, 비용 절감이나 근로자의 휴식을 위해 연장·야간·휴일근로 가산임금 대신 이에 상응하는, 즉 '가산된 휴가'를 부여하는 제도이다(근로기준법 제57조 참조). 예를 들어, 연장근로나 휴일근로 또는 야간근로를 2시간 했다면 50%를 가산하여 3시간의 보상휴가를 부여해야 하고, 연장근로 2시간이 야간근로에도 해당하는 경우 가산사유가 중복되면 각각 가산하므로 100%(연장 50% + 야간 50%)를 가산하여 4시간의 보상휴가를 부여해야 한다. 양자의 차이점은 다음의 표와 같다.

<표5> 휴일 대체 vs. 보상휴가

구분	휴일 대체		보상휴가
	주휴일 대체	공휴일 대체	
개념	휴일에 근무하고 다른 근무일을 휴일로 변경		연장·야간·휴일근로 가산임금 대신 휴가 부여
요건	단체협약이나 취업규칙의 근거 규정 또는 개별근로자의 사전동의	근로자대표와의 서면 합의	근로자대표와의 서면 합의
가산 임금 (휴가)	[원래의 휴일] 대체하여 근로일이 되므로 그 날의 근로에 대해 휴일근로 가산임금 미지급 [원래의 근로일] 대체하여 휴일이 되므로 그 날의 근로에 대해 휴일근로 가산임금 지급 ※ 휴일과 근로일의 맞바꿈		- 근로한 시간에 가산하여 휴가 부여 * (예시) 4시간 연장근로 시 연장근로시간에 50%를 가산하여 6시간의 휴가 부여

근로시간·휴게·휴일의 적용 제외 근로자(근로기준법 제63조, 동법 시행령 제34조)

- 토지의 경작·개간, 식물의 식재·재배·채취 사업, 그 밖의 농림 사업
- 동물의 사육, 수산 동식물의 채취·포획·양식, 그 밖의 축산, 양잠, 수산 사업
- 감시 또는 단속적 근로자[11]로 고용노동부장관의 승인을 받은 사람
- 관리·감독 업무[12] 또는 기밀 취급 업무 종사자

☞ 야간근로 가산임금, 여성 및 연소자에 대한 야간근로 제한, 육아시간, 휴가 규정은 상기 근로자에게도 적용

---

11 경비원, 보일러 기사 등(여기서 단속(斷續)은 무언가를 단속한다는 뜻이 아니라, 근로시간이 '끊어졌다 이어졌다' 한다는 의미) / 청원경찰이 감시적 근로자로 승인받아도 실질적으로 감시적 근로자에 해당하지 않는다면 회사가 연장근로 가산임금을 지급해야 한다(대법원 2024.2.8. 2018다206899, 2018다206905(병합), 2018다206912(병합) 참조)

12 회사를 관리하는 자로서 경영자와 일체적 지위를 갖는지, 근무시간에 재량이 있는지, 지위에 따른 특별수당을 받는지 여부를 종합하여 판단한다(대법원 1989.2.28. 88다카2974, 근로개선정책과-6667, 2015.12.10. 참조). 산업안전보건법상 관리감독자(257쪽 참조)와 같은 개념은 아니다

06

연차유급휴가

06

연차유급휴가

1 개요

"출근율 기준의 법정휴가"

연차유급휴가(이하 "연차휴가")는 근로자가 전년도에 일정한 출근율을 충족한 경우 당연히 발생하는 법정휴가이다. 연차휴가에 대한 개략적인 내용은 다음과 같다(근로기준법 제60조). 출근율은 출근일수를 소정근로일수로 나누어 산정한다. 1년 이상 근속자는 전년도 1년간의 출근율이 80% 이상이면 15일의 연차휴가를 받고, 1년 미만 근속자 또는 1년간 80% 미만 출근자는 1개월 개근 시 1일의 연차휴가를 받는데 총 11일이고, 입사일로부터 1년 이내에 사용하지 않으면 소멸한다. 3년 이상 근속자에게는 최초 1년을 초과하는 계속근로연수 매 2년에 대하여 1일을 가산하되 총 25일을 한도로 한다. 이러한 가산휴가를 받으려면 기본휴가와 마찬가지로 휴가 산정을 위한 대상기간에 80% 이상 출근해야 한다.

'연차휴가수당(연차휴가 사용 시 주는 임금)'은 휴가를 주기 전 또는 준 직후의 임금 지급일에 지급하면 된다(근로기준법 시행령 제33조). '연차휴가미사용수당(연차휴가 미사용에 대한 보상)'은 연차휴가를 실시할 수 있는 1년의 기간이 만료된 후 최초의 정기지급일에 지급하면 된다.[1] 둘 다 모두 평균 임금 또는 통상임금을 적용하는데, 이에 관해서는 임금 편에서 서술하고자 한다.

[단시간근로자의 연차휴가]　　단시간근로자의 연차휴가는 통상 근로자의 연차휴가에 비례하는 '시간 단위'로 계산하되, 1시간 미만은 1시간으로 간주한다.[2] 예를 들어, 주 30시간을 근무하는 단시간근로자가 있다면, 그의 기본 연차휴가 시간은 90시간(15일×(30시간/40시간)×8시간)이 된다. 고용노동부에 의하면 규칙적으로 연장근로를 하여 하루 8시간을 근무하더라도 연차휴가수당 및 주휴수당 계산 시에는 단시간근로자로 본다.[3]

2 출근 간주

연차휴가는 출근율을 기준으로 부여하므로, 우선 출근율을 정하는 분자와 분모인 출근일수와 소정근로일수에 관하여 정확히 이해하는 것이 중요하다. 우선 분모인 소정근로일수는 '근로하기로 정한' 일수를 의미한다. 휴일은 근로하기로 정한 날이 아니므로 소정근로일수에서 제외한다. 그리고 분자인 출근일수와 관련해서는 통상적인 출근이 아니지만 '출근으로 간주하는' 기간을 유의해야 한다.

"적법한 휴업, 책임 없는 미출근은 출근으로 간주"

1　근기 68207-988, 2003.8.7

2　근로기준법 시행령 별표2

3　근로기준과-6465, 2004.11.30

아래를 염두에 두고 내용을 보기로 한다. 아래의 출근율은 3가지 유형 간에 상대적으로 그렇다는 의미이다.

1유형: 출근 간주(소정근로일수 & 출근일수 모두 반영) → 출근율 高
2유형: 소정근로일수 차감(소정근로일수 & 출근일수 모두 차감) → 출근율 中
3유형: 결근 처리(소정근로일수 반영 & 출근일수 미반영) → 출근율 低

(1) 적법한 휴업 등

업무상 부상·질병으로 휴업한 기간, 출산전후휴가 또는 유·사산휴가 기간, 육아휴직 기간은 연차휴가 적용을 위한 출근율 산정에 있어서 법령에 의해 출근한 것으로 간주한다(근로기준법 제60조제6항). 부당해고 기간도 출근으로 간주한다.[4] 이들 기간의 공통점은 근로자가 '권리를 갖거나 근로자에게 잘못이 없는' 상황이라는 점이다. 따라서 출근율 산정에서도 근로자에게 피해가 없도록 출근으로 간주한다(1유형). 업무 '외' 부상·질병에 의한 휴직, '약정' 육아휴직 기간은 소정근로일수에 제외한다(2유형).[5] 그러나, 정직이나 직위해제 기간은 사용자가 출근으로 간주하지 않아도 되는데,[6] 이는 출근하지 못한 것이 '근로자에게 책임'이 있기 때문이다.[7] 즉, 정직이나 직위해제 기간은 소정근로일수에는 포함되지만,

---

4 대법원 2014.3.13. 2011다65519

5 임금근로시간과-1818, 2021.8.12., 임금근로시간과-1736, 2021.3.4. / 휴직 기간을 소정근로일수에서 차감하지 않고 산정한 출근율이 80% 이상이면 평상시 연차휴가일수를 전부 부여하고, 80% 미만이면 평상시 연차휴가일수에 비례하여 부여한다(평상시 연차휴가일수 x (소정근로일수 − 휴직 일수) / 소정근로일수)

6 대법원 2008.10.9. 2008다41666

7 이와 비교해야 할 것으로, 정직, 직위해제, 범죄로 인한 구속기간 등도 퇴직금 산정 등을 위한 계속근로기간에는 포함된다

출근일수에는 포함되지 않아 결국 출근율을 떨어뜨리게 된다(3유형). 역시 책을 덮고 시간이 지나면 개개의 내용은 기억에서 흐릿해지겠지만, 근로자의 '권리 또는 책임 여부'라는 핵심 기준에 따라 상식선에서 생각하면 기억은 되살아날 것이다.

(2) 쟁의기간

사례

노사분규가 발생한 甲 회사의 노조는 결국 파업을 결의하였고, 회사는 노조의 파업 돌입 이전에 선제적으로 공장 문을 걸어 잠갔다. 갑 회사의 조합원들은 방벽을 넘어 회사 안으로 들어가서 사업장의 생산시설을 20일간 점거하면서 사용자의 점유를 완전히 배제하였다. 파업이 종료된 후, 회사는 근로자들의 '연차휴가의 출근율을 산정할 때' 점거기간 20일은 결근으로 간주하였다. 근로자들은 선제적 직장폐쇄는 위법하므로 점거기간을 출근으로 간주해야 한다고 주장했고, 회사는 근로자들이 생산시설을 배타적으로 점거한 것은 불법이므로 결근으로 간주해야 한다고 주장했다. 누구의 주장이 타당할까?

① 쟁의행위

쟁의로 인해서 출근하지 않은 기간은 '쟁의가 적법한지 여부에 따라' 판단해야 한다. 이 역시 근로자의 권리 또는 책임과 관련되어 있으나 적법한 휴업 등의 경우와는 조금 다르다. 우선 불법쟁의라면 그 기간은 당연히 출근으로 간주하지 않는다.[8] 유의할 점은 판례에 의하면 적법한 쟁의라도 출근으로 간주하지는 않고, 출근일수와 소정근로일수에서 모두

---

8   대법원 2019.2.14. 2015다66052

차감한다(2유형).[9] 분자, 분모인 출근일수와 소정근로일수가 모두 줄어들기 때문에 출근으로 간주하는 경우보다 출근율이 떨어진다. 적법한 쟁의이지만, 상기한 업무상 질병으로 인한 휴업이나 출산전후휴가처럼 근로자가 부득이 출근하지 못하는 경우와는 달리 이익 쟁취를 위한 행동이라는 점에서 다르다고 보면 된다. 이와 같이 산정하여 80% 출근율을 충족한다면, 소정근로일수에서 차감하지 않고 산정한 출근율이 80% 미만인 경우에 한하여 연차휴가일수는 다음과 같이 평상시 일수에 비례하여 계산한다.[10]

> 80% 출근율을 충족한 평상시 연차휴가일수 × (연간 소정근로일수 − 쟁의행위 일수) / 연간 소정근로일수

② 직장폐쇄 중 쟁의행위

근로자의 쟁의행위에 대응하여 사용자가 자기의 주장을 관철하기 위하여 사업장을 폐쇄하는 것을 직장폐쇄라고 하는데, 이는 사용자 측의 쟁의행위이다. 직장폐쇄는 노동조합이 쟁의행위를 개시한 이후에 실시해야만 적법하다. 판례는 사용자의 쟁의행위인 직장폐쇄가 '적법'하다면, 위에서 언급한 적법한 쟁의행위에 준하여 출근일수와 소정근로일수에서 모두 차감한다(2유형). 다만, 적법한 직장폐쇄 중 근로자가 위법한 쟁의행위에 참가했다면 그 기간은 근로자에게 책임이 있는 사유로 근로를 제공하지 못한 기간으로 보아 소정근로일수에 포함하되 출근일수에서는 제외한다[11](3유형).

9 대법원 2013.12.26. 2011다4629 참조
10 대법원 2013.12.26. 2011다4629 / p.90. 주석5 참조
11 상기 판례

직장폐쇄가 '위법'한 경우에는 출근으로 간주한다(1유형). 즉, 위법한 직장폐쇄가 있고, 근로자의 쟁의행위가 없다면 그 기간은 출근으로 간주한다. 다만, 위법한 직장폐쇄가 없었어도 근로자가 쟁의행위에 참가하여 근로를 제공하지 않았을 것이 명백하다면,[12] 쟁의행위가 적법한지 여부를 판단하여 적법한 경우에는 그 기간을 출근일수와 소정근로일수에서 모두 차감하고(2유형), 위법한 경우에는 연간 소정근로일수에 포함하되 출근일수에는 제외한다(3유형).[13]

내용이 다소 복잡한데, 간단하게 말하면 사용자의 직장폐쇄의 경우에도 근로자의 쟁의행위가 적법한지 여부, 즉 근로자의 '권리 또는 책임 여부'를 기준으로 출근 간주 여부를 판단한다.

사례에서 파업 이전의 직장폐쇄는 위법하나, 위법한 직장폐쇄가 없었어도 근로자들의 쟁의행위 참가가 명백하다고 인정된다면, 생산시설을 전면적으로 점거하는 쟁의행위는 직장폐쇄가 정당하지 않은 경우에도 불법이므로,[14] 결국 점거기간을 결근으로 처리할 수 있다(3유형).

미출근 사유별 출근 간주 여부 REVIEW

- 업무상 부상·질병 휴업, 출산전후휴가, 육아휴직, 부당해고 → 출근 간주
- 업무 '외' 부상·질병 휴업, '약정' 휴직, 파업 → 소정근로일수 차감
- 불법파업 → 결근 처리

---

12 판례에 의하면, 쟁의행위에 이른 경위 등 제반 사정을 참작하여 판단하고, 그 증명책임은 사용자에게 있다
13 상기 판례
14 대법원 2017.4.7. 2013두16418

3 사용시기 및 용도

연차휴가는 근로자가 청구한 시기에 부여하는 것이 원칙이다. 즉, 근로자에게 시기지정권이 있다. 단, 근로자가 청구한 시기에 휴가를 부여하는 것이 사업 운영에 막대한 지장이 있는 경우에는 사용자가 그 시기를 변경할 수 있다(근로기준법 제60조제5항). 즉, 엄격한 조건에서 사용자는 시기변경권을 갖는다.

연차휴가의 용도에는 제한이 없으므로 근로자는 사용자에게 연차휴가를 사용하는 이유를 구체적으로 알릴 필요가 없다. 일반적으로 회사의 인사시스템에서 휴가를 신청할 때 사유란이 있기도 하나, 달리 규정하지 않으면 '개인 사정'이라고 적으면 충분하다. 연차휴가의 용도는 제한이 없으나 쟁의에 참여하기 위한 휴가의 사용이 쟁점이 될 수 있는데, 휴가 중인 근로자가 쟁의에 참여하는 것은 막을 수 없지만, '쟁의를 위한' 휴가 사용 시 연차휴가권의 정당한 행사로 인정하지 않을 수 있다.[15]

연차휴가의 이월사용 & 선사용

연차휴가를 해당 연도에 사용하지 않고 다음 연도에 사용하는 이월사용은 사용자가 희망하는 경우(미사용수당을 지급하는 대신 휴가를 부여하기 위해) 근로자의 동의가 필요하다. 근로자가 이월사용을 희망하는 경우에는 사용자의 허용이 필요하되, 사용자의 귀책사유로 사용하지 못했다면 사용자가 동의하지 않아도 물론 이월하여 사용할 수 있다.[16] 근로자가 다음 해에 발생할 연차휴가를 금년도에 미리 사용하는 선사용(소위 '마이너스 연차')은 사용자가 허용하는 경우에 가능하다.

---

15 김형배, 노동법(제27판), pp.547~548 참조
16 근기 68207-62, 1994.1.8

4 **사용의 촉진**

"일단은 촉구하고, 아예 날짜를 정한다"

사용자가 근로기준법에 따른 연차휴가 사용 촉진을 했음에도 불구하고 근로자가 사용하지 않아 휴가가 소멸한 경우 사용자는 사용하지 않은 휴가에 대해 연차휴가미사용수당을 지급할 필요가 없다.[17] 이를 인정하기 위해서는 두 단계의 절차가 필요하다(근로기준법 제61조). 우선, 연차휴가 사용기간인 1년이 끝나기 6개월 전을 기준으로 10일 이내에 사용자가 '근로자별로' 사용하지 아니한 휴가 일수를 알려주고, 근로자가 그 사용 시기를 정하여 사용자에게 통보하도록 서면으로 촉구해야 한다. 근속기간이 1년 미만인 근로자의 경우 6개월 전이 아니라 3개월 전을 기준으로 10일 이내이고, 사용자가 서면으로 촉구한 후 발생한 휴가에 대해서는 최초 1년의 근로기간이 끝나기 1개월 전을 기준으로 5일 이내에 촉구하여야 한다.

두 번째 단계로서, 상기 촉구에도 불구하고 근로자가 촉구받은 때부터 10일 이내에 휴가의 전부 또는 일부의 사용 시기를 정하여 사용자에게 통보하지 아니하면 연차휴가 사용기간인 1년이 끝나기 2개월 전까지 사용자가 사용하지 아니한 휴가의 '사용 시기를 정하여' 근로자에게 서면으로 통보하면 된다. 두 번째 단계에서는 사용자가 아예 날짜를 정해버리는 것이다. 근속기간이 1년 미만인 근로자의 경우 2개월 전이 아니라 1개월 전이고, 사용자가 서면으로 촉구한 후 발생한 휴가에 대해서는 1년의 근로기간이 끝나기 10일 전까지 서면으로 통보하여야 한다.

---

17 사용 촉진에 따라 보상 의무는 소멸하나, 연차휴가 자체가 소멸하는 것으로는 볼 수 없고, 연차휴가를 이월하여 사용하게 하거나 사용기간을 연장하는 합의도 유효하므로 노사 합의에 따른 사용기간까지는 연차휴가를 사용할 수 있다(임금근로시간과-1279, 2020.6.16.)

[서면 통보]　고용노동부에 의하면, 문자메시지는 서면 통보의 방식으로 인정하지 않으나, 회사가 전자결재 체계를 완비하여 '전자문서로 모든 업무'의 기안, 결재 등이 이루어져 근로자 '개인별로' 명확하게 촉구 또는 통보하는 경우 이메일 및 전자문서는 서면 통보의 방식으로 인정한다.[18]

[사용 촉진 미적용 대상]　출근율이 80% 미만인 근로자, 계속하여 근로한 기간이 1년 미만인 근로자에게도 사용 촉진 제도가 적용되지만(근로기준법 제61조), 본 제도는 1년의 근로기간이 끝나는 날을 기준으로 적용하므로, 근로계약 기간이 1년 미만인 기간제 근로자에게는 적용되지 않는다. 즉, 근로계약 기간은 1년 이상이나 '실제로 근무한 기간'이 아직 1년이 되지 않은 경우와 '근로계약 기간 자체'가 1년 미만인 경우를 구분하여, 후자의 근로자에 대해서는 사용 촉진 제도를 적용하지 않는다. 다만, 계약 갱신 등으로 1년을 초과하는 경우에는 적용한다.

사용 촉진을 하였으나 미사용수당을 지급해야 하는 경우

[연차휴가일에 출근 시 노무 수령] 사용자가 사용 촉진을 했더라도 휴가일에 근로자가 출근했을 때 적극적으로 노무 수령을 거부하지 않으면 미사용 휴가에 대한 보상 의무가 있다.[19] 이것과 연계해서 보아야 할 것으로서, 후술할 '연차휴가 대체'의 경우 근로자가 대체된 날에 휴가를 사용하지 않고 출근해도 휴가를 사용한 것으로 간주한다.

[지정일 전 퇴사] 사용 촉진 조치에 따라 근로자가 사용 시기를 지정하였으나, 해당일 이전에 퇴사하였다면 사용자는 미사용수당을 지급해야 한다.[20]

18　근로개선정책과-5353, 2011.12.19
19　대법원 2020.2.27. 2019다279283
20　근로개선정책과-2379, 2012.4.25

5 휴가의 대체 및 소멸

① 휴가의 대체

연차휴가는 근로자 개인이 시기를 지정하여 사용하는 것이 원칙이지만, 사용자는 근로자대표와의 서면 합의에 따라 연차휴가일에 갈음하여 특정한 근로일에 근로자를 휴무시킬 수 있다(근로기준법 제62조). 마치 공휴일 대체를 하듯이 휴가 대체를 하는 것이다. 이 경우는 앞서 언급했듯이, 근로자의 시기지정권이 배제되어, 근로자가 대체된 날에 휴가를 사용하는 것을 거부해도 휴가를 사용한 것으로 처리되어 당해 휴가일수에 해당하는 휴가권은 소멸한다.

② 휴가의 소멸

연차휴가는 1년간(계속하여 근로한 기간이 1년 미만인 근로자는 입사일로부터 1년의 근로가 끝날 때까지의 기간) 사용하지 않으면 소멸한다. 여기서도 '원칙과 예외의 틀'은 적용된다. 즉, 예외적으로 사용자의 귀책사유로 근로자가 휴가를 사용하지 못한 경우에는 소멸하지 않는다(근로기준법 제60조제7항). 상식을 법으로 표현했을 뿐이다. 연차휴가권이 소멸해도 사용하지 않은 휴가에 대한 수당청구권이 발생한다. 연차휴가미사용수당의 청구권은 임금채권이므로 휴가청구권이 소멸한 날의 다음날로부터 3년간 행사할 수 있다. 연차휴가권이 발생한 후 사용하지 않고 퇴직한 경우에도 수당청구권은 남는다.

▣ 기타 참고사항

1년 근무 vs. 1년 + 1일 근무

연차휴가는 1년간의 근무를 마친 다음 날에 발생하므로, 1년간의 근무를 마치고 바로 퇴직하면 연차휴가권을 취득하기 전에 퇴직한 것이므로 연차휴가미사용수당에 대한 청구권도 발생하지 않는다. 즉, 연차휴가를 사용할 권리는 그 전년도 1년간의 근로를 마친 다음 날인 366일째 발생하므로[21] '1년의 근무를 마친 다음 날에 근무하지 않고 퇴직하면' - 1년의 기간에 한 달 개근 시 하루씩 발생하는 11개의 연차휴가는 받을 수 있으나 - 전년도 출근율 80%를 충족했을 때 부여하는 15일의 연차휴가를 받을 수 없다. 그러나, 1년을 근무하고 '하루만 더 근무하면' 15일의 연차휴가를 포함하여 총 26개의 연차휴가를 얻을 수 있다. 뭔가 균형이 맞지 않아 보이지만 이는 연차휴가의 개념에서 비롯된 것이다.

* 365일 근무하고 퇴직 → 연차휴가 11개
* 366일 근무하고 퇴직 → 연차휴가 26개 (11개+15개)

---

21 대법원 2018.6.28. 2016다48297

연차휴가 부여 기준일

연차휴가는 입사일을 기준으로 부여하는 것이 원칙이나, 노무관리의 편의를 위해 단체협약 등에 따라 일괄적으로 회계연도를 기준으로 부여하는 것도 가능하되, 연도 중 입사자에게 불리하지 않도록 해야 한다.[22] 예를 들어, '23년 7월에 입사한 근로자는 입사일을 기준으로 연차휴가를 산정하여 입사일로부터 1년 후인 '24년 7월에 15개의 연차휴가를 부여하는 것이 원칙이나, 재직 중인 근로자와 함께 일괄적으로 인사관리를 하기 위해서 입사연도의 다음 회계연도 시작 시점인 '24년 1월에 부여하는 것도 가능하다. 이 경우는 물론 근속기간이 6개월이므로 연차휴가일수도 그 기간에 해당하는 분만 발생한다.

병가(병을 이유로 한 휴가)

연차휴가 외에 병가를 부여하는 사업장도 있으나 이는 법정휴가는 아니고, 병가의 유급 여부는 취업규칙, 단체협약 등에서 정하는 바에 의한다. 참고로, 공무원의 경우는 법령에 의해 소속 기관장의 승인을 얻은 경우 연간 60일 이내의 유급병가를 사용할 수 있다(공무상 질병이나 부상은 연간 180일)(국가공무원 복무규정 제18조).

---

22 임금근로시간정책팀-2888, 2007.9.11. / 이에 따르면, 입사한 지 1년이 되지 않은 기간에 대해서는 입사연도의 근속기간에 비례하여 유급휴가를 부여하고 그 후부터는 회계연도를 기준으로 휴가일수를 산정하여 부여하되, 퇴직 시점에서 근로자의 입사일을 기준으로 산정한 휴가일수와 비교하여 미달하는 경우에는 그 미달하는 일수만큼 정산해 주어야 한다

07
임금의 기본

07

임금의 기본

1 임금의 개념

"근로의 대가"

임금은 근로의 대가로 사용자가 지급하는 금품이다. 복리후생적 금품이나 생활보조적 금품이라도 규정 등에 지급 의무가 있고 일정한 요건을 갖춘 근로자에게 계속적·정기적으로 지급한다면 근로의 대가성을 인정하여 임금에 포함한다.[1] 상여금, 성과급 등은 지급의 시기·금액·조건이 정해졌다면 은혜성의 금품이 아니라 임금에 해당하지만, 반대로 관례적으로 지급한 사례가 없고 경영성과 등에 따라 사용자가 재량이나 호의로 지급한다면 임금에 해당하지 않고 기타 금품에 해당한다.[2]

임금 부분에서는 평균임금과 통상임금의 개념과 이것이 어디에 쓰이는지, 즉 산정사유를 이해하는 것이 우선 필요하다. 평균임금은 '실제적인' 임금이고, 통상임금은 '미리 정한' 임금이라고 생각하고 접근하면 개념과 용도를 이해하기 쉽다.

---

1   대법원 2005.9.9. 2004다41217 참조
2   통상임금 산정지침(고용노동부 예규) 제47호 참조

2 평균임금

(1) 개념 및 용도

"실제적인 임금"

평균임금은 3개월간 평균한 임금, 즉, 산정사유 발생일 전 3개월간 임금총액을 그 기간의 총일수(달력상의 총일수: 89~92일)로 나눈 것을 의미하는데, 근로자가 취업한 후 3개월 미만이면 그 기간을 기준으로 계산한다(근로기준법 제2조제1항). 평균임금이 통상임금보다 적으면 통상임금을 평균임금으로 한다(제2항). 실제 계산한 평균임금이 여러 가지 사정으로 평소보다 적어지는 경우 미리 정한 통상임금을 평균임금으로 보아 근로자를 보호하려는 취지이다. 평균임금은 퇴직금, 휴업수당, 연차휴가수당, 연차휴가미사용수당, 재해보상금, 감급 제재의 제한, 고용보험법상 구직급여, 산재보험법상 보험급여의 산정 기준으로 쓰인다. 휴업수당도 임금 대신 지급하는 것이므로 실제적인 임금, 즉 평균임금을 기준으로 70%를 적용하는 것이 원칙이다. 다만, 평균임금의 70%가 통상임금을 초과하면 통상임금을 적용할 수 있다(제46조제1항).

평균임금은 근로자에게 유리하게, 그런데 휴업수당은 사용자 배려

근로기준법은 기본적으로 근로자를 보호하기 위한 법이므로 평균임금이 통상임금보다 적으면 근로자에게 유리하게 통상임금을 평균임금으로 하나, 휴업수당은 평균임금의 70%와 '통상임금의 100%'를 비교하여 더 적은 것을 지급할 수 있다. 휴업은 사용자에게도 어려운 상황이기 때문에 이를 고려한 것이라고 보면 된다.

(2) 평균임금에 포함하지 않는 기간, 임금

> **사례**
>
> 근로자 A는 2023년 6월 말에 퇴직하였는데, 퇴직금 계산을 위한 평균임금 산정에 연차휴가미사용수당을 포함하려고 2022년에 일한 대가로 발생한 연차를 2023년에 전혀 사용하지 않았다. A가 원하는 대로 평균임금은 그만큼 늘어날까?

"평균적이지 않은 임금은 무엇인가"

① 제외 기간

[평소와 같지 않은 기간]　　평균임금 계산을 위한 분자와 분모, 즉 임금액과 기간에 어떤 것을 포함하고 제외하는지 유의해야 한다. 먼저 기간에 대해 살펴본다. 제외 기간을 하나하나 외우기 전에 상식선에서 '평균임금의 계산에 포함하기에는 '어딘가 부족한' 기간인지 아닌지 생각해 볼 필요가 있다. 수습기간(3개월 이내)에 임금을 감액하는 경우도 있다. 이런 기간을 평균임금 산정 기간에 포함한다면 근로자 입장에서는 금액이 줄어들어 불리하다. 마찬가지로 사용자의 문제로 인해 휴업한 기간, 업무상 부상 또는 질병으로 요양하기 위하여 휴업한 기간에는 평균임금의 70%만 수령하므로 이 기간을 계산에 포함하면 금액이 줄어들어 근로자에게 불리하다. 이 밖에도 육아휴직 기간, 무노동무임금이 적용되는 쟁의행위 기간, 병역법 등의 의무이행기간[3] 등도 임금을 평소대로 온전히 받지 못하는 기간이므로 평균임금을 산정하는 기간에서 제외한다(근로기준법 시행령 제2조제1호).

3　그 기간 중 임금을 지급받은 경우에는 제외하지 않는다

출산전후휴가(유·사산휴가)기간도 제외한다. 출산휴가급여는 통상임금의 100%를 적용한다. 사실상 임금손실이 없을 수도 있고, 오히려 통상임금이 실제임금보다 더 높을 수도 있지만, 실제 평균임금이 아닌 통상임금으로 수령한다는 점에서 이 기간도 산정기간에서 제외한다고 보면 된다. 연장근로를 많이 하는 근로자라면 실제 평균임금이 통상임금보다 많을 것이다.

업무 외 부상이나 질병, 그 밖의 사유로 사용자의 승인을 받아 휴업한 기간도 제외한다(근로기준법 시행령 제2조제1항). 육아기 근로시간 단축 기간, 가족돌봄휴가·휴직 기간, 가족돌봄 등을 위한 근로시간 단축 기간도 제외한다(남녀고용평등법 제19조의3제4항, 제22조의2제7항, 제22조의4제4항).

3개월 이상 제외 & 산정사유 발생일

제외되는 기간이 3개월 이상이면, 제외되는 기간의 최초일을 산정사유 발생일로 본다(고용노동부 고시 제2015-77호 제1조).[4]

② 제외 임금

앞서 개념을 잡을 때 평균임금은 '실제 지급한'이라고 하지 않고 '실제적인' 임금이라고 하였다. 실제 지급하지 않았어도 지급청구권이 발생한 임금, 회사에 자진 반납했어도 법상 지급한 것으로 간주하는 임금은 평균임금 계산에 포함한다.[5] 그런데, 실제 발생한 모든 임금이 계산에 포함되는 것은 아니고, 임시로 지급된 임금 및 수당, 통화 외의 것으로 지

---

4 대법원 2023.6.1. 2018두60380
5 퇴직연금복지과-578, 2009.3.13

급된 금품은 제외한다(근로기준법 시행령 제2조제2항). 평균임금은 퇴직금, 휴업수당, 재해보상금 등을 계산하기 위하여 말 그대로 근로자의 '평균적인 임금수준'을 가늠해 보려는 취지가 있으므로 일반적으로 발생하는 것이 아닌 임시적인 임금이나 통화 이외의 임금을 제외하는 것은 상식에 어긋나지 않을 것이다.

월 단위로 지급하지 않는 임금은 평균임금에 어떻게 반영하는가? 평균임금이 산정사유 발생일을 기준으로 이전 3개월 간의 임금의 평균이라는 점에서, 연 단위나 반기 단위로 지급하는 상여금 등은 3개월 치를 계산해서 평균임금 계산을 위한 임금총액에 반영하는 것이 타당하다. 즉, 1개월을 넘는 단위로 지급하는 상여금 등은 3개월 해당분인 산정사유 발생일 전 12개월 중에 지급한 상여금 등의 3/12만큼 반영한다.[6] 근속기간이 1년 미만인 경우, 12개월로 나누지 않고 근로월수로 나누고 3을 곱하면 된다.[7]

※ 연차휴가미사용수당은?

상기 사례와 같이 연차휴가를 사용하지 않고 수당으로 받는 연차휴가미사용수당은 어떨까? 이건 좀 복잡하고, 고용노동부 행정해석과 대법원 판례가 불일치한데 행정해석이 더 명확하다고 본다. 먼저, 아래 사항을 염두에 두고 내용을 보면 이해하는 데 도움이 된다.

> **"평균임금 산정에 포함되려면 산정사유 발생일 이전에**
> **임금의 지급사유가 발생해야"**

우선 행정해석을 보면, '퇴직하기 전' 이미 발생한 연차휴가미사용수

---

6   근로기준정책과-1217, 2017.2.15. 참조
7   임금 68207-120, 2003.2.24

당과 '퇴직으로 인해' 비로소 지급사유가 발생한 연차휴가미사용수당을 구분하여, 전자는 평균임금에 포함하고 후자는 제외한다.[8] 후자는 산정 사유 발생일 이전에 지급사유가 발생한 임금이 아니기 때문이다. 예를 들어, 근로자가 2023년 6월 말에 퇴직하는데, 퇴직 '전전년도'인 2021년에 80% 이상 출근하여 발생한 연차를 2022년에 사용하지 않아서 2023년 1월 1일에 '이미 발생한' 미사용수당의 3/12은 퇴직금 계산을 위한 평균임금 산정에 반영하지만, 상기 사례와 같이, 퇴직 '전년도'인 2022년에 80% 이상 출근하여 발생한 연차를 2023년에 사용하지 않고 있다가 2023년 6월 말에 '퇴직함으로써 비로소 발생한' ─ 퇴직하지 않았다면 연차는 2024년 1월 1일에 발생한다. ─ 미사용수당은 평균임금 산정에 반영하지 않는다.

상기 예시를 일반적인 논리로 다시 쓰면 이렇게 된다. 퇴직 '전전년도' 출근율에 의하여 퇴직 전년도에 발생한 연차휴가를 사용하지 않아서 '이미 발생한' 연차휴가미사용수당은 퇴직금 산정을 위한 평균임금 산정에 포함한다. 반면에, 퇴직 '전년도' 출근율에 의하여 퇴직년도에 발생한 연차휴가를 사용하지 않다가, '퇴직함으로써 비로소 지급사유가 발생한' 연차휴가미사용수당은 평균임금 산정에 포함하지 않는다.[9]

---

8 임금근로시간정책팀-3295, 2007.11.5. 참조

9 이와 비교할 것으로, 연장·야간·휴일근로에 대하여 가산임금 대신 휴가를 부여하는 보상휴가를 사용하지 않아서 발생한 보상휴가 미사용수당의 경우는 다르다. 연장근로 등에 대한 가산임금 청구권은 보상휴가 실시와 관련 없이 근로를 제공함으로써 이미 발생한 것이고, (보상휴가 실시는) 단지 그 지급방법·시기만 변경된 것이므로, 보상휴가를 실시할 경우에도 평균임금 산정에 있어서는 '보상휴가 미사용에 대한 수당이 아닌', 평균임금 산정 사유 발생 전 3개월 동안의 연장근로 등에 대한 가산임금만 반영한다(근로기준정책과-2658, 2023.8.11)

한편, 판례는 퇴직 전년도의 일부가 평균임금 산정기간인 '퇴직한 날 이전 3개월간' 내에 포함된다면 이에 해당하는 미사용수당만 평균임금에 포함한다.[10] 예를 들면, 2022년 1월 1일에 입사하여 2023년 2월 1일에 퇴직하는 근로자가 2022년 한 해를 개근하여 발생한 15일의 연차휴가를 사용하지 않아 미사용수당으로 지급받는 경우, 2022년의 기간 중에서 퇴직한 날 이전 3개월인 2022년 11월~2023년 1월 내에 포함되는 2022년 11~12월에 해당하는 수당만을 평균임금의 산정에 반영한다.

이처럼 연차휴가미사용수당의 일부는 평균임금에 포함되고 일부는 제외된다는 것과 위에서 언급한 평균임금의 산정사유 중에 연차휴가미사용수당이 있다는 것은 다른 사안이나 함께 정리할 필요가 있다.

(3) 예외적 산정 방식

일용근로자는 3개월간의 평균임금을 계산할 수 없으므로, 고용노동부장관이 사업별 또는 직업별로 정하는 금액을 평균임금으로 한다(근로기준법 시행령 제3조). 산재보험법상 보험급여를 산정하는 경우 해당 근로자의 평균임금을 산정해야 할 사유가 발생한 날부터 1년이 지난 이후에는 매년 전체 근로자의 임금 평균액의 증감률에 따라 평균임금을 증감하되, 그 근로자의 연령이 60세에 도달한 이후에는 소비자물가변동률에 따라 평균임금을 증감한다(산재보험법 제36조).[11]

---

10 대법원 2015.11.27. 2012다10980
11 다른 방법으로 평균임금을 산정하는 진폐 근로자에 대한 보험급여는 제외한다(제3항 단서 참조)

입사 첫날에 평균임금 산정사유 발생 시

산재 발생 등 입사 첫날에 평균임금 산정사유가 발생한 경우 지급하기로 한 임금의 1일 평균액으로 평균임금을 추산하고(근로기준법 시행령 제14조, 고용노동부 고시 제2015-77호), 이에 따라 산정할 수 없으면 근로자의 통상의 생활임금을 사실대로 산정할 수 있는 방법에 의하되 그와 같은 방법이 없을 때는 당해 근로자의 근무 지역을 중심으로 한 일대에서 동종의 작업에 종사하는 상용근로자의 평균임금을 표준으로 삼는다.[12]

근무한 기간이 3개월 미만인 경우

근무한 기간이 3개월 미만이면 근무한 기간만 평균하면 된다(근로기준법 제2조제1항제6호 참조). 이와 비교할 것으로, 퇴직금 중간정산으로 인해 퇴직금 산정을 위한 근속기간이 3개월 미만이 된 경우라도 퇴직 시점 이전 3개월을 기준으로 평균임금을 산정한다.[13] 아울러, 3개월 미만으로 근무한 일용직의 평균임금은 '일당 x 통상근로계수(0.73)'로 산정한다(고용노동부 고시 제2017-82호).

---

12 대법원 1997.11.28. 97누14798
13 퇴직연금복지과-2566, 2021.6.2

3 통상임금

(1) 개념 및 용도

"지급하기로 정한 임금"

앞서 통상임금의 개념을 잡을 때, '실제적인' 임금인 평균임금과 달리 쉽게 '미리 정한' 임금이라고 생각하자고 하였다. 통상임금은 근로자에게 정기적이고 일률적으로 소정근로 또는 총 근로에 대하여 지급하기로 정한 시간급·일급·주급·월급 금액 또는 도급 금액을 말한다(근로기준법 시행령 제6조). 정기상여금, 퇴직자에게도 지급하는 금품 등도 요건을 충족한다면 통상임금에 포함된다. 성과급도 최저지급액이 있다면, 즉 미리 정해진 최저기준이 있다면, 지급이 보장된 최소한도의 부분만큼은 통상임금에 포함된다.[14]

통상임금은 연장·야간·휴일근로 가산임금, 유급휴일수당, 해고예고수당, 휴업수당, 연차휴가수당, 연차휴가미사용수당, 출산전후휴가급여 등의 산정기준으로 쓰인다. 이 중에서, 휴업수당, 연차휴가수당, 연차휴가미사용수당은 평균임금의 산정사유에도 해당한다고 하였다. 즉, 이들은 평균임금이나 통상임금으로 지급할 수 있다. 이해를 쉽게 하기 위하여, 연장근로 가산임금, 주휴수당, 해고예고수당 등과 같이 통상임금으로 계산하는 임금들은 퇴직금, 재해보상금 등 평균임금으로 계산하는 임금들과 달리 반드시 실제적인 임금을 기준으로 계산해야 할 필요성이 크지 않기에 통상임금을 적용한다고 보면 된다. 통상임금에 해당하는 임금을 통상임금에서 제외하는 합의는 무효이다.[15]

---

14 대법원 2020.6.11. 2017다206607; 대법원 전원합의체 2013.12.18. 2012다89399
15 대법원 2019.8.14. 2018다244631

(2) 통상임금이 되기 위한 요건

"정기적으로, 모든 근로자에게, 추가조건 없이"

통상임금은 일정한 주기로(정기), 모든 근로자에게(일률), 추가조건 없이(고정) 지급한다는 3가지 요건을 충족해야 한다. 정기성은 말 그대로 일정한 기간마다 주기적으로 지급하는 것을 의미하고 그 단위기간은 1개월을 초과해도 무방하다.[16] 일률성은 특정 근로자가 아닌 일정한 조건을 갖춘 '모든' 근로자에게 지급하는 것을 의미한다. 고정성은 추가적인 조건과 관계없이 지급이 확정된 것을 의미한다.[17] 예를 들어, 1개월 내 00일이상 근무할 경우 지급하는 수당은 조건의 충족 여부가 미정이므로 고정성이 결여되어 통상임금에서 제외한다.

단체협약의 체결이 지연되어, 추후에 소급하여 적용한 임금 인상분도 추가 조건을 충족해야만 지급하는 것이 아니라 소정근로의 제공에 대한 보상으로 당연히 지급한다는 점에서 통상임금으로 인정한다.[18]

[재직 요건] 특정 시점에 재직 중인 경우에만 지급하는 금품도 '재직'이라는 추가적인 조건이 부여되었으므로 고정성이 결여되어 통상임금으로 인정하지 않는다. 금융감독원의 정기상여금과 관련된 사건에서 최근 판례는 재직 요건이 있어도 통상임금으로 인정하였다.[19] 다만, 이 사안은 단체협약에는 퇴직자에 대하여 근무일수에 비례하여 정기상여금을 지급하게 되어 있고, 취업규칙에는 재직 요건이 명기된 경우로서, 판례는 근로를 제공했던 사람이라도 특정 지급일자에 재직하지 않으면 이미 제공한 근로에 상응하는 부분마저도 수령하지 못한다는 취지로 '재직 요건'을 해석하는 한

---

16 이와 비교할 것으로, 제8장에서 논할 최저임금에 포함되려면 지급주기가 1개월 이내이어야 한다
17 대법원 전원합의체 2013.12.18. 2012다89399 참조
18 대법원 2021.8.19. 2017다56226
19 대법원 2022.11.10. 2022다 252578 참조

이는 무효라고 판단한 것이므로, 기존에 재직 요건이 있으면 통상임금으로 인정하지 않는 대법원 전원합의체[20]의 입장과 배치된 것으로는 볼 수 없다. 물론 취업규칙에 명기된 재직 요건을 유연하게 해석했다는 의미는 있다.

(3) 일반적인 통상임금

고용노동부의 통상임금 산정지침에 의하면, - 상기 통상임금의 요건에 부합한다는 전제하에 - 기본급, 직무수당, 직책수당, 기술수당, 자격수당, 면허수당, 특수작업수당, 위험수당 등은 통상임금으로 본다. 반면, 근로시간과 관계없이 생활보조적·복리후생적으로 지급하는 통근수당, 차량유지비 등이나, 휴업수당, 해고예고수당, 퇴직금, 경조사비, 의료비, 재해위로금, 피복비, 체육시설 이용비, 보험료부담금, 실비변상 성격의 출장비 등은 통상임금이 아니다.

(4) 같은 명칭, 다른 성격

같은 명칭이라도 통상임금에 포함되기도 하고 안 되기도 한다. 통상임금 산정지침에 의하면, 생산장려수당·능률수당을 '근무성적에 관계없이' 매월 일정액을 일률적으로 지급한다면 통상임금이나, '근무성적에 따라' 지급한다면 통상임금이 아니다. 승무수당·운항수당·항해수당도 '근무일수에 관계없이' 일률적으로 지급한다면 통상임금이나, '근무일수에 따라' 지급한다면 통상임금이 아니다.

판례도 같은 명칭이라도 상기 통상임금의 요건에 부합하는지 여부에 따라 통상임금으로 인정하기도 하고 부정하기도 한다. 예를 들어, 가족수당의 경우, 사용자에게 지급 의무가 있고 요건을 충족한 모든 근로

---

20 대법원 전원합의체 2013.12.18. 2012다89399

자에게 일률적으로 지급한다면 통상임금으로 인정하나, 부양가족이 있는 경우에만 가족의 수에 따라 지급한다면 통상임금으로 인정하지 않는다.[21] 고용노동부도 가족수당을 부양가족의 수와 상관 없이 전 사원에게 일률적으로 일정액을 지급하고 부양가족이 있는 경우 그 수에 따라 추가로 지급하는 경우에 '전 사원에게 동일하게 지급하는 부분은' 통상임금에 포함된다고 본다.[22]

앞서 언급했듯이, 상여금, 성과급 등도 정기적이고 확정적으로 지급한다면 통상임금에 포함하나, 사용자의 재량에 따라 지급한다면 제외한다.

식사비의 경우도 현물 식사를 하지 않은 근로자에게도 이에 상응하는 식사비를 일률적으로 지급하면 통상임금에 포함하나 그렇지 않으면 제외한다.[23] 직원 전용 온라인 쇼핑사이트에서 물품을 구매하는 방식 등으로 사용하는 복지포인트는 과거 하급심 판례가 엇갈렸으나, 대법원 전원합의체 판결에 따라 통상임금으로 인정하지 않는다.[24]

---

21 대법원 2003.4.22. 2003다10650; 대법원 2003.10.9. 2003다30777
22 근로개선정책과-3767, 2014.7.4
23 대법원 2003.10.9. 2003다30777 등
24 대법원 전원합의체 2019.8.22. 2016다48785

통상시급 산정 관련

1. 월급을 시급으로 환산(주 40시간 근로자 기준)

월급을 월의 통상임금 산정 기준시간 수(분모)로 나누어야 하는데, 분모는 다음과 같이 계산한다(근로기준법 시행령 제6조제1항제4호 참조).

1주의 산정 기준시간 수(주휴 포함 48시간, 즉 유급 시간) × 월평균 주수(365/7/12= 약 4.345주) = 약 209시간

2. 일급을 시급으로 환산(법정근로시간을 초과하는 근로시간을 정하고 있는 경우)

예를 들어, 1일 12시간으로 약정한 근로에 대해 12만 원의 고정수당을 일급으로 받는 경우 기존의 판례는 12만 원이 법정근로시간인 8시간과 가산된 연장근로시간인 6시간(연장근로시간인 4시간에 대해 50% 가산)을 합한 14시간의 대가로 보아 통상시급을 '12만 원÷14시간=8,571원'으로 계산하였으나, 전원합의체 판결에 의해 '총근로시간 수'를 실제 근로시간인 12시간으로 보고, 통상시급을 '12만 원÷12시간=1만 원'으로 계산한다.[25]

4 임금 지급의 4원칙

임금 지급의 4원칙은 통화 지급, 직접 지급, 전액 지급, 정기 지급의 원칙을 말하고(근로기준법 제43조), 주요 내용은 다음과 같다.

---

25 대법원 전원합의체 2020.1.22. 2015다73067 참조

<통화 지급> 강제통용력 있는 통화로 지급 → (예외) 법령 또는 단체협약 규정 시(근로기준법 제43조제1항)

<직접 지급> 근로자 본인에게 직접 지급 → (예외) 법률에 의한 압류 등

<전액 지급> 공제 없이 전액 지급 → (예외) 법률 또는 단체협약 규정 시(상기조항), 조합비 공제, 근로할 것을 조건으로 하는 금전이 아닌 경우에 근로자의 명백한 의사에 의한 상계

<정기 지급> 매월 1회 이상 정기 지급 → (예외) 1개월을 초과하는 기간에 걸친 사유에 따라 산정하는 임금, 부정기 임금(근로기준법 시행령 제23조)

이와 관련, 임금 지급 대신 사용자가 제삼자에 대해 갖는 채권을 근로자에게 양도하기로 하는 약정은 무효이나, 사용자와 근로자가 무효임을 알았더라면 임금 지급에 '갈음'하는 것이 아니라 임금 지급을 '위하여' 양도하는 것을 의욕했으리라고 인정되면 민법의 무효행위 전환 법리에 의해 그러한 약정도 유효하다.[26]

5 임금 미지급 시 제재

(1) 형사처벌

임금 미지급 시 형사처벌은 일반적인 임금체불의 경우와 비상시 임금 선지급 의무 위반의 경우로 나뉜다. 일반적인 임금체불의 경우, 경영 부진으로 인한 자금 사정 등으로 지급기일 내에 임금 등을 지급할 수 없었

---

26 대법원 2012.3.29. 2011다101308

던 불가피한 경우 또는 사용자의 고의가 없거나 사용자를 비난할 수 없는 경우에는 죄가 되지 않으나,[27] 그렇지 않은 경우로서 임금 미지급의 범죄성이 인정되면, 형사처벌(3년 이하의 징역 또는 3천만원 이하의 벌금)을 받는다.[28] 이에 비해, 비상시 임금 선지급 의무 위반의 법정형은 천만원 이하의 벌금으로, 일반적인 임금체불의 경우보다는 낮다.

비상시 임금 선지급 의무(근로기준법 제45조)

비상시 임금 선지급 의무는 근로자나 피부양자의 출산·질병·재해·혼인·사망 등 부득이한 사유로 1주일 이상 귀향하는 근로자의 청구가 있는 경우 임금을 미리 지급해야 하는 사용자의 의무이다. 비상시 임금 선지급은 '이미 제공한 근로'에 대하여 정해진 임금지급일을 기다리지 않고 선지급을 요청하는 것이다. 예를 들어, 월급일이 31일인데 20일까지 근무한 경우 1~20일분에 대해 임금의 선지급을 요청할 수 있고, 21~31일분에 대해서는 법적으로 선지급을 요청할 수는 없고 사용자의 선택에 따라야 한다.

---

(2) 지연이자

지연이자도 재직자에 대한 임금 지급의 지체, 즉 정기 지급 원칙 위반의 경우와 퇴직자에 대한 임금·퇴직급여 지연의 경우로 구분할 수 있

---

27 대법원 1998.6.26. 98도1260

28 [양벌규정] 근로기준법의 벌칙 규정을 위반하면 그 행위자를 벌하는 외에 그 사업주에게도 해당 조문의 벌금형을 과한다. 다만, 사업주가 그 위반행위를 방지하기 위하여 해당 업무에 관하여 상당한 주의와 감독을 게을리하지 아니한 경우에는 그러하지 아니하다(근로기준법 제115조). 임금지급과 관련된 조항을 위반한 자에 대해서는 피해자의 명시적인 의사와 다르게 공소를 제기할 수 없다(제109조제2항). 소위 반의사불벌죄이다

다. 정기 지급 원칙을 위반할 경우, 연 6%의 지연이자가 부과된다(상법 제 54조). 단, 불가피한 자금 사정으로 정기 지급 원칙 준수의 기대가능성이 없는 경우에는 이자가 면제된다.[29] 이에 비해, 퇴직자에 대한 임금·퇴직급여 지급을 지체한 경우(퇴직일로부터 14일 경과) 연 20%의 지연이자를 지급해야 한다.[30]

6 임금피크제

"근로자의 불이익 정도, 보상조치 등 종합 고려"

임금피크제는 일반적으로 근로자가 일정 연령에 도달한 이후 근로자의 정년을 보장하는 것을 조건으로 또는 정년 연장이나 정년 이후에 고용을 연장하는 것을 조건으로 근로자의 임금을 삭감하는 제도이다. 판례는 임금피크제 도입 목적의 타당성, 근로자의 불이익 정도, 임금 감소에 대한 보상 조치 여부 및 그 적정성, 감액된 재원이 제도의 본래 목적을 위해 사용되었는지를 기준으로 임금피크제의 유효성을 판단하면서, 정년을 유지한 채 '합리적인 이유 없이' 임금만 삭감하는 경우에는 나이를 이유로 한 차별로서 무효라는 입장이다.[31]

판례의 경향을 보면 정년 '유지'형 임금피크제는 그 유효요건을 엄격히 판단하나 정년 유지형이라고 하여 반드시 무효인 것은 아니고, 정년 '연장'형 임금피크제는 일반적으로 유효성을 인정하나 임금 삭감의 폭이

---

29 대법원 1994.3.25. 93도2903 참조

30 천재·사변, 회생절차개시·파산선고·도산, 법령상의 제약에 따라 임금 등을 지급할 재원 확보가 어려운 경우, 임금 등의 존부에 대한 다툼이 적절하다고 인정되는 경우에는 적용하지 않으므로(근로기준법 시행령 제18조) 이 경우에는 일반 지연이자를 적용한다

31 대법원 2022.5.26. 2017다292343

지나치다면 무효로 보기도 한다.[32] 따라서 중요한 것은 정년 유지·연장 여부보다도 임금피크제가 상기 기준에 얼마나 부합하느냐이다.

7 임금 지급 특례(도급사업·건설업)

도급사업 및 건설업[33]의 경우에는 상대적으로 재정 여건이 좋지 않은 하수급인 소속 근로자의 임금청구권을 보호하기 위해 일정한 요건 아래 직상 수급인(바로 위 수급인)에게 연대책임을 부여하고, 건설업의 경우 이에 추가하여 직상 수급인 등에게 하수급인 소속 근로자의 임금을 직접 지급하도록 하고 있다. 이와 관련해서는 '어떠한 요건 하에' 이와 같은 책임을 부담하는지 유의해야 한다.

(1) 일반 도급사업에서의 연대책임: 책임 있는 자에게 책임을 묻다

민법에서 연대채무란 수인의 채무자가 채무의 전부를 각자 이행할 의무가 있고 채무자 1인의 이행으로 다른 채무자도 그 의무를 면하게 되는 채무를 뜻하고, 채권자는 어느 채무자에 대하여 또는 모든 채무자에 대하여 동시나 순차로 채무의 전부나 일부의 이행을 청구할 수 있다(민법 제413조, 제414조).

일반적으로 어떤 주체에게 의무를 부과하려면 그럴만한 책임이 있어야 한다. 도급사업에서 직상 수급인의 연대책임이 발생하려면, 물론 도급관계가 존재해야 하고, 직상 수급인이 제때 하수급인에게 결제를 못 하

---

32 서울고등법원 2021.10.26. 2020나2023019; 서울중앙지방법원 2023.5.11. 2020가합 575036
33 사업이 2차례 이상 건설산업기본법에 따른 도급이 이루어진 경우(근로기준법 제44조의2제1항)

는 경우와 같이 직상 수급인에게 책임이 있는 사유가 있어야 하고, 그러한 귀책사유로 인해 하수급인의 임금체불이 발생해야 한다(근로기준법 제44조 참조). 세 가지 요건인 것으로 보이나, 단순하게 보면 된다. 첫 번째 도급관계가 존재해야 한다는 것은 당연한 말이다. 도급사업에 관해서 언급하고 있기 때문이다. 그리고 두 번째와 세 번째는 '직상 수급인의 책임으로 임금체불 발생'과 같이 하나의 개념으로 이해할 수 있고, 이 또한 상식에 터 잡고 있다. 사실 이 한 줄에 다 포함되어 있다. 요건을 하나하나 외우기 전에 이처럼 단순화하여 접근하면 오래 기억할 수 있을 뿐만 아니라, 단순화한 개념 속에서 세부적인 요건을 하나하나 충분히 분리해 낼 수 있다. 도급은 한 차례라도 무방하다.[34] 이와 같은 요건을 충족하면 직상 수급인은 연대책임을 부담하게 된다. 직상 수급인의 귀책사유가 그 상위 수급인의 귀책사유에 의해 발생하면 그 상위 수급인도 연대책임을 부담한다. 직상 수급인에게 책임을 묻는 마당에 직상 수급인보다 상위에 있는 유책한 수급인에게 책임을 묻지 않을 이유는 없다.

직상 수급인의 책임 있는 사유(근로기준법 시행령 제24조)

- 정당한 사유 없이 도급계약에 의한 도급금액을 지급일에 지급하지 않는 경우
- 정당한 사유 없이 도급계약에 의한 원자재 공급을 지연하거나 공급하지 않는 경우
- 정당한 사유 없이 도급계약의 조건을 이행하지 아니함으로써 하수급인이 도급사업을 정상적으로 수행하지 못한 경우

---

34 도급이 한 차례인 경우, 직상 수급인은 도급인을 말하고 하수급인은 수급인을 말한다(근로기준법 제44조제1항)

또한, 최저임금법에 따라, 직상 수급인이 최저임금에 미달하는 인건비를 책정하는 등 직상 수급인의 책임 있는 사유로 하수급인이 소속 근로자에게 최저임금액에 미달하는 임금을 지급한 때에는 그 직상 수급인이 연대책임을 진다(최저임금법 제6조제7항, 제8항).

(2) 건설업에서의 연대책임: 책임 없어도 책임을 묻다

상식에 터 잡아 쉽게 접근할 수 있는 상기 일반 도급사업의 경우와 달리 건설업의 경우는 다소 복잡한 면이 있다. 좀 더 유의 깊게 보면 된다. 건설업의 경우는 우선 1차례의 도급이 있어도 적용되는 일반 도급사업과 달리 2차례 이상의 도급이 존재해야 하고, '건설업자가 아닌 하수급인'이 소속 근로자에 대한 임금을 체불해야 한다. 그리고 직상 수급인이 건설업자가 아닌 경우 상위 수급인 중 최하위 건설업자가 직상 수급인이 된다(근로기준법 제44조의2). 즉, 연대책임 제도의 혜택을 보는 하수급인은 '건설업자가 아니어야' 하고, 책임을 부담하는 직상 수급인은 '건설업자이어야' 한다. 중요한 것은 일반 도급사업과는 달리, 직상 수급인의 귀책사유는 불문한다. 이와 같은 요건을 충족하면 직상 수급인에게 연대책임이 발생하는데, 해당 건설공사에서 발생한 임금에 한정한다. 귀책사유를 불문할 뿐만 아니라, 하수급인에게 도급금액을 전부 지급했어도 연대책임을 면할 수 없다.[35] 건설업의 경우 하수급인의 근로자를 더욱 강하게 보호하려는 취지라고 이해하면 된다.

※ 건설도급에서의 임금 해당액 직접지급

건설도급에서 하수급인 소속의 근로자는 직상 수급인에게 임금 해당

---

35 대법원 2019.10.31. 2018도9012 참조

액을 직접 청구할 수도 있다. 이를 위해서는 ① 건설업에서의 연대책임과 마찬가지로 2차례 이상의 도급이 있어야 하고, ② 하수급인이 사용한 근로자에게 지급하여야 하는 임금을 직상 수급인이 하수급인을 대신하여 직접 지급할 수 있다는 뜻과 그 지급방법 및 절차에 관하여 직상 수급인과 하수급인이 합의를 해야 하고, ③ 하수급인 소속 근로자에게 지급명령·집행증서·이행권고결정 등 집행권원이 있어야 하고, ④ 하수급인이 그가 사용한 근로자에 대하여 지급해야 할 임금채무가 있음을 직상 수급인에게 알려주고, 파산 등의 사유로 하수급인이 임금을 지급할 수 없는 명백한 사유가 있다고 직상수급인이 인정해야 한다(근로기준법 제44조의3제1항).

이러한 요건이 충족되면 직상 수급인은 하수급인에게 지급하여야 하는 '하도급 대금 채무의 부담 범위에서' 하수급인의 근로자가 청구하면 하수급인이 지급해야 하는 임금 상당액을 근로자에게 직접 지급하여야 한다.[36] 근로자가 청구할 수 있는 임금은 해당 건설공사에서 발생한 임금에 한정하고, 하수급인의 근로자에게 임금을 대신 지급한 한도 내에서 직상 수급인의 하수급인에 대한 하도급 대금 채무는 소멸한다.

[연대책임과 직접지급의 차이]　　연대책임의 경우 직상 수급인이 하수급인 소속 근로자에게 임금을 지급해도 하수급인에 대한 하도급 대금 채무가 소멸하지 않지만(구상권 행사에 의한 상계는 가능), 직접지급의 경우, 임금을 직접 하수급인 소속 근로자에게 지급함으로써 그 범위 내에서 하수급인에 대한 하도급 대금 채무가 소멸한다.

36　원수급인(발주자의 수급인)으로부터 공사도급이 2차례 이상 이루어진 경우로서 하수급인이 사용한 근로자에게 그 하수급인에 대한 집행권원이 있는 경우에 근로자는 원수급인에게 직접 지급할 것을 요구할 수 있다. 원수급인은 근로자가 자신에 대하여 채권자대위권을 행사할 수 있는 금액의 범위에서 이에 따라야 한다(근로기준법 제44조의3제2항). 여기서 채권자대위권이란 근로자가 자신의 임금채권을 보전하기 위해 자신의 채무자(하수급인)가 그의 채무자(원수급인)에 대해 갖는 채권을 대신 행사할 수 있는 권리를 뜻한다

08

최저임금 및 휴업수당

08

최저임금 및 휴업수당

1 최저임금

최저임금은 근로자를 사용하는 모든 사업 또는 사업장에 적용된다(최저임금법 제3조제1항).[1] 다만, 동거 친족만 사용하는 사업, 가사사용인, 선원 등[2]에는 적용되지 않는다(제3조제2항). 최저임금과 관련해서는 최저임금에 포함되는 임금과 포함되지 않는 임금을 이해하는 것이 중요하다.

(1) 최저임금에 포함되는 임금

"소정근로에 대한 임금"

최저임금에는 매월 1회 이상 정기적으로 지급하는 임금을 산입한다. '소정근로 외의 임금'으로서, 연장근로 또는 휴일근로에 대한 임금 및 연

---

1 2024년 최저임금액(고용노동부 고시 제2023-43호): 시간급 9,860원(월 2,060,740원)
   2025년 최저임금액(고용노동부 고시 제2024-45호): 시간급 10,030원(월 2,096,270원)
   – 월 환산: 주 소정근로 40시간 근무 시, 209시간(주당 유급주휴 포함) 기준
2 선원 및 선박을 사용하는 선박의 소유자

장 · '야간' 또는 휴일 근로에 대한 가산임금,[3] 연차휴가미사용수당, 주휴일 외 유급휴일에 대한 임금, 기타 이에 준하는 임금, 통화 이외의 것으로 지급하는 임금은 산입하지 않는다(최저임금법 제6조제4항, 동법 시행규칙 제2조제1항). 포괄임금제를 하더라도 연장근로 가산임금 등을 뺀 기본급이 최저임금 이상이어야 한다.[4]

▌지급주기 & 산정단위 관련

"지급주기가 1개월 이내이면 최저임금에 포함, 초과하면 미포함"

지급주기는 임금을 지급하는 주기를 뜻하고, 산정단위는 예를 들면 상반기 상여금의 상반기와 같이 임금 산정의 기준이 되는 기간을 뜻한다. '지급주기'가 1개월을 초과하는 임금은 최저임금에 포함하지 않는다. 기존에는 지급주기와 산정단위가 모두 1개월 이내인 상여금 등은 최저임금에 전부 포함하고, 매월 나누어 지급하여 지급주기가 1개월 이내라도 '산정단위'가 1개월을 초과하는 상여금, 수당, 복리후생비는 일부만 최저임금에 포함했으나, 2024년부터는 산정단위가 1개월을 초과해도 지급주기가 1개월 이내이면 모두 최저임금에 포함한다.[5]

---

3 야간근로가 연장근로에 해당하면, '연장근로에 대한 임금 + 연장근로 가산임금 & 야간근로 가산임금'을 지급한다. 그래서 이처럼 표현한다

4 대법원 2023.9.21. 2021다273264

5 최저임금법 제6조제4항, 최저임금법 부칙 제2조 / 기존에는 상여금 등은 법정 최저시급을 월급으로 환산한 금액의 5%, 복리후생비는 1%까지는 최저임금 계산에 포함하지 않고, 이를 초과하는 부분만 산입했다

(2) 최저임금의 감액

1년 이상의 근로계약을 체결한 후 3개월 이내의 기간 내에 수습 중인 근로자에 대해서는 최저임금액의 10%를 감액할 수 있다. 다만, 아래의 단순노무 종사자는 수습기간에도 감액할 수 없다(최저임금법 제5조, 동법 시행령 제3조). 1년 미만의 근로계약을 체결한 근로자에 대해서도 감액할 수 없다.

단순노무 종사자(고용노동부 고시 제2018-23호)

[건설 및 광업] 관련 단순 노무직
[운송] 하역 및 적재, 이삿짐 운반원, 배달원, 우편집배원, 택배원
[제조] 수동 포장원, 수동 상표 부착원, 제품 단순 선별원 등
[청소 및 경비] 청소원 및 환경미화원, 재활용품 수거원, 건물 관리원, 검표원 등
[가사·음식] 가사 도우미, 육아 도우미, 패스트푸드 준비원, 주방 보조원 등
[판매] 주유원, 매장 정리원, 전단지 배포원, 벽보원 등
[농림·어업·임업] 관련 단순 종사원
[기타 서비스] 산불 감시원, 계기 검침원, 가스 점검원, 자동판매기 관리원, 주차 관리원, 주차 안내원, 구두 미화원, 세탁원, 환경 감시원, 대여 제품 방문 점검원 등

정신 또는 신체의 장애가 업무 수행에 직접적으로 현저한 지장을 주는 것이 명백하다고 인정되는 장애인 근로자에 대해서는 고용노동부장관의 인가를 받으면 최저임금에 미달한 임금을 지급할 수 있다(최저임금법 제7조, 동법 시행령 제6조). 원칙적으로 인사관리상 일반 근로자와 장애인 근로

자를 차별할 수 없으나, 예외적으로 장애인 근로자에 대한 최저임금 이하의 임금 지급을 인정한다. 장애인 근로자의 임금수준이 저하된다는 단점도 있으나, 장애인을 고용하는 사용자의 부담을 감소시켜서 장애인 근로자의 고용을 촉진하는 취지로 이해하면 된다.

(3) 유의사항

① 최저임금 산입을 위한 취업규칙 변경

최저임금에 산입하기 위해 임금총액의 변동 없이 지급주기를 변경하는 경우, 근로자 과반수의 동의는 필요하지 않고, 의견청취로 족하다(최저임금법 제6조의2).

② 알려야 할 의무

최저임금액 등을 근로자가 쉽게 볼 수 있는 장소에 게시하거나 적당한 방법으로 근로자에게 알려야 한다(최저임금법 제11조). 소위 사용자의 주지의무이다. 알려야 할 항목은 최저임금액, 최저임금의 적용을 제외할 근로자의 범위, 미산입임금, 효력발생 연월일이다.

③ 최저임금 위반

최저임금에 미달하는 부분은 무효이고, 무효로 된 부분은 최저임금액과 동일한 임금을 지급하기로 한 것으로 본다(최저임금법 제6조). 최저임금을 위반하면 근로자가 처벌을 원치 않거나 합의하더라도 형사처벌을 받는다.

2 휴업수당

(1) 개요

휴업이란 근로자에게 근로의 능력과 의사가 있음에도 불구하고 사용자의 사정으로 근무할 수 없게 된 상태를 말한다. 휴업수당은 평균임금의 70% 이상이어야 한다. 다만, 평균임금의 70%가 통상임금을 초과하는 경우 통상임금으로 지급할 수 있다고 하였다(근로기준법 제46조제1항). 사용자의 귀책사유는 일반적으로 천재지변 등 불가항력적인 사유를 제외한 사용자의 관리범위 내의 경영상 문제로 민법상 고의·과실보다 넓은 개념으로 본다. 고의·과실마저 있는 경우에는 근로자는 민법상 임금청구권을 갖는다. 즉, 휴업수당 외에 나머지 임금 부분도 청구할 수 있다.

휴업기간 중 '비휴업' 기간

고용노동부에 의하면, 휴업기간 중 토요일과 같은 무급휴무일이 포함되어 있다면, 해당일은 근로제공의 의무가 없어 휴업에 해당하지 않으므로 해당일에 대한 휴업수당을 지급하지 않아도 되고,[6] 휴업기간 중 쟁의가 발생한 경우에도 쟁의행위 기간은 사용자의 귀책사유로 인한 휴업기간으로 볼 수 없으므로 쟁의행위 기간에 대해서는 휴업수당을 지급하지 않아도 된다.[7]

---

6 근로기준정책과-1448, 2015.4.10
7 협력 68140-96, 2000.3.15

(2) 휴업수당의 감액

휴업수당의 감액을 위해서는 3가지 조건을 충족해야 한다. 부득이한 사유가 있어야 하고, 사업계속이 불가해야 하고, 노동위원회의 승인을 얻어야 한다(근로기준법 제46조제2항). '부득이하게 사업이 불가하여 승인을 얻어야 한다'고 한 줄로 기억하면 된다. 상기 요건을 충족하여 감액하는 경우 감액의 하한은 없다. 예를 들어, 부분파업이 발생한 경우에 파업불참자만으로는 조업이 불가한 경우도 부득이한 사유에 해당하여[8] 근로를 희망하는 파업불참자에 대해 휴업수당 전액의 감액도 가능하다.

부당해고 기간에 다른 곳에서 수입(중간수입)을 얻은 경우, 공제 가능한 임금

부당해고로 인정되면, 사용자는 근로자가 해고기간에 근로를 제공했다면 받을 수 있었던 임금 상당액을 지급해야 하는데, 해고된 근로자가 해고기간 중 중간수입을 얻었더라도 휴업수당 상당액은 지급해야 하고, 원래의 임금 중 휴업수당 한도를 초과하는 금액만을 중간수입액으로 공제할 수 있다.[9] 말이 어려우니, 예시로 보자.

200만 원의 월급을 받아온 근로자가 부당해고 기간에 다른 사업장에서 150만 원의 별도의 수입을 얻은 경우, 원래의 월 급여인 200만 원에서 휴업수당 상당액인 140만 원을 차감한 금액인 60만 원을 한도로 중간수입을 공제할 수 있다. 중간수입 150만 원 중 60만 원까지만 공제할 수 있다는 뜻이다. 즉, 원래의 임금인 200만 원에서 60만 원을 차감한 140만 원을 지급해야 한다. 중간공제를 하더라도 최소한 휴업수당 상당액만큼은 확보할 수 있도록 한다는 취지이다. 만약 중간수입이 20만 원이라면 이는 차감 한도액인 60만 원 이하이므로 전부 공제하고 (200만 원-20만 원) 180만 원을 지급하면 된다.

---

8 대법원 2000.11.24. 99두4280
9 근로기준법 제30조제3항, 대법원 2022.8.19. 2021다279903 참조

[참고] 도급근로자의 임금 보호

사용자는 도급이나 그 밖에 이에 준하는 제도로 사용하는 근로자에 대하여 근로시간에 따라 일정액의 임금을 보장해야 한다(근로기준법 제47조). 고정적으로 지급하는 임금이 없이 작업 건수 등에 따라 임금을 지급한다면 수주물량이 부족할 경우 근로자의 생계에 문제가 발생하므로 근로시간에 따라, 즉 일한 시간만큼 일정액의 임금을 확보해 주려는 취지이다. 일정액의 임금에 대한 법정 기준은 없으므로 자율적으로 정해야 한다.

09

가산임금 및 포괄임금제

09

가산임금 및 포괄임금제

1 가산사유

(1) 연장근로 가산

적법한 연장근로 여부를 불문하고 법정근로시간(하루 8시간 또는 주 40시간)을 초과하여 근무하면 통상임금의 50% 이상을 가산하여 지급한다(근로기준법 제56조제1항). 소정근로시간을 초과해도 법정근로시간 이내의 근무는 연장근로가 아니고 따라서 가산임금도 발생하지 않는다. 단, 앞서 언급한 바와 같이 단시간근로자가 소정근로시간을 초과하여 근무한 경우에는 가산임금이 발생하는데(기간제법 제6조제3항), 일반 근로자의 연장근로 가산임금과 마찬가지로 상시 5인 이상 사업장부터 적용한다(기간제법 제3조).

연장근로 vs. 초과근로
* 연장근로를 법정근로시간을 초과하는 근로, 초과근로를 소정근로시간을 초과하는 근로라고 할 때 → 통상 근로자는 연장근로부터, 단시간근로자는 초과근로부터 가산임금 발생

(2) 휴일근로 가산

8시간 이내의 휴일근로는 통상임금의 50% 이상을 가산하고, 8시간 초과의 휴일근로는 100% 이상을 가산한다(근로기준법 제56조제2항). 예를 들어, 휴일에 9시간을 근무했다면, 8시간까지는 50% 이상을 가산하고, 나머지 1시간에 대해서는 100% 이상을 가산한다. 약정휴일(무급)에 근무할 경우에도 휴일근로 가산임금을 지급한다.[1] 무급휴일은 유급휴일과 달리 근무를 하지 않으면 해당일에 대한 임금은 없지만 근무를 하면 당연히 근무에 대한 임금과 휴일근로에 대한 가산임금이 발생한다. 무급휴일도 휴일이기 때문이다.

(3) 야간근로 가산

야간근로는 오후 10시부터 오전 6시까지의 근로를 뜻한다(근로기준법 제56조제3항). 보통 6시에 끝나는 하루의 일과 시간 이후에도 계속 근무하는 것을 흔히 야근이라고 말하지만, 10시 이전의 근무는 여기서 말하는, 즉 가산임금이 발생하는 야간근로에 해당하지 않는다. 야간근로에 대해서도 통상임금의 50% 이상을 가산하여 지급한다(근로기준법 제56조제3항). 앞서, 근로시간·휴게·휴일의 적용을 받지 않는 농림수산업 또는 감시·단속적 근로자 등에게도 야간근로 가산임금은 적용한다고 하였다.

---

1   대법원 2020.1.16. 2014다41520 참조

2 가산의 중복

(1) 사유가 중복하면 가산도 중복한다

앞서 야간근로가 연장근로에도 해당하는 경우에 관해서 언급했듯이, 가산사유가 중복하면 가산임금도 중복하여 지급한다. 오후 10시 이후의 근무가 연장근로에도 해당하는 경우 연장근로 가산임금 50% 이상과 야간근로 가산임금 50% 이상을 합하여 100% 이상을 가산하여 지급한다.[2] 야간근로가 반드시 연장근로에 해당하지는 않는다. 교대제 근무에서 야간 조에 근무하는 경우처럼 야간근무가 본래의 근무시간에 해당하는 경우에는 물론 연장근로에 해당하지 않는다.

(2) 단, 휴일근로에는 연장근로 가산을 중복하지 않는다

주 최장 12시간의 연장근로 제한(주 52시간제)과 관련해서는 휴일근로시간도 물론 연장근로시간에 포함되지만, 휴일근로 가산임금 지급 외에 별도로 연장근로 가산임금을 지급하지 않는다(근로기준법 제56조제2항 참조).[3] 따라서, 휴일근로가 주 40시간을 초과하는 근로이더라도 휴일근로 가산임금만 지급하고, 연장근로 가산임금은 지급하지 않는다.

---

2 통상시급이 10,000원인 근로자가 7시부터 12시간까지 연장근로 시 추가로 받는 임금 : 연장근로에 대한 임금 100%(10,000원 × 5시간) + 연장근로에 대산 가산임금 50%(5,000원 × 5시간) + 야간근로에 대한 가산임금 50%(5,000원 × 2시간) = 85,000원

3 1주는 휴일을 포함하여 7일이다(근로기준법 제2조제1항제7호) / 과거에는 휴일근로가 연장근로에 해당하는지 여부에 관한 논란이 있었고, 대법원 전원합의체는 1주를 5일(월~금)로 보아 휴일근로를 연장근로에서 제외했으나(2018.6.21. 2011다112391) 이처럼 입법으로 정리하였다

가산임금 계산 예시: 주 40시간 '시급제' 근로자 / 토 휴무일, 일 주휴일 기준

① 주중에 하루 연차 사용, (토) 8시간 근무 → (토) 연장근로 가산임금 미발생

② 월~금 각 8시간, (토) 4시간 근무 → (토) 근무에 따른 임금 100% +
　　　　　　　　　　　　　　　　　　연장근로 가산임금 50%

③ 월~금 각 8시간 근무, (일) 9시간 근무 → (일) 근무에 따른 임금 100% +
　　　　　　　　　　　　　　　　　　일요일에 근무하지 않아도 지급
　　　　　　　　　　　　　　　　　　하는 주휴수당 100% + 휴일근로
　　　　　　　　　　　　　　　　　　가산임금(8시간: 50%, 1시간: 100%)

참고) '월급제' 근로자의 주휴수당: 일반적으로 월급에 이미 포함된 것으로 간주

3 포괄임금제

"근로시간의 산정이 불가한가"

(1) 의의 및 요건

　포괄임금제는 연장근로 가산임금 등의 수당을 미리 정하여 급여에 포함해 지급하는 것을 말한다. 포괄임금제는 기본급을 별도로 정하지 않고 기본급과 수당을 합한 총금액을 지급하는 유형과 기본급을 별도로 정하지만 수당을 일정액으로 지급하는 유형으로 구분할 수 있다. 근로시간의 산정이 곤란하다고 인정되는 경우에는 당사자 간 합의가 있고, 근로자에게 불이익이 없으며, 제반 사정에 비추어 정당하다고 인정되면 포괄임금

제에 의한 임금 지급계약의 효력을 인정한다.[4] 포괄임금 방식으로 지급한다는 규정이 있더라도 실제로 연장·야간·휴일근로에 대한 수당을 별도로 지급한다면 포괄임금제가 유효하게 성립되었다고 볼 수 없고, 근로시간 산정이 가능한 경우에 포괄임금제 방식으로 임금 지급계약을 맺는 것은 무효이다.[5]

주휴수당·연차휴가미사용수당을 포함한 포괄임금제

고용노동부에 의하면, 포괄임금에 주휴수당도 포함할 수 있고,[6] '연차휴가의 사용을 제한하지 않는 한' 연차휴가미사용수당도 포함할 수 있다.[7]

---

(2) 유의사항

① 실제 수당보다 적으면

포괄임금제에 의해 지급하는 시간외수당이 실제 연장근로 등에 대한 수당보다 적으면 차액을 지급해야 한다.[8]

② 근로시간 산정이 어렵다는 의미

고용노동부에 의하면, 근로시간 산정이 어려운 경우는 단순히 근로시간 관리가 곤란한 경우가 아니라, 사업장 밖에서 사용자의 지휘·감독

---

4   대법원 2010.5.13. 2008다6052
5   상기 판례 참조
6   근로개선정책과-2617, 2012.5.14
7   근로기준과-2734, 2010.12.16
8   근로조건지도과-3077, 2008.8.6

을 벗어나서 근무하는 경우와 같이 근로시간 산정이 '사실상 불가한' 경우를 말한다. 예를 들어, 운수업의 경우, 운행 일정이 불규칙하고 근무와 휴식의 구분이 어렵다면 근로시간 산정이 어려운 경우에 해당하지만, 정기노선을 운행한다면 근로시간 산정이 어려운 경우라고 보기 어렵다. 사업장 밖에서 근무하지만, 사용자의 통제가 미친다면 근로시간 산정이 어려운 경우가 아니다.[9]

③ 합의의 방식

근로시간 산정이 어려운 경우에 있어서 당사자의 합의가 있는 경우 임금의 포괄적 산정을 인정하는데, 판례는 합의가 객관적으로 인정된다면 묵시적 합의도 인정하나,[10] 고용노동부는 명시적 합의만을 인정하므로, 포괄임금제를 적용하고자 한다면 명확하게 합의할 필요가 있다. 고용노동부는 단체협약에 명기되어 있더라도 개별 근로자의 명시적 동의를 얻어야 한다고 해석한다.[11]

---

9 포괄임금제 사업장 지도지침, 고용노동부(2017.10), p.3
10 대법원 2016.10.13. 2016도1060
11 본서 p.9 참조 / 상기 지도지침 p.3

고정 O/T(Overtime)

소위 고정 O/T는 매월 일정액을 연장·야간·휴일근로 가산임금으로 지급하는 것으로, 가산임금을 급여에 포함하고 추가로 지급하지 않는 포괄임금제와 달리, 고정 O/T 해당분을 초과하는 근로에 대해서는 '추가로 가산임금을 지급'하는 방식이다. 따라서, 근로시간 산정이 어려운 경우에 한정할 필요가 없고 대상 업무에 제한이 없다.[12]

사무직 & 포괄임금제

고용노동부 지도지침에 의하면, 일반 사무직의 경우 관리자의 지배 범위 내에서 근로를 제공하고 출퇴근시간·휴게시간이 명확히 정해져 있으므로 근로시간 산정이 어려운 경우로 볼 수 없다.[13] 사무직은 작업의 시간관리가 가능한 생산직과 달리 업무처리의 시간기준을 설정하기 쉽지 않고 개인에 따라 업무처리 속도도 다르기 때문에 연장근로의 필요성에 대한 판단이 모호하고 연장근로의 신청과 승인의 기준을 설정하기 어려운 면도 있지만, 고용노동부는 근로시간 산정이 어려운 경우로 인정하지 않는다. 결론적으로, 주로 사업장 밖에서 근무하면서 근태에 관한 사용자의 통제가 미치지 않는 경우가 아니면 포괄임금제는 인정받기 어렵다.

---

12 포괄임금제, 고정 O/T와 구분하여, 실무에서 소위 '포괄역산임금제'의 방식이 적용되기도 한다. 이는 임금총액을 역산하여 기본급과 연장근로 가산임금 등을 구분하는 것으로, 정해진 총액에서 역산하여 가산임금을 책정하게 되면 결국 기본급이 줄어드는데, 최저임금에는 연장근로 가산임금 등이 포함되지 않으므로 최저임금 준수에 유의해야 한다

13 포괄임금제 사업장 지도지침, 고용노동부(2017.10), p.2

10

유연근무제도

10

유연근무제도

1 법정 유연근무제도

"평균하여 법정근로시간(주 40시간) 이내라면"

(1) 탄력적 근로시간제

탄력적 근로시간제는 일감이 많을 때 많이 일하고 일감이 적을 때 적게 일하자는 취지의 제도로서, 일정한 단위기간을 평균하여 법정근로시간인 주 40시간을 초과하지 않는 범위 내에서 – 연장근로 가산임금의 발생 없이 – 특정한 주의 근로시간이 40시간, 특정한 날의 근로시간이 8시간, 즉 법정근로시간을 초과할 수 있는 제도이다(근로기준법 제51조제1항). 단위기간을 평균하여 주 40시간을 초과하면 가산임금이 발생한다(제53조제2항, 제56조제1항). 단위기간 중 근로자가 근로한 기간이 그 단위기간보다 짧은 경우에는 그 단위기간 중 해당 근로자가 근로한 기간을 평균했을 때 주 40시간을 초과하여 근로한 시간에 대하여 가산임금을 지급하여야 한다(제51조의3). 탄력적 근로시간제를 시행하더라도 야간 · 휴일근로에 대해서는 가산임금을 지급해야 한다. 연소자, 임신 중인 자에게는 탄력적 근로시간제를 적용할 수 없다(제51조의2제6항).

일정한 단위기간을 평균한다고 했는데, 탄력적 근로시간제는 그 단위기간이 2주 이내, 3개월 이내, 3개월 초과(6개월 이내)의 세 가지 유형이 있다.

① 2주 이내 단위

단위기간이 2주 이내인 경우 취업규칙으로 정할 수 있다는 것이 다른 두 가지 유형과 다른데, 근로자대표와의 서면 합의는 아니더라도 취업규칙에 근로자에게 불리한 내용을 반영할 경우 과반수 노조 또는 근로자 과반수의 동의가 필요하다. 특정 주의 근로시간이 기본적으로 48시간까지 가능하고, 주 12시간의 연장근로까지 합하면 최장 60시간까지 가능하다. 일반적인 근로에서는 법정근로시간인 40시간을 초과하여 52시간까지 근무하면 40시간을 초과하는 연장근로에 대하여 가산임금이 발생하지만, 본 근로시간제에서는 단위기간을 평균하여 주 40시간 초과 또는 한 주 48시간 초과 시 가산임금을 지급해야 한다.

② 3개월 이내 & 3개월 초과(6개월 이내) 단위

단위기간이 3개월 이내인 경우, 대상 근로자의 범위, 단위기간, 단위기간의 근로일과 그 근로일별 근로시간, 서면 합의의 유효기간을 근로자대표와 서면으로 합의해야 한다(근로기준법 제51조제2항, 동법 시행령 제28조제1항). 2주 이내 단위의 경우 이러한 요건은 필요하지 않고 취업규칙에 정하면 되는 것과 다르다. 3개월 초과 단위인 경우, 대상 근로자의 범위, 단위기간 등을 근로자대표와 서면으로 합의해야 하는 것은 3개월 이내 단위와 같으나, '단위기간의 근로일과 그 근로일별 근로시간'이 아니라, 단위 기간의 '주별' 근로시간¹을 합의하면 된다(근로기준법 제51조의2제1항). 3개월 이내 및 3개월 초과 단위의 탄력적 근로시간제는 특정 주의 근로시간이 기본적으로 52시간까지 가능하고, 주 12시간의 연장근로까지 합하면 최장 64시간까지 가능한데, 2주 이내 단위와 달리 하루 근로시간이 12시간으로 제한된다(제51조제2항, 제51조의2제1항). 단위기간을 평균하여 주 40시간 초과 또는 한 주 52시간, 하루 12시간 초과 시 가산임금을 지급해야 한다.²

▌임금보전 및 연속 휴식

탄력적 근로시간제에서는 기존의 임금 수준이 낮아지지 아니하도록 임금항목 조정·신설, 가산임금 지급 등의 임금보전방안을 마련해야 한다.³ 2주 이내 단위와 3개월 이내 단위의 경우에는 자체적으로 마련하면 되지만, 3개월 초과 단위의 경우에는 이를 고용노동부장관에게 신고해야 하는데, 근로자대표와의 서면 합의로 임금보전방안을 마련한 경우에는 신고하지 않아도 된다(근로기준법 제51조제4항, 제51조의2제5항).

2주 이내 단위와 3개월 이내 단위의 경우에는 근로자에게 일정 시간 이상의 휴식 시간을 부여할 필요가 없지만, 3개월 초과 단위의 경우에는 근로일 종료 후 다음 근로일 개시 전까지 근로자에게 연속하여 11시간 이상의 휴식 시간을 부여해야 한다(근로기준법 제51조의2제2항). 다만, 재

---

1 사용자는 근로자대표와의 서면 합의 당시에는 예측하지 못한 천재지변, 기계 고장, 업무량 급증 등 불가피한 사유가 발생한 때는 단위기간 내에서 평균하여 1주간의 근로시간이 유지되는 범위에서 근로자대표와의 협의를 거쳐 이를 변경할 수 있다. 이 경우 해당 근로자에게 변경된 근로일이 개시되기 전에 변경된 근로일별 근로시간을 통보하여야 한다(근로기준법 제51조의2제4항)

2 고용노동부는 서면 합의로 정한 단위기간의 근로일 및 근로일별 근로시간을 초과하는 경우도 가산사유로 본다(유연근로시간제 가이드, 고용노동부(2018.6), p.21)

3 임금근로시간과-1594, 2021.7.20

난·사고의 수습·예방, 생명 보호, 안전 확보를 위한 긴급한 조치가 필요한 경우 등에는 근로자대표와의 서면 합의가 있으면 이에 따른다(제2항, 시행령 제28조의2제2항). 장기간의 탄력적 근로시간제 시행으로 인해 근로자의 신체적 피로가 누적될 수 있음을 고려한 것이다.

<표6> 탄력적 근로시간제[4] 비교

구분	2주 이내 단위	3개월 이내 단위	3개월 초과 단위 (6개월 이내)
요건	취업규칙	근로자대표와의 서면 합의	
1주 근로시간	주 48시간	주 52시간 (일 12시간)	
1주 최장 근로시간 (연장 포함)	주 60시간 (48+12)	주 64시간 (52+12)	
연속 휴식	불요		필요
임금보전방안	필요		

탄력적 근로시간제 & 연장근로

'2주 이내 단위의 경우 특정한 주의 근로시간이 48시간, 3개월 이내 및 3개월 초과 단위의 경우 52시간을 초과할 수 없다'라는 법 조항(근로기준법 제51조 및 제51조의2)의 표현 때문에, 각각 추가적인 연장근로(+12시간)가 가능하다는 점을 간과하기 쉽다.

---

4 [탄력적 근로시간제 & 평균임금] 단위기간 도중 퇴사한 경우 평균 소정근로시간(1주 40시간)에 대한 임금을 기준으로 평균임금을 산정하기로 하는 약정도 가능하나, 퇴직한 날 이전 3개월 간 지급된 임금으로 산정한 평균임금이 더 높으면 실제 기준으로 적용해야 한다(근로기준정책과-4739, 2019.9.16. 참조)

(2) 선택적 근로시간제

업무의 시작과 종료 시각을 근로자의 선택에 맡기는 제도(근로기준법 제52조제1항)로서, 1개월 이내의 정산기간을 평균하여 법정근로시간인 주 40시간을 초과하지 않는 범위 내에서, - 연장근로 가산임금의 발생 없이 - 특정주의 근로시간이 주 40시간, 특정일의 근로시간이 하루 8시간, 즉 법정근로시간을 초과할 수 있는 제도이다. 연구개발 업무 분야에 한해 정산기간은 최대 3개월까지 가능하다. 연소자에게는 선택적 근로시간제를 적용할 수 없다. 탄력적 근로시간제와는 달리 임신 중인 여성에게도 적용할 수 있다.

① 실시 요건

선택적 근로시간제를 도입하기 위해서는 취업규칙에의 반영 및 근로자 대표와의 서면 합의가 필요하다(근로기준법 제52조제1항). 탄력적 근로시간제에서 단위기간에 따라 취업규칙에의 반영 또는 근로자대표와의 서면 합의가 필요한 것과는 달리 선택적 근로시간제에서는 두 가지 모두가 필요하다. 근로자가 근로시간을 선택할 수 있는 선택적 근로시간제가 그렇지 못한 탄력적 근로시간제보다 근로자에게 더 유리한 제도이지만 실시 근거 측면에서 취업규칙과 근로자대표와의 서면 합의가 모두 필요하다.

1개월을 초과하는 정산기간을 정한 경우에는 근로일 종료 후 다음 근로일 개시 전까지 근로자에게 연속하여 11시간 이상의 휴식 시간을 부여해야 한다. 다만, 재난·사고의 수습·예방, 생명 보호, 안전 확보를 위한 긴급한 조치가 필요한 경우 등에는 근로자대표와의 서면 합의가 있으면 이에 따른다(제52조제2항, 시행령 제29조제2항). 2주 이내 및 3개월 이내의 탄력적 근로시간제에서는 이러한 연속 휴식 시간을 부여할 의무가 없다는 점과 비교할 필요가 있다.

② 가산임금

정산기간을 평균하여 1주간 근로시간이 법정근로시간인 주 40시간
을 초과한 시간에 대해서는 가산임금을 지급한다(근로기준법 제53조제2항, 제
56조제1항). 1개월을 초과하는 정산기간을 정하는 경우에는 매 1개월마다
평균하여 1주간의 근로시간이 40시간을 초과하면 가산임금을 지급해야
한다(제52조제2항제2호). 정산해 보니 실제 근로시간이 '정산기간의 총근로
시간'을 초과하면 다음 정산기간에서 근로시간을 그만큼 줄이는 형태로
운영할 수는 없고 해당 근로에 대한 가산임금을 당기에 지급해야 한다.[5]

탄력적 근로시간제와 마찬가지로 야간·휴일근로에 대해서는 가산
임금을 지급해야 한다. 다만, 근로자가 선택할 수 있는 근로시간대에 야
간·휴일근로시간이 포함되어 있지 않음에도 불구하고 근로자가 이를 자
발적으로 선택하여 근로한 경우에는 가산임금을 지급할 필요가 없다.[6]

---

5   임금근로시간과-70, 2021.1.11. 참조
6   유연근로시간제 가이드, 고용노동부(2018.6), p.48

(3) 간주근로시간제 및 재량근로시간제

① 간주근로시간제

출장 등의 사유로 근로시간의 전부 또는 일부를 '사업장 밖에서' 근로하여 근로시간을 실제로 산정하기 어려운 경우에 소정근로시간을 근로한 것으로 보되, 그 업무를 수행하기 위하여 통상적으로 소정근로시간을 초과하여 근무할 필요가 있는 경우에는 그 업무의 수행에 통상 필요한 시간을 근무한 것으로 보거나 근로자대표와 서면 합의를 한 경우에는 그 합의에서 정한 시간을 그 업무의 수행에 통상 필요한 시간으로 보는 제도이다(근로기준법 제58조제1항, 제2항). 재택근무도 사업장 밖의 근무에 해당한다.

② 재량근로시간제

재량근로시간제는 연구, 정보처리시스템, 취재·편집, 프로듀서, 디자인, 법률, 회계 등 전문적 업무나 창의적 업무와 같이 사용자의 구체적인 업무 지시가 곤란하거나 부적절하여 업무수행 방법을 근로자의 재량에 맡길 필요가 있는 업무에 대해 '근로자대표와 서면 합의로 정한 시간을 근로한 것으로' 인정하는 제도이다. 서면 합의에는 대상 업무, 사용자가 업무의 수행 수단 및 시간 배분 등에 관하여 근로자에게 구체적인 지시를 하지 아니한다는 내용, 근로시간의 산정은 그 서면 합의로 정하는 바에 따른다는 내용을 명시해야 한다(근로기준법 제58조제3항, 동법 시행령 제31조). 재량근로시간제에서는 '재량'의 범위가 중요한데, 기본적인 업무 내용과 취업장소는 사용자가 정할 수 있으나, 업무수행의 방법·수단, 근로시간의 배분은 근로자의 재량에 맡겨야 한다. 근로자의 시간 배분에 대한 재량이 중요하나, 이를테면 주간 단위 등 너무 짧지 않은 단위 기간을 설정하여 업무 진행의 과정을 파악하는 것은 재량을 침해한다고 보

기 어렵다.[7]

근로시간 인정 방식

[간주근로시간제]
① 소정근로시간 근로 간주 → ② (소정근로시간 초과 근무 필요 시) 업무수행에 통상 필요한 시간 또는 근로자대표와 서면 합의로 정한 시간

[재량근로시간제]
근로자대표와 서면 합의로 정한 시간

---

2 비법정 유연근무제도

"시간은 유연하게, 그런데 가산임금은 지급해야"

법으로 정하지 않은 유연근무제도로 일반적으로 시차출퇴근형, 근무시간선택형, 집약(집중)근무형 유연근무제도가 있다. 시차출퇴근형은 말 그대로 직원들이 시차를 두고 출퇴근할 수 있는 제도로서, 늦게 출근하면 늦게 퇴근하므로 출퇴근 시간이 달라질 뿐 하루의 근로시간은 동일하다. 이에 반해, 근무시간선택형과 집약근무형은 요일에 따라 근로시간이 달라지는 제도로서 어떤 요일은 오래 일하고 어떤 요일을 그만큼 덜 일하는 개념인데, 그중 집약근무형은 이를테면 월~목요일에 집중적으로 근무하고 금요일에 쉬는 등의 형태를 말한다.

---

7   재량 간주근로시간제 운영 가이드, 고용노동부(2019.7), p.10 참조

[가산임금]　　법정 유연근무제도인 탄력적 근로시간제, 선택적 근로시간제의 요건에 부합하지 않으면, 하루 8시간을 초과하거나 주 40시간을 초과하는 연장근로에 대하여 가산임금을 지급해야 하고, 야간·휴일근로에 대해서도 물론 가산임금을 지급해야 한다.

11

연소자 · 여성 보호 및
일 · 가정 양립 지원

11

연소자 · 여성 보호 및 일 · 가정 양립 지원

1 연소자 · 여성에 대한 공통된 보호

(1) 유해 · 위험 사업 사용, 갱내근로 금지

사용자는 연소자(만 15세 이상, 만 18세 미만자)와 여성 중 임산부(임신 중인 자 및 산후 1년 미만자)를 도덕상 또는 보건상 유해 · 위험한 사업에 사용하지 못한다(근로기준법 제65조). 또한, 연소자와 '모든 여성'을 갱내에서 근로시키지 못하는데, 보건, 의료, 보도, 취재, 학술 조사, 관리 · 감독 등의 업무를 수행하기 위해 '일시적으로' 필요한 경우에는 가능하다(근로기준법 제72조).

(2) 야간 및 휴일근로 시 동의 & 인가

연소자와 임산부에게는 야간근로와 휴일근로를 시키지 못하는 것이 원칙이다. 다만, 연소자 및 산후 1년 미만자(이하 "산부")의 동의가 있거나, 임신 중인 자(이하 "임부")의 명시적 청구가 있는 경우에 고용노동부장관의 인가를 받으면 가능하다. 인가를 받기 전에 근로자대표와 성실하게 협의해야 한다(근로기준법 제70조).

2 | 연소자·미성년자 보호

나이 어린 근로자의 보호와 관련해서는 연소자와 미성년자에 대한 보호라는 두 가지 측면에서 살펴볼 필요가 있다. 연소자는 만 18세 미만자, 미성년자는 만 19세 미만자를 뜻한다. 연소자에 대한 보호와 관련해서는 정신적, 신체적으로 성장 과정에 있는 연소자의 장시간 근로를 예방하기 위한 '근로시간 보호'와 연소자가 자신의 근로조건을 제대로 인지할 수 있도록 하는 '근로조건의 명시'가 중요하다. 미성년자 보호와 관련해서는 근로계약 대리 체결 금지와 임금의 직접청구가 중요하다.

(1) 연소자 보호

① 연장근로의 제한

앞서 언급한 바와 같이 연소자의 법정근로시간은 1일 7시간, 1주 35시간이다. 사용자와 연소자가 합의하면 1일 1시간, 1주 5시간을 한도로 근로시간을 연장할 수 있다(근로기준법 제69조). 즉, 최대한 근로를 시키더라도 일반 근로자의 법정근로시간까지만 가능하다.

② 근로조건 교부: 명시만으로는 안 된다. 서면으로 교부하라

18세 미만자와 근로계약을 체결하는 경우 근로조건을 서면으로 명시하여 '교부'하여야 한다(근로기준법 제67조제3항). 일반근로자의 경우, 임금의 구성항목·계산방법·지급방법, 소정근로시간, 유급주휴일, 연차휴가를 제외한 근로조건은 말로 하는 명시를 포함하여 단순히 명시하면 족하나, 연소자에게는 모든 근로조건을 '서면으로 교부'하여 자신의 근로조건을 명확하게 인지할 수 있도록 해야 한다.

③ 연령 증명·취직 인허 등

연소자의 연령을 증명하는 가족관계 기록사항에 관한 증명서 및 친권자 또는 후견인의 동의서를 비치해야 하고, 고용노동부장관이 발급한 취직인허증 소지자를 제외하고는 15세 미만자(중학교에 재학 중인 경우 18세 미만자)를 사용할 수 없다(근로기준법 제64조). 취직인허증은 원칙적으로 13세 이상자에게 발급할 수 있는데, 예외적으로 예술공연의 경우 13세 미만자에게도 발급할 수 있다(근로자기준법 시행령 제35조). 어린이 공연단원을 볼 수 있는 이유이다.

(2) 미성년자 보호

"계약도 스스로, 임금도 스스로"

① 근로계약의 대신: '체결의 대신'은 안 되고 '해지의 대신'은 된다

미성년자에 대한 보호는 연소자에 대한 보호에 추가하여, 연소자의 최대 연령인 17세보다 1살 더 많은 18세까지 포함한 보호인데, 근로계약의 체결 및 해지에 관한 보호, 그리고 임금 청구에 관한 보호가 있다. 즉, 18세의 근로 청소년이 있다면 그는 근로시간 제한 및 근로조건의 명시와 관련한 연소자에 대한 보호를 받지 못하고 일반 근로자의 기준을 적용받지만, 일반 근로자와 달리 근로계약 체결 및 해지에 관한 보호와 임금 청구에 관한 보호는 받을 수 있다.

근로계약의 보호와 관련해서는 미성년자를 보호하기 위한 '강제노동, 또는 불리한 노동의 금지'를 떠올리면 된다. 보호자가 근로계약 체결에 간섭하는 것을 보호라고 생각해서는 안 된다. 미성년자의 친권자나 후견인은 미성년자의 근로계약 체결을 대리할 수 없다(근로기준법 제67조제1항). 미성년자 본인의 의사에 의한 근로계약 체결을 보장하기 위한 취지이다.

법정대리인의 근로계약 대리 체결은 무효이나, 미성년자가 이에 따라 근로를 제공했다면 이미 제공한 근로에 대한 임금청구권을 갖는다. 당연한 조치이다.

또한, 친권자, 후견인, 고용노동부장관은 근로계약이 미성년자에게 불리하다고 인정할 경우 이를 해지할 수 있다(근로기준법 제67조제2항). 즉, 근로계약의 체결은 대신할 수 없지만, 해지는 대신할 수 있다. 근로계약의 해지 필요성에 대한 판단 권한을 미성년자 본인 외에 친권자 등에게도 부여함으로써 근로계약의 해지로 인해 미성년자 본인의 이익이 침해될 수도 있지만, 적어도 근로계약 체결을 대리하는 경우와 같은 강제노동의 폐해가 발생할 여지는 없기에 허용한다고 보면 된다.

② 내 임금은 내가

미성년자는 독자적으로 임금을 청구할 수 있다(근로기준법 제68조).[1] 미성년자는 민법상 행위무능력자이지만, 임금 청구뿐만 아니라, 이를 위한 소송행위도 독자적으로 할 수 있다.[2] 사용자가 미성년자의 법정대리인에게 임금을 대신 지급했어도, 미성년자에게 이를 항변할 수 없고 미성년자가 요구하면 미성년자에게도 지급해야 한다. 대리인에 대한 지급은 무효이기 때문이다.

---

1 본 조항은 법정대리인이 대리하여 수령할 수 없다는 취지로 해석하는데, 이를 명확하게 규정할 필요가 있다

2 대법원 1981.8.25. 80다3149

3 여성 보호

(1) 일반여성 보호

① '임신·출산'에 유해·위험한 사업만 사용 금지

일반여성은 '보건상' 유해·위험한 사업 중에서 임신 또는 출산 기능에 유해·위험한 사업에 사용하지 못한다(근로기준법 제65조제2항). 5인 미만 사업장에도 연소자와 임산부에 대한 유해·위험 사업 사용 금지, 모든 여성에 대한 갱내근로 금지 규정은 적용되나, 본 규정은 적용되지 않는다(근로기준법 시행령 별표1). 이와 함께 보아야 할 것이, 앞서 언급한 바와 같이 18세 미만자와 여성 중 임산부는 도덕상 또는 보건상 유해·위험한 사업에 사용하지 못한다는 점이다. 즉, 연소자·임산부가 아닌 일반여성은 도덕상 유해·위험한 업무, 임신·출산 기능과 무관한 보건상 유해·위험한 업무에는 사용할 수 있다. 아울러, 여성 근로자에게는 월 1회의 무급 생리휴가가 부여된다(근로기준법 제73조).

② 야간·휴일근로 & 여성의 동의

일반 근로자도 합의하고 야간·휴일근로를 실시한다. 그런데, 근로기준법은 18세 이상의 여성을 야간·휴일에 근로시키려면 그 근로자의 동의를 받아야 한다고 별도로 규정하고 있다(근로기준법 제70조제1항). 본 조항과 함께 위반 시 처벌규정(제110조)을 두고 있으므로, 야간·휴일 근로에 대한 여성의 동의를 강조하는 보호 규정으로서 의미는 있다. 5인 미만 사업장에는 적용되지 않는다.

(2) 임산부 보호

① 출산전후휴가 등

출산휴가와 관련해서는 휴가기간, 휴가 중 임금 지원 기간, 요건 등을 유의해야 한다. 먼저 휴가기간을 살펴보면, 임부에 대해서 출산 전과 출산 후를 통하여 90일(쌍둥이는 120일)의 출산전후휴가를 주되, 휴가 기간은 출산 후에 45일(쌍둥이는 60일) 이상이어야 한다(근로기준법 제74조제1항). 휴일과 휴무일을 포함하여 90일이다.[3] 출산이 예정보다 늦어져 출산 전의 휴가가 45일을 초과한 경우에도 출산 후의 휴가가 45일 이상이 되도록 휴가기간을 연장한다.[4] 충분한 산후조리를 위해 산후 45일 이상(쌍둥이는 60일 이상)의 휴가는 무조건 부여하자는 취지이다. 유·사산의 경험이 있거나, 출산전후휴가를 청구할 때 만 40세 이상이거나, 유·사산의 위험이 있다는 의사의 진단서를 제출한 경우에는 출산 전 어느 때라도 휴가를 나누어 사용할 수 있도록 해야 한다(근로기준법 제74조제2항, 동법 시행령 제43조제1항). 출산이 아닌 유·사산의 경우에도 유·사산휴가가 부여된다. 임신기간에 따라 휴가기간이 다른데, 임신기간이 11주 이내이면 5일, 점차 증가하여 28주 이상이면 90일을 부여한다. 유전성·전염성 질환이나 인척 간의 임신 등 모자보건법상 인공임신중절이 허용되는 경우를 제외하고 자연유산인 경우에만 가능하다(근로기준법 제74조제3항, 동법 시행령 제43조, 모자보건법 제14조제1항). 출산전후휴가 종료 후 직무복귀를 보장해야 하는데 휴가 전과 동일한 업무 또는 동등한 수준의 임금을 지급하는 직무에 복귀시키면 된다(근로기준법 제74조제6항). 즉, 육아휴직 복귀자와 마찬가지로, 반드시 동일한 업무에 복귀시킬 필요는 없다.

---

3 법제처 24-0050, 2024.4.12
4 부소 68240-203, 1997.9.11 / 이 경우 산전에 45일을 초과한 휴가는 무급 가능

[출산전후휴가급여 등]　　출산전후휴가급여 등은 출산전후휴가 또는 유산·사산 휴가를 사용한 근로자에게 그 휴가기간에 대하여 통상임금으로 지급하는 급여를 의미한다(남녀고용평등법 제18조제1항, 고용보험법 제75조). 아래 표의 우선지원 대상기업의 경우 전체 휴가기간인 90일(쌍둥이 120일)의 급여를 고용보험에서 지급하고, 그 외 기업의 경우 최초 60일분(쌍둥이 75일분)은 사업주가, 그 이후 30일분(쌍둥이 45일분)은 고용보험에서 지급한다(고용보험법 제76조제1항제1호). 지급요건은 출산전후휴가가 '끝난 날' 이전에 고용보험 피보험단위기간이 통산하여 180일 이상이다. 신청기간은 출산전후휴가를 시작한 날 이후 1개월부터 휴가가 끝난 날 이후 12개월 이내이다(제75조).

우선지원대상기업(고용보험법 시행령 별표1)

* 제조업: 500인 이하(산업용 기계 및 장비: 그 밖의 업종)
* 광업, 건설업, 운수업, 출판, 영상, 방송·통신 및 정보 서비스업, 사업시설 관리, 사업지원 서비스업 및 임대 서비스업(부동산 이외 임대업: 그 밖의 업종), 전문, 과학·기술 서비스업, 보건업 및 사회복지 서비스업: 300인 이하
* 도·소매업, 숙박·음식점업, 금융·보험업, 예술, 스포츠·여가 관련 서비스업: 200인 이하
* 그 밖의 업종: 100인 이하

[배우자 출산휴가]　　사업주는 근로자가 배우자의 출산을 이유로 휴가를 청구하면 10일의 유급 휴가를 주어야 한다. 단, 출산전후휴가급여 등이 지급된 경우에는 그 금액의 한도에서 지급의 책임을 면한다(남녀고용평등법 제18조2제1항, 제2항). 출산전후휴가와 달리 '휴일을 제외하고' 10

일이다.[5] 우선지원기업에 속한 근로자에 대해서는 최초 5일을 통상임금 상당액으로 고용보험에서 지원하는데, 지원요건 및 신청기간은 출산전후휴가의 기준과 동일하다(고용보험법 제75조, 제76조제1항제2호). 휴가는 출산일로부터 90일 이내에 청구해야 하고, 휴가 종료일은 출산일로부터 90일이 지나도 상관없다. 1회에 한하여 분할하여 사용할 수 있다(남녀고용평등법제18조의2제3항, 제4항).

[난임치료휴가, 태아검진시간, 육아시간] 근로자가 인공수정 또는 체외수정 등 난임치료를 받기 위한 연간 3일 이내(최초 1일은 유급)의 휴가를 신청하거나 임신한 여성근로자가 모자보건법에 따른 임산부 정기 건강진단을 받는 데 필요한 시간을 청구하면 사용자는 이를 허용해야 한다.(남녀고용평등법 제18조의2, 근로기준법 제74조의2) 생후 1년 미만의 유아를 가진 여성 근로자가 청구하면 1일 2회 각각 30분 이상의 유급 수유시간을 주어야 하는데(근로기준법 제75조), 수유를 위한 시간뿐만 아니라 유아를 돌보는 시간을 포함한다.[6]

② 연장근로의 금지·제한

시간외근로(연장근로)[7]는 '임부'에게 어떠한 경우라도 시킬 수 없다(근로기준법 제74조제5항). 하루의 일과를 마친 피로한 상태에서 연장근로가 임부에게 큰 부담이 될 수 있음을 고려한 것으로 보면 된다. 금지되는 연장근로의 기준이 되는 시간은 법정근로시간이다. 즉, 단시간근로자의 경우

---

5   여성고용정책과-843, 2019.6.14. / 참고로, 정부는 20일로 확대하는 방안을 추진 중이다

6   임종률, 노동법(제20판), p.624

7   시간외근로는 연장·야간·휴일근로를 통칭하는데, 여기서는 연장근로를 의미한다. 용어의 정비가 필요하다

소정근로시간을 초과한 근로는 가능하다.[8] 일정한 요건 아래서 허용하는 야간근로는 연장근로가 아닌 소정근로인 야간근로로 보면 된다. '산부'에게는 연장근로를 시킬 수 있는데, 그 한도는 하루 2시간, 한 주 6시간, 연간 150시간이다. 임부에게 탄력적 근로시간제를 적용할 수 없지만, 산부에게는 적용할 수 있다.(제51조제3항)

③ 쉬운 업무로의 전환·임신기 근로시간 단축 등

사용자는 임부가 요구하면 쉬운 종류의 근로로 전환하여야 하고, 출산전후휴가 종료 후에는 휴가 전과 동일한 업무 또는 동등한 수준의 임금을 지급하는 직무에 복귀시켜야 한다(근로기준법 제74조제5항, 제6항). 임신기 중 12주 이내 또는 36주 이후에는 하루 최대 2시간까지 임금의 손실 없이 근로시간을 단축할 수 있다(제74조제7항).[9] 단시간근로자도 임신기에 근로시간을 단축할 수는 있다. 다만, 1일 6시간이 되도록 근로시간 단축을 허용하므로 1일 6시간 이하인 단시간근로자는 단축할 수 없다. 단축 후 초과근로에 관해서는 다른 근로시간 단축제도와 함께 179쪽에서 서술하고자 한다.

④ 임신 중 출퇴근시간 조정

사용자는 임부가 하루의 소정근로시간을 유지하면서 업무의 시작 및 종료시간의 변경을 신청하면 허용해야 한다(변경 개시 예정일 3일 전까지 신

---

8 법제처 22-0186, 2022.4.26. 참조
9 연장근로를 감안하여 고정적으로 지급하기로 한 연장수당(고정 O/T수당)을 지급하지 않은 것은 법 위반으로 볼 수 없다(여성고용정책과-3721, 2022.12.19.). 1일 8시간 근무자가 임신기 근로시간 단축으로 6시간을 근무하다가 연차휴가를 사용한 경우 연차휴가는 6시간을 사용한 것으로 본다(단, 임금은 단축된 근로시간 이전의 근로시간에 해당하는 금액 지급)(여성고용정책과-5185, 2018.12.12.)

청서와 의사의 진단서 제출). 단, 사업에 중대한 지장을 초래하거나, 임부의 안전 및 건강에 관한 관계 법령을 위반하게 되는 경우에는 허용하지 않을 수 있다(근로기준법 제74조제9항, 동법 시행령 제43조의3제2항).

임산부를 도덕상 또는 보건상 유해·위험한 사업에 종사하지 못한다는 제한은 연소자와 공통된 제한으로 앞서 이미 서술하였다.

남녀차별의 금지

[모집·채용] 근로계약 체결 이후의 근로조건뿐 아니라 그 이전의 모집·채용 단계에서도 남녀차별은 금지되나(남녀고용평등법 제7조), 직무의 성질상 특정 성이 불가피하게 요구되는 상황에서 해당 성만 채용하는 것은 차별이 아니다(제2조제1호).

[근로조건] 기술·노력·책임·작업조건 등을 기준으로 한 동일가치노동[10]에 대해서는 동일임금을 지급해야 하고, 교육·배치·승진·정년·퇴직·해고에서 남녀를 차별해서는 안 되며, 여성 근로자의 혼인, 임신, 출산을 퇴직 사유로 예정하는 근로계약을 체결해서는 안 된다(제8조, 제10조, 제11조).

---

10 대법원 2020.11.26. 2019다262193

4 일·가정 양립 지원

(1) 육아기 지원

① 육아휴직

"부모 각각이 각각의 자녀에 대해"

저출산 대책의 하나인 육아기 지원 제도의 내용은 앞으로도 계속 바뀔 수 있다. 이를 염두에 두고 여기서는 개념의 틀을 잡고자 한다. 육아휴직과 관련해서는 한 가정에서 얼마나 어떻게 사용할 수 있는지와 사용자가 육아휴직을 주지 않아도 되는 경우, 그리고 육아휴직급여의 지급기준을 유의해야 한다. 만 8세 이하 또는 초등학교 2학년 이하의 자녀가 있는 근로자 외에 '임부'도 육아휴직을 신청할 수 있다(남녀고용평등법 제19조제1항). 육아휴직의 기간은 1년 이내이다. 물론 회사에서 복지 차원에서 더 길게 기간을 부여할 수도 있지만, 법정기간은 1년 이내이다. 자녀 1명당 1년 이내의 사용이 가능하므로 자녀가 3명이면 각각의 자녀에 대하여 1년씩 총 3년을 사용할 수도 있다.

육아휴직은 가정 단위가 아닌 개별 근로자의 권리이다. 즉, 근로자 부부가 자녀가 여러 명이면 '부모 각각이 각각의 자녀에' 대하여 동시에 또는 따로 육아휴직을 사용할 수 있다.

육아휴직 사용 중에 만 8세 또는 초등학교 2학년을 초과해도 육아휴직 기간은 보장된다.[11] 육아휴직은 휴직개시 예정일의 30일 전까지 신청해야 하는데, 2회에 한하여 분할하여 - 총 3회까지 - 사용할 수 있고(제19조의4), 1회 사용 시 최소 일수에 대한 규정은 없으나 고용보험법상 육아휴직급여는 육아휴직을 30일 이상 사용해야 지급한다(제70조제1항). 육

---

11 여성고용정책과-1544, 2014.5.1

아휴직을 분할하여 사용하는 경우에는 각각의 육아휴직이 시작하는 시점에서 자녀의 나이 등 요건의 충족 여부를 판단하므로, 1차의 휴직이 종료되고 새로 2차 휴직을 시작하려고 할 때 만 9세가 되었다면 육아휴직을 사용할 수 없다. 임신 중 사용은 분할 횟수에 포함하지 않는다(제19조의4제1항).

사업주가 육아휴직을 허용해야 하는 근로자의 근속요건은 6개월이다. 즉, 육아휴직을 시작하려는 날의 전날까지 해당 사업장에서 계속 근로한 기간이 6개월 미만인 근로자에 대해서는 사업주가 육아휴직을 거부할 수 있다(남녀고용평등법 시행령 제10조).

육아휴직을 이유로 해고 등 불리한 처우를 할 수 없고, 다른 해고 사유가 있어도 육아휴직 기간에는 해고할 수 없다. 단, 사업 계속이 불가한 경우에는 예외적으로 해고할 수 있다(남녀고용평등법 제19조제3항). 육아휴직 종료 후 휴직 전과 같은 업무 또는 같은 수준의 임금을 지급하는 직무에 복귀시켜야 한다. 육아휴직 기간은 근속기간에 포함한다(제4항).

▌육아휴직급여

육아휴직급여는 30일 이상 육아휴직을 사용할 경우 지급하며, 금액은 육아휴직 기간 월 통상임금의 80%(상한 150만 원, 하한 70만 원)이다(고용보험법 시행령 제95조제1항). 한부모 근로자의 경우, 첫 3개월은 통상임금의 100%(상한 250만 원), 이후 80%(상한 150만 원)를 지급한다(제95조의3제3항). 육아휴직급여는 매월 단위로 신청하는데, 육아휴직을 시작한 날 이후 1개월부터 육아휴직이 끝난 날 이후 12개월 이내에 신청하되, 본인·배우자나 그 직계존속의 질병·부상 등의 사유로 신청할 수 없었으면 그 사유가 끝난 후 30일 이내에 신청해야 한다(고용보험법 제70조제2항, 시행령 제94

조).[12] 육아휴직을 30일 미만으로 분할하여 사용한 경우에도, 육아휴직 기간을 합산하여 30일 이상이면 육아휴직급여를 지급한다(제95조제2항 참조). 다만, 육아휴직급여는 육아휴직 종료 이후 1년 내에 신청해야 하므로 합산 대상에 포함하려는 육아휴직 기간은 육아휴직급여 청구일을 기준으로 1년 이내에 종료된 기간이어야 한다.

[부모 공동 육아휴직제]　　자녀가 태어난 후 18개월이 될 때까지 '부모 모두가' 동시에 또는 순차로 육아휴직을 사용하면 육아휴직급여를 더 많이 지급하는 제도이다.[13] 영아기에 부모 모두의 육아휴직 사용을 장려하는 취지로, 기존에 3개월 간 지원하던 제도를 확대하였다. 첫 6개월 간은 부모 모두 통상임금의 100%(일반 육아휴직급여: 80%)를 지급하되, 첫째~여섯 째 달의 한도는 각각 200, 250, 300, 350, 400, 450만 원이다(고용보험법 시행령 제95조의3제1항). 소위 '6+6 육아휴직제'이다. 또한, 기간을 나누어서 사용할 경우에는 각각의 사용일이 생후 18개월 이내의 요건을 충족해야 한다. 순차로 사용할 경우, 먼저 휴직한 자는 일단 일반 육아휴직급여를 받고, 나중에 휴직한 자에게 본 제도에 의한 육아휴직급여를 지급할 때 먼저 휴직한 자에게 차액분을 추가로 지급한다.[14] 임신 중의 육아휴직에 대해서도 본 제도는 적용된다(제2항).

[고용보험 피보험단위기간 요건]　　육아휴직급여를 신청하기 위해서는 휴직을 '시작한 날 이전에' 고용보험 피보험단위기간이 통산하

12　육아휴직급여액의 25%를 직장에 복귀한 시점으로부터 6개월 후에 합산하여 일시불로 지급하는 사후지급분 제도(고용보험법 시행령 제93조제4항)는 조만간 폐지될 가능성이 있다

13　동시에, 순차로 또는 번갈아서 사용하면 되지만, 고용노동부에 의하면 본 제도에 의한 상향된 육아휴직급여는 공통으로 사용하는 기간만 적용된다(6+6 부모육아휴직제 설명자료, 고용노동부 (2024.1) p.3) / 참고로, 정부는 부모 모두 3개월 이상 육아휴직을 사용하는 경우에 육아휴직 기간(유급)을 현행 1년에서 1년 6개월로 연장하는 법 개정을 추진 중이다

14　상기 자료 p.4

여 180일 이상이어야 한다(고용보험법 제70조제1항). 출산전후휴가급여의 경우 출산전후휴가가 '종료한 날 이전에' 고용보험 피보험단위기간이 통산하여 180일 이상이어야 한다는 요건과 함께 비교해서 볼 필요가 있다.

육아휴직 기간 & 기간제 사용기간·파견기간

육아휴직 기간은 근속기간에 포함한다고 하였다. 이와 함께 보아야 할 것으로, 기간제 또는 파견근로자의 육아휴직 기간은 기간제 사용기간 또는 파견기간에 포함하지 않는다(남녀고용평등법 제19조제5항). 육아휴직 사용으로 실제로 근무하지 않는 상황에서 2년의 기간이 지나 무기계약 전환, 또는 직접고용을 해야 하는 상황을 방지하기 위함이다.

이와 비교할 것으로, 육아휴직·출산전후휴가 기간 중 계약기간이 만료한다면, 달리 정하지 않는 한 근로관계 및 육아휴직·출산전후휴가도 종료한다.[15]

---

② 육아기 근로시간 단축

육아휴직을 신청할 수 있는 근로자가 육아휴직 대신 근로시간의 단축을 신청하면 사용자는 이를 허용해야 한다(남녀고용평등법 제19조의2제1항). 단축 후 근로시간은 주당 15시간 이상 35시간 이내이고(제3항), 단축의 기간은 1년 이내인데 육아휴직을 사용하지 않을 경우 그 기간을 가산하여 최대 2년이다(제4항). 횟수의 제한 없이 나누어 사용할 수 있는데 1회의 기간은 3개월 이상이어야 한다(제19조의4제2항). 단축 예외 사유는 180쪽에서 가족돌봄 단축의 경우와 함께 서술하고자 하는데, 사용자는 육아기 근로시간 단축을 허용하지 않을 경우 사유를 서면으로 통보하고 육아휴

---

15 여성고용과-2112, 2010.6.14

직을 사용하게 하거나, 출·퇴근시간 조정 등 다른 조치를 통해서 지원할
수 있는지를 해당 근로자와 협의해야 한다(제19조의2제2항).

육아기 근로시간 단축 급여(고용보험법 시행령 제104조의2)
- 고용센터에서 임금 감소의 일부를 지원하는 금액

• 최초 10시간 단축분: 통상임금 100%(상한 200만 원) × 10(주당 근로시간이 10시
간 미만이면 실제 단축한 시간) / 단축 전 소정근로시간
• 나머지 근로시간 단축분: 통상임금의 80%(상한 150만 원) × (단축 전 소정근
로시간 - 단축 후 소정근로시간 - 10) / 단축 전 소정근로시간)

▌근로조건: 근로시간 비례 외 불리한 처우 금지

육아기 근로시간 단축 제도 사용 시, 단축된 근로시간에 비례하여 근
로조건을 축소하되, 근로시간 단축에 따른 근로조건은 사용자와 근로자
간에 서면으로 정한다(남녀고용평등법 제19조의3제2항). 사용자는 단축된 근로
시간을 초과하는 근로를 요구할 수 없다. 단, 근로자의 명시적 청구가 있
는 경우 주 12시간 이내에서 가능하다(제3항). 원래의 근로시간이 아닌 단
축된 근로시간으로부터 12시간 이내이다. 근로시간의 단축에 비례하여
임금이 줄어드는 단축기간은 평균임금 산정기간에서 제외하고(제4항), 육
아휴직과 마찬가지로 육아기 근로시간 단축을 이유로 해고 등 불리한 처
우를 할 수 없다(제5항). 육아휴직 복귀자, 출산전후휴가 복귀자와 마찬가
지로 단축기간 종료 후 단축 전과 같은 업무 또는 같은 수준의 임금을 지
급하는 직무에 복귀시켜야 한다(제6항).

③ 기타 육아 지원

초등학교 취학 전 자녀의 양육을 지원하기 위해 사용자는 시업·종업 시간 조정, 연장근로의 제한, 근로시간의 단축이나 탄력적 운영과 같은 근로시간 조정 등을 위해 노력해야 한다. 또한, 육아휴직 중인 근로자에 대한 직업능력 개발을 위해 노력해야 하고 복귀 근로자의 적응을 지원해야 한다(남녀고용평등법 제19조의5). 상시 여성 근로자 300명 이상 또는 상시 근로자 500명 이상을 고용하고 있는 사업장의 사업주는 근로자의 취업을 지원하기 위하여 수유·탁아 등 육아에 필요한 직장어린이집을 설치해야 한다(제21조, 영유아보육법 제14조제1항·동법 시행령 제20조제1항).

④ 국가의 지원

국가는 사업주가 근로자에게 육아휴직이나 육아기 근로시간 단축을 허용한 경우 그 근로자의 생계비용과 사업주의 고용유지 비용의 일부를 지원할 수 있고, 소속 근로자의 일·가정의 양립을 지원하기 위한 조치를 도입하는 사업주에게 세제 및 재정을 통한 지원을 할 수 있다(남녀고용평등법 제20조).

(2) 가족돌봄 등을 위한 지원

① 무급 가족돌봄 휴가·휴직

[가족돌봄휴가] 가족돌봄휴가는 가족(조부모, 부모, 배우자, 배우자의 부모, 자녀 또는 손자녀)의 질병·사고·노령 및 자녀 양육의 사유로 그 가족을 긴급하게 돌보기 위한 휴가이다(남녀고용평등법 제22조의2제2항). 연간 최장 10일의 휴가를 사용할 수 있으며(제4항), 일 단위로 사용할 수 있다. 가족에 대한 간호 등에 국한하지 않고, 자녀 양육을 위해서도 사용할 수 있

다. 이를테면, 참여수업·상담·입학식·졸업식과 같은 학교행사의 참석, 휴교에 따른 자녀돌봄 등의 경우이다.[16]

[가족돌봄휴직]　　　가족돌봄휴직도 가족돌봄휴가에 준하는 취지를 갖는 휴직제도이다. 휴직이 가능한 기간은 연간 90일인데, 1회 사용 시 최소 30일 이상을 사용해야 한다(제4항). 자녀가 성장하면 사용할 수 없는 육아휴직과 달리, 가족돌봄휴직은 무급이지만 사유가 있다면 '해마다 반복하여' 사용할 수 있다. 그리고, 근속기간에 포함되기 때문에 퇴직금, 연차휴가일수 산정 시 해당 기간을 제외하지 않는다. 다음 표의 경우에는 사업주가 근로자에게 가족돌봄휴직을 부여하지 않을 수 있다. 해당 사유로 인해 가족돌봄휴직을 허용하지 않는 경우에 사업주는 해당 근로자의 업무 시작과 종료 시간의 조정, 연장근로의 제한, 탄력적 근로시간 적용 등의 대체 방안을 마련하여 지원해야 한다(제3항). 가족돌봄휴직을 이유로 한 해고 등의 불리한 처우는 금지된다(제6항).

16　여성고용정책과-774, 2020.2.21

② 가족돌봄 '등'을 위한 근로시간 단축

"은퇴 준비, 학업을 위해서도 단축한다"

가족의 질병, 사고, 노령으로 인하여 그 가족을 돌보기 위한 경우뿐만 아니라, 근로자 자신의 질병이나 사고로 인한 부상 등의 사유로 자신의 건강을 돌보기 위한 경우, 55세 이상의 근로자가 은퇴를 준비하기 위한 경우, 근로자의 학업을 위한 경우에 근로시간 단축을 신청하면 사업주는 이를 허용해야 한다(남녀고용평등법 제22조의3제1항). 단축 후 근로시간은 주당 15시간 이상 30시간 이내이어야 한다(제3항). 단축 기간은 최초 1년 이내이고 추가로 2년의 범위 안에서 – 총 3년 – 1회에 한하여 연장할 수 있되, 단축하는 사유가 학업인 경우에는 연장을 포함하여 총 1년 이내로

---

17 ① 부모, 배우자, 자녀 또는 배우자의 부모를 돌보기 위하여 가족돌봄휴직을 신청한 근로자 외에도 돌봄이 필요한 가족의 부모, 자녀, 배우자 등이 돌볼 수 있는 경우, ② 조부모 또는 손자녀를 돌보기 위하여 가족돌봄휴가를 신청한 근로자 외에도 조부모의 직계비속 또는 손자녀의 직계존속이 있는 경우(이들에게 질병, 노령, 장애 또는 미성년 등의 사유가 있어 신청한 근로자가 돌봐야 하는 경우는 제외)

만 가능하다(제4항).

사용자는 초과근로를 요구할 수 없고, 근로시간 단축 기간이 종료되면 근로시간 단축 전과 같은 업무 또는 같은 수준의 임금을 지급하는 직무에 복귀시켜야 한다(제6항). 만약 사업주가 근로시간 단축을 신청했다는 이유로 해당 근로자에게 해고 및 불리한 처우를 하거나 근로조건을 불리하게 변경하면 형사처벌을 받는다(제5항, 제22조의4제1항, 제37조제2항제7호). 단축 예외 사유는 아래에서 육아기 단축과 함께 다루고자 한다.

▣ 근로시간 단축 비교

임신기, 육아기, 가족돌봄의 세 가지 근로시간 단축과 관련, 단축 시간, 임금의 삭감 여부, 초과근로 시 가산임금 지급 여부 등은 비교하면서 보는 것이 효과적이다.

<표7> 근로시간 단축 비교

구분	임신기 단축	육아기 단축	가족돌봄 등 단축
단축 시간	1일 2시간	주 15~35시간 (단축 후)	주 15~30시간 (단축 후)
임금 비례 삭감	불가	가능	가능
초과근로 시 가산임금	미지급 (8시간 내)	지급	지급

[단축 시간 & 임금 삭감 여부]　하루 8시간, 주 40시간을 근무하는 근로자의 경우, 임신기에는 단축하더라도 주당 최소 30시간 이상은 근무해야 하고, 육아기나 가족돌봄의 경우에는 주당 최소 15시간 이상만 근무하면 된다. 임신기에 오히려 더 단축의 필요성이 크다고 생각을 할 수 있는데, 그런 생각을 하면서 시간이 흐르면 역시 단축사유별 단축

시간이 혼동될 수 있다. 그래서 임금 삭감이 가능한지와 연계해서 보아야 한다. 임신기가 보호의 필요성이 더 큰 것은 맞으나, 임신기에 단축할 수 있는 시간이 짧은 것은 임신기 근로시간 단축은 임금손실을 수반하지 않으므로 단축의 시간을 제한할 필요성이 있기 때문이다. 반면, 육아기나 가족돌봄의 경우는 단축되는 시간만큼 임금을 삭감할 수 있기 때문에, 즉 인력 손실에 비례하여 사용자의 비용 부담도 줄어들기 때문에 근로시간 단축을 더 많이 인정할 수 있다고 이해하면 된다.

[초과근로 및 가산임금] 근로시간 단축 이후에는 근로자의 명시적인 청구가 있어야만 초과근로가 가능하다(남녀고용평등법 제19조의3제3항, 제22조의4제3항).[18] 사용자의 주도에 따라 초과근로를 할 수 있게 하면 근로시간 단축을 허용하는 제도의 취지가 무색해질 수 있기 때문이다.

가산임금 발생 여부는 임금 삭감 여부와 연계하여 보면 된다. 근로시간을 단축하더라도 임금을 삭감하지 않는 임신기 근로시간 단축의 경우 단축된 근로시간을 초과한 근로가 8시간 이내라면 가산임금이 발생하지 않는다. 임신기에는 8시간을 초과하는 근로를 할 수 없으나, 만약 근로시간이 8시간을 초과하였다면, 법 위반과는 별개로 물론 가산임금은 지급해야 한다. 고용노동부에 의하면, 8시간까지 근무했다면 같은 주의 다른 날의 근로시간을 더 단축하여 해당 주의 총 근로시간을 동일하게 유지하는 방식으로 운영할 수 있다.[19]

육아기나 가족돌봄의 경우는 단축된 시간만큼 임금도 비례하여 삭감하는데, 초과근로가 발생하면 그만큼 임금 및 가산임금이 발생한다. 통상

---

18 임신기에는 시간외근로 금지 외 단축된 근로시간을 초과하여 근로를 시킬 수 없다는 명문 규정은 없으나, 초과근로 시 명시적 청구가 필요하다(근로시간 단축제도 가이드북, 고용노동부(2022), p.21 참조)

19 여성고용정책과-3874, 2020.10.12

근로자의 경우 법정근로시간 이내에서의 초과근로에 대해서는 가산임금이 발생하지 않지만, 단시간근로자의 경우 법정근로시간 이내라도 소정근로시간을 초과하는 경우 가산임금이 발생한다고 했는데, 육아기나 가족돌봄을 위한 근로시간 단축자의 경우, 단시간근로자로 보고 소정근로시간을 초과한 근로에 대한 가산임금을 인정한다.

[단축 예외 사유]   육아기 및 가족돌봄 등의 경우에는 사용자가 근로시간 단축을 허용하지 않을 수 있는데, 근로시간 단축의 예외 사유도 각각 살펴보는 것보다 아래와 같이 함께 보는 것이 혼동을 예방할 수 있다.

<표8> 근로시간 단축 예외 사유(남녀고용평등법 시행령 제15조2, 제16조의8)

구분	근로시간 단축 예외 사유
육아기 단축 / 가족돌봄 등 단축 공통	- 계속근로기간 6개월 미만 - 대체인력 채용 불가능(14일 이상 채용 노력) 　* 단, 직업안정기관의 장의 직업소개에도 불구하고 정당한 이유 없이 2회 이상 채용을 거부한 경우는 불인정 - 근로시간 분할 수행이 곤란하거나, 정상적인 사업 운영에 중대한 지장(사업주 증명 필요)
가족돌봄 등 단축 해당	- 가족돌봄 등 근로시간 단축 종료일부터 2년이 지나지 않은 근로자가 신청한 경우

<표9> 출산육아기 사업주 고용안정장려금

구분	지원 요건 (고용보험법 시행령 제29조)	지원 내용[20] (고용노동부 고시 제2024-5호 별표5)

육아휴직 지원금	육아휴직을 30일 이상 부여한 우선지원대상기업의 사업주	[지원 금액]
		* 만 12개월 이내[21]
		  – 첫 3개월 200만 원, 이후 30만 원
		   (연간 870만 원)
		* 만 12개월 초과
		  – 월 30만 원(연간 360만 원)
		[지원 기간] 육아휴직 기간(최대 1년)

육아기 근로시간 단축 지원금	육아기 근로시간 단축을 30일 이상 부여한 우선지원대상기업의 사업주	[지원 금액] 월 30만 원(연간 360만 원)[22] [지원 기간] 최대 1년 (육아휴직 미사용 기간이 있으면 가산한 기간)
대체인력 지원금	① 출산휴가(유·사산 휴가) 또는 육아기 근로시간 단축 30일 이상 부여 & ② 대체인력 고용 – 휴가 시작일 전 2개월이 되는 날 이후 새로 대체인력을 고용하여 30일 이상 계속 고용 (또는 임신 중에 60일 이상 근로시간 단축 허용 & 근로시간 단축 종료에 연이어 출산휴가나 육아기 근로시간 단축을 시작한 이후에도 같은 대체인력을 30일 이상 계속 고용) & ③ 다른 근로자 고용 유지 – 대체인력 고용 전 3개월부터 고용 후 1년까지, 다른 근로자를 이직시키지 않음[23]	[지원 금액] 월 80만 원 (인수인계기간(최대 2개월) 월 120만 원) [지원 기간] 출산휴가 등 사용 기간 중 대체인력 사용 기간

---

20 고시 등의 내용은 변경될 수 있음에 유의

21 만 12개월 이내(임신 중 육아휴직 포함) 자녀 대상 3개월 이상 연속하여 육아휴직 부여 시 적용

22 육아기 근로시간 단축을 한 번도 사용하지 않은 사업장의 사업주가 최초로 육아기 근로시간 단축을 허용한 경우에는 세 번째 허용 사례까지 월 10만 원을 추가로 지급

23 새로 고용한 대체인력보다 나중에 고용된 근로자는 이직시켜도 무방함

출산육아기 업무분담지원금

우선지원대상기업의 사업주가 육아기 근로시간 단축을 30일 이상 부여한 경우로서(단축된 근로시간이 주당 10시간 이상), 업무분담자를 지정하고 그에게 금전적 지원을 한 경우, 고용노동부 고시 금액에 육아기 근로시간 단축을 사용한 기간 중 업무분담자를 지정한 개월 수를 곱하여 산정한 금액을 고용안정장려금으로 한다(고용보험법 시행령 제29조제1항제4호, 제5항 / 2024.7.1. 시행).[24]

---

24 업무분담지원금과 181쪽 표의 대체인력지원금은 법령에 따라 다른 지원금 등을 받은 경우 이를 뺀 금액으로 한다. 지원금의 금액은 사업주가 해당 대체인력 또는 업무분담자에게 지급하는 금액을 초과할 수 없다(고용보험법 시행령 제29조제4항, 제5항 참조)

12

인사명령과 징계

12

인사명령과 징계

1 전직

사례

갑 회사의 직원인 A는 서울사무소에서 예산관리 업무를 담당하는데, 연말 인사철에 인사팀장 B의 면담 요청을 받았다. A는 묘한 기대감과 걱정이 교차한 상태로 인사팀을 찾아갔다.

B : 금번 정기 인사발령에서 A씨도 포함될 예정이에요.
A : 네? 인사발령이요? (혹시 승진;;)
B : 광주공장 업무지원팀에 예산관리 업무 담당자가 필요해졌어요.
A : ;; .... 광주에는 제가 연고도 없는데... 꼭 제가 가야 하나요?
B : 지금 달리 마땅한 사람이 없네요.

면담 후에 A는 고민에 빠졌다. 회사에 이의를 제기할 것인지, 아니면 그냥 조용히 내려갈 준비를 할지... 본인에 대한 인사발령이 이의를 제기할 만한 것인지 여부를 판단하기가 어려웠다.

(1) 개요

전직은 기업 내에서의 전직과 기업 외부로의 전직으로 구분할 수 있다. 기업 내의 전직은 수행업무가 변경되는 경우와 근무장소가 변경되는 경우가 있는데, 보통 전자를 전보, 후자를 전근이라고 구분하나, 현장에서는 전보를 전근의 의미로 쓰는 등 혼용하기도 하고, 업무든 근무장소든 근로조건이 변경되는 것은 같으므로 여기서는 전직이라는 용어만 사용한다. 기업 외부로의 전직은 기존 기업의 소속을 유지하면서 다른 기업에서 근무하는 경우와 아예 다른 기업으로 소속을 옮기는 경우가 있는데, 보통 전자를 전출이라고 하고, 후자를 전적이라고 구분한다.

(2) 전직이 정당하려면

"업무상 필요성 기준 & 생활상 불이익 고려"

① 사용자의 상당한 재량

기업 내의 전직 명령은 업무상 필요한 범위 내에서는 사용자에게 상당한 재량이 인정된다. 전직의 정당성 여부는 사용자의 경영관리를 고려하여 폭넓게 인정해야 하는 '업무상 필요성'을 핵심 기준으로 판단한다. 생활상 불이익 여부도 고려하되, 사회통념상 감내할 수 있는 범위를 벗어난 경우가 아니라면 정당성은 인정된다. 노동조합 또는 해당 근로자와의 협의와 같은 절차의 준수도 고려하되 협의를 생략했다고 하여 전직 명령의 효력이 상실되는 것은 아니다.[1] 다만, 취업규칙 등에 전직에 대하여 해당 근로자와 협의하도록 규정하였으나 협의 절차를 거치지 않았다면 전

---

1 대법원 2015.10.29. 2014다46969

직은 부당한데,[2] 그것은 협의 자체를 거치지 않은 것이 문제라기보다 취업규칙에 위반하는 것이 문제이다.

사례에서, 업무상 필요성이 인정되고 지방 발령이 사회통념상 감내할 수 없는 범위라는 특별한 사정이 없으면, 전직 명령의 부당성을 입증하기는 어려울 것이다. 단, 지방 발령이 생활상 불이익이 적지 않다는 점을 고려할 때, 생활상 불이익을 감수하게 할 만큼 업무상 필요성이 크지 않거나, 생활상 불이익이 더 경미한 다른 직원을 배치할 수 있는 등의 상황에서 사실상 해당 직원에게 불이익을 주려는 조치라면 부당전직을 주장할 수 있다.

② 근로내용 & 장소 특정 시

근로계약에 업무의 내용 또는 장소가 특정되어 있다면, 그것을 변경하는 경우 근로자의 동의가 필요하다. 근로계약의 내용이 바뀌는 것이므로 계약 당사자의 동의가 필요한 것도 역시 상식이다. 다만, 근로계약을 다시 체결하는 등의 엄격한 동의가 아니라 묵인하는 것과 같은 사실상 동의로도 가능하다. 근로계약 등에 근로장소가 특정되어 있지 않더라도 고정된 생활 근거지를 전제로 근로계약을 체결했다고 인정되는 경우에는 근로장소가 특정되어 있다고 보아야 하므로 근로자의 동의를 얻어야 한다.[3] 해당 근로자가 아닌 노동조합은 동의권을 행사하는 주체가 아니지만 전직 시 노동조합의 동의를 얻도록 규정하였다면 이에 따라야 한다. 다만, 객관적으로 합리적인 전직에 대하여 노동조합이 반대한다면 이

---

2   임종률, 노동법(제20판), p.533
3   대법원 1992.1.21. 91누5204

는 권리남용으로 인정될 수 있다.[4] 판례에 의하면 형식은 전보발령이더라도 실질은 징계로 볼 수 있다면 단체협약이나 취업규칙에서 정한 징계절차를 거치지 않은 경우 무효이다.[5]

③ 기업 외부로의 전직

전출·전적은 기업 내부의 전직과 달리 근로계약의 본질적 변화를 수반하므로 근로자의 동의가 필요하다. 근로계약의 본질적으로 중요한 조건을 바꾸고자 한다면 계약 당사자의 동의가 필요한 것은 당연하다. 다만, 근로자의 동의 없이 전출하는 관행이 있고, 그 관행이 근로계약의 내용이 되어 있는 경우에는 동의가 없더라도 정당하다는 견해가 있다.[6] 표현 그대로, 관행이 근로계약의 내용으로 인정될 정도이어야 할 것이다. 전출과 전적의 차이는 '소속의 변경' 여부이다. 즉, 전출은 기존 기업의 소속을 유지하는 것이고, 전적은 흔히 말하듯 적을 파서 옮기는 개념으로서 근로계약의 주체가 바뀌게 된다. 즉, 근로계약의 기존 상대방과 다른 새로운 상대방과 근로계약을 체결하는 것이다. 기업 외부로의 전직과 비교해서 보아야 할 것이 다음과 같은 영업양도, 분사, 합병의 경우의 근로관계 승계이다. 이 경우에는 원칙적으로 개별 근로자의 동의가 없어도 근로관계의 승계를 인정한다.

---

4 이수영 외, 노동법실무(전면개정판) p.357 참조
5 대법원 2021.1.14. 2020두48017 참조
6 임종률, 노동법(제20판), p.536

영업양도, 합병, 분할 & 근로관계 승계

영업양도는 인적·물적 조직의 전부 또는 일부를 일체로서 동일성을 유지하면서 이전하는 것을 의미한다.[7] 회사의 합병은 두 개 이상의 회사가 새로운 회사를 설립하거나 또는 그 중의 한 회사가 다른 회사를 흡수하는 것이고[8], 분할은 회사의 자산을 나누어 한 개 또는 수 개의 회사를 설립하는 것이다.[9]

영업양도 시 원칙적으로 양수 기업은 고용관계를 승계하므로, 근로자를 승계하지 않는 특약은 해고로 간주하여 해고의 일반적 법리에 따라 정당한 이유가 있어야 한다. 양수 기업은 근로자 승계 배제 특약 없이 영업양도 직전에 양도 기업에 의해 정당한 이유 없이 해고된 근로자와의 근로관계도 승계한다.[10]

합병의 경우에도 합병 후 존속회사 또는 신설회사가 합병으로 인하여 소멸하는 회사의 권리·의무를 승계하므로, 근로자의 동의가 없어도 근로관계는 존속회사 또는 신설회사에 포괄적으로 승계된다.[11] 분할의 경우에도 합병에 준하여 근로관계는 신설 또는 존속회사에 승계된다. 다만, 근로관계의 승계에 관하여 별도로 정한다면 이에 따른다. 분할이 법의 제한을 회피하면서 근로자를 해고하기 위한 방편이라면 해당 근로자는 근로관계의 승계를 거부하고 분할하는 회사에 남을 수 있다.[12] 근로관계를 승계할 때 달리 정하지 않으면 기존 근로조건은 변동 없이 그대로 유지되므로, 합병 등 이후 기존 근로자와 새로 소속된 근로자의 근로조건이 서로 다를 수 있고, 이는 균등처우 원칙의 위반이 아니다.

---

7 대법원 2005.6.9. 2002다70822
8 대법원 2003.2.11. 2001다14351 참조
9 상법 제530조의2 참조
10 대법원 2020.11.5. 2018두54705 등
11 대법원 2001.4.24. 99다9370 참조
12 대법원 2013.12.12. 2011두4282 참조

수탁업체 변경 & 근로관계 승계

어떠한 사업을 맡아서 대신 처리할 수탁업체를 변경하는 경우에는 '특별한 사정이 없다면' 새로운 수탁업체는 기존 수탁업체 소속 직원에 대한 고용관계를 승계하지 않는다.[13] 다만, 새로운 용역업체가 종전 용역업체 소속 근로자에 대한 고용을 승계하여 새로운 근로관계가 성립될 것이라는 '신뢰관계가 형성'된 경우에는 특별한 사정이 없다면 근로자에게는 고용 승계의 기대권이 인정되고, 근로자가 고용승계를 원하였는데도 새로운 용역업체가 합리적 이유 없이 고용승계를 거절하는 것은 부당해고에 해당한다.[14]

2 휴직 및 대기발령

(1) 휴직

휴직은 근로자의 직무 수행이 불가하거나 부적절한 경우 등에 근로계약을 유지하면서 근로제공의 의무를 정지하는 것으로서, 근로자의 희망에 의한 휴직과 사용자가 일방적으로 실시하는 휴직으로 구분한다. 근로자의 희망에 의한 경우, 육아휴직 등 법에서 정한 휴직이거나 단체협약 등에서 근로자의 권리로 정한 휴직이 아닌 한 사용자는 휴직의 승인 여부에 대한 재량을 갖는다. 사용자가 일방적으로 실시하는 경우에는 정당한 이유가 있어야 한다. 근로자의 사정이나 귀책사유에 의한 휴직은 무급으로 실시할 수 있다. 경영상 이유 등 사용자의 사정에 의한 휴직도 근

---

13 대법원 2013.12.12. 2012두14323 참조
14 대법원 2021.4.29. 2016두57045

로자와 합의하면 무급으로 실시할 수 있으나, 그렇지 않으면 실질적으로 휴업에 해당하므로 휴업수당을 지급해야 한다.[15] 휴직이 징계로 인정되면 절차적 정당성이 문제가 될 수 있다.

정직도 무급으로 근로제공을 하지 않는다는 점에서 휴직과 같으나 정직은 보통 징계의 한 유형이고, 휴직은 징계일 수도 있고 징계와는 무관할 수도 있다. 대기발령도 휴직의 일종으로 볼 수 있는데, 이에 대해서는 아래에서 별도로 서술한다.

(2) 대기발령

"인사관리일 수도, 징계일 수도"

대기발령[16]은 일시적으로 근로자를 직무에 종사하지 못하게 하는 인사조치로서 일종의 강제휴직에 해당한다. 대기발령을 반드시 근로자의 잘못으로 인한 조치로만 볼 필요는 없다. 조직개편 등 사용자의 사정에 기인한 대기발령도 가능하다. 대기발령은 징계와는 무관한 인사권의 행사일 수도 있고, 징계의 하나일 수도 있다. 사용자는 법에서 보호하는 근로자의 권리를 침해하지 않는 한, 인사관리에 관한 재량권을 보유하기 때문에, 인력 배치와 관련한 문제를 조정하거나, 비위 혐의자 또는 조직 운

---

15 [관련 고용노동부 행정해석] 다만, 해고회피노력의 하나로 경영상 해고를 대신하여 휴직을 실시한다면 결과적으로 근로자에게 유리한 것이므로 휴업수당을 지급하지 않을 수 있다. 이 경우에도 단지 노사가 무급휴직 실시에 합의한 후 개별 근로자의 신청 없이 특정 근로자에게 휴직을 강제한다면 이는 사실상의 휴업으로서 사용자는 당해 근로자에게 휴업수당을 지급하여야 한다(근기 68207-780, 2001.3.8.)
한편, 휴직기간이 만료되거나 휴직사유가 소멸하면 사용자는 근로자를 복직시켜야 하는데, 경영난 등으로 휴직자의 복직을 미룬다면 휴업수당을 지급해야 한다. 만일 사용자가 '정당한 이유 없이' 복직을 미룬다면 근로자는 3개월 이내에 노동위원회에 구제를 신청할 수 있다(근로기준법 제 23조제1항, 제28조)

16 직위해제는 보직의 해제를 의미하는데, 대기발령과 혼용하기도 한다

영에 지장을 초래하는 근로자를 업무에서 배제하기 위한 목적 등으로 징계 조치와는 별개로 대기발령 조치를 취할 수 있다.

① 대기발령이 정당하려면

징계의 성격을 갖는 대기발령의 정당성은 징계 편에서 살펴보기로 하고 여기서는 인사권 행사로서의 대기발령의 정당성을 살펴보기로 한다. 어떤 행위의 정당성을 인정하기 위해서는 우선 '그럴 만한 사유'가 있어야 한다. 흔히 등장하는 용어인 '정당한 사유'이다. 이는 물론 인사조치를 취하는 주체인 사용자가 입증해야 한다. 사유가 있어도 조치가 과도하다면 정당성을 인정받기 어렵다. 또한, 사유가 있고 조치가 적정하더라도 절차적 요건이 있다면 이를 준수해야 한다.

[사유·정도의 측면]　그럴 만한 사유는 물론 해당 근로자에게 임시로 직무를 부여하지 않을 만한 사유이다. 예를 들어, 해당 근로자가 동료 직원을 폭행하여 급하게 분리할 필요가 있거나, 직무수행능력이 현저히 떨어져서 해당 직무를 계속 담당하면 회사에 손해가 발생할 것이 우려되거나, 조직축소 등의 사유로 해당 직무가 폐지되고 근로자를 다른 직무에 바로 배치하기가 곤란한 사정 등이 있어야 한다. 대기발령은 인사상의 필요에 따른 잠정적인 조치이므로, 대기발령의 사유가 인정되는 경우에도 해당 근로자의 불이익이 크다면 정당한 조치로 인정받기 어렵다. 따라서, 대기발령 기간은 목적 달성을 위해 필요한 최소한의 기간에 그쳐야 한다. 판례는 대기발령으로 인해 해당 근로자가 감수해야 하는 신분상·경제상의 불이익 등을 고려해야 한다는 입장이다.[17]

[절차의 측면]　대기발령과 관련하여 당사자와의 협의 등과 같은 절차가 취업규칙 등에 규정되어 있다면 이를 준수해야 하겠지만, 별도로

17　대법원 2013.5.9. 2012다64833

규정되어 있지 않다면 협의 절차를 거치지 않아도 대기발령의 정당성이 상실되는 것은 아니다.[18]

② 징계가 아닌 대기발령 시 임금은?

> **사례**
>
> 甲 회사는 소속 직원인 A가 직무수행과정에서 고객에 대하여 반복적으로 무례한 태도를 보여 회사에 손해를 끼쳤고 추가로 손해를 끼칠 것이 우려되어 그 기간을 정하지 않고 자택 대기발령 조치를 하면서 취업규칙에 규정한 바대로 급여를 전액 삭감하였다. 회사의 조치는 정당할까?

징계로서의 대기발령 시 무급이 가능하다는 것과 인사권 행사로서의 대기발령 중에서 사용자의 귀책사유로 인한 경우라면 휴업수당을 지급해야 한다는 점은 명확하나, 징계 전 임시조치와 같이 인사권 행사로서의 대기발령 중 근로자의 귀책사유로 인한 경우는 어떨까?

근로자의 귀책사유가 있더라도 징계 전의 대기발령은 사용자의 필요에 의한 것으로 볼 수 있으므로, 대기발령 중에 휴업수당 이상의 임금을 지급하지 않는다면[19] 이는 징계 절차를 거치지 않고 사실상 정직이나 감봉의 징계를 하는 것과 마찬가지이므로 징계의 절차적 정당성이 문제가 될 수 있다.[20] 단순히 규정에 따라 처분하였다는 사정만으로 처분이 적법하다고 볼 수 없고, 규정에 근거했어도 절차적 정당성을 여전히 문제 삼을 수 있다.

---

18 대법원 2002.12.26. 2000두8011

19 대기발령을 하면서 출근의무를 부여하면, 근로자가 출근을 전제로 한 정상적 임금 지급 및 직장 내 괴롭힘을 주장하는 문제가 발생할 수 있다

20 다만, 수사기관의 '수사를 받는' 근로자에 대한 대기발령 시 휴업수당을 지급해야 할 의무가 있다고 보기는 어렵다는 고용노동부 행정해석이 있다(근로기준정책과-3384, 2021.10.26.)

3 징계

(1) 개요

징계는 근로계약 또는 복무규율 위반에 대한 불이익 제재를 의미한다. 근로기준법은 징벌의 종류로서, 해고, 휴직, 정직, 전직, 감봉,[21] 그 밖의 징벌을 언급하고 있다(제23조제1항). 앞서 언급했듯이, 어떤 행위의 '정당성'을 인정하려면 그럴 만한 사유가 있어야 하고, 사유가 있더라도 과도하지 않아야 하고, 절차가 있다면 이를 준수해야 한다. 징계의 경우에도 사유가 정당해야 하고, 양정이 정당해야 하며, 절차를 준수해야 한다. 징계해고의 정당성에 관하여서는 해고 편에서 별도로 서술하기로 한다.

(2) 징계가 정당하려면

① 사유: 징계할 만한가

징계의 일반적인 사유는 상식선에서 나열할 수 있다. 근무태만, 정당한 지시의 불이행, 무단결근 등 취업규칙 등에 규정된 복무의무를 위반하고 직장 질서를 침해하는 제반 행위가 징계사유가 될 수 있다. 업무명령 위반으로 근무 규율이나 직장 질서에 악영향을 미쳐야 정당한 징계사유가 된다는 견해[22]는 타당하나, '정당한' 업무명령을 '정당한 이유 없이' 이행하지 않았다면 그 자체로 직장 질서에 대한 악영향은 추단할 수 있다고 본다. 학력·경력·자격의 사칭, 직장 내 풍기 문란 행위, 사생활 비위 등 업무와 직접 관련되지 않아도 조직의 질서나 운영에 해를 끼친다고 판단되면 물론 징계사유가 될

---

21 취업규칙에서 감급의 제재를 정한 경우에 그 감액은 1회의 금액이 평균임금 1일분의 1/2을, 총액이 1임금지급기 임금 총액의 1/10을 초과하지 못한다(근로기준법 제95조)

22 이수영 외, 노동법 실무(전면 개정판), p.435(임종률, 노동법, p.521 인용)

수 있다. 다만, 사생활 비위나 채용 당시의 사칭 등을 해고와 같은 중징계의 사유로 삼을 때에는 그럴만한 필요성, 즉 근로관계를 유지하기 어렵다는 사정을 더욱 엄격히 판단해야 한다. 퇴사자가 회사에 손해를 끼친 경우에 민사상 손해배상은 별론으로 하고 근로관계를 전제로 하는 징계는 불가하다.

'겸직' 금지와 징계

겸직금지 의무는 본래의 업무 외에 다른 일을 겸하는 않을 의무를 뜻한다. '근로시간 외에' 다른 일을 하는 것은 근로자의 자유이므로, 겸직을 전면적·포괄적으로 제한하는 것은 부당하나, 겸직으로 인해 업무 수행에 지장이 발생한다면 이를 근거로 징계할 수는 있다. 취업규칙에 겸직금지 규정이 있어도 상급자가 겸직을 승인했다면 징계사유가 될 수 없다.[23]

'경업' 금지와 징계

경업금지 의무는 근로자가 사용자와 '경쟁적인 업무'를 행하지 아니할 의무를 뜻한다. 재직 중의 경업금지는 근로자의 당연한 의무로서 이를 위반하면 징계해고도 가능하다. 퇴직 후의 경업을 금지하기 위하여서는 취업규칙이나 근로계약의 근거가 필요하다. 경업금지는 ① 적법하고 보호할 가치가 있는 비밀과 관련한 사업에 종사하는 자에 대하여, ② 근로자의 직업선택의 자유를 침해하지 않는 한도 내에서, 금지되는 행위의 내용, 금지 기간, 대상 지역 등에서 합리적인 범위로 제한된다.[24]

---

23 대법원 2013.6.13. 2013두6060
24 대법원 2010.3.11. 2009다82244

② 양정: 처분이 과하지 않은가

징계사유가 확인되면, 어떤 수위의 징계처분을 선택할 것인지가 문제가 된다. 즉, 양정을 제대로 해야 한다. 보통 취업규칙을 보면, 징계의 종류에는 주의, 경고, 감봉, 정직, 해고가 있다. 일반적으로 비위행위의 경중과 고의·과실(중과실, 경과실) 여부를 기준으로 징계 수위를 정한다. 징계의 양정과 관련하여 일반적으로 균형, 비례 등의 원칙을 요구한다. 다만, 판례에 의하면 단순히 다른 근로자보다 중한 징계 조치가 있었다는 사정만으로 형평의 원칙에 반한다고 보기는 어렵다.[25]

[양정의 참작사유]　　징계사유가 되지 않은 비위 사실도 양정의 참작사유가 될 수 있고, 다른 행위를 사유로 하여 징계할 때 면책하기로 합의한 행위를 양정의 참작사유로 삼을 수는 있다.[26] 또한, 징계시효가 지난 비위행위도 양정의 참작사유가 될 수 있다.[27] 즉, 징계 대상이 된 비위행위와 관련 없는 행위를 양정할 때 참고는 할 수 있다. 언뜻 보면, 징계 사건과 관련 없는 사실을 끌어들이는 것처럼 보이지만 이것이 징계의 '사유' 인정 여부에 영향을 미치면 안 되겠으나, 양정의 재량권 행사에 참작할 수는 있다. 예를 들어, 어떤 근로자가 동료를 폭행한 혐의가 있을 때, 과거의 폭행 사실을 근거로 함부로 현재 혐의를 받는 폭행이 있었다고 단정해서는 안 되지만, 객관적으로 조사하여 현재 혐의를 받는 폭행이 확인되었다면 과거의 폭행 사실을 참고하여, - 일반적으로는 경고로 그칠 사안이라도 - 경고보다 더 중한 감봉의 징계를 하는 것은 무방하다.

25　대법원 2014.11.27. 2011다41420
26　대법원 2011.3.24. 2010다21962 등
27　대법원 1995 9.5. 94다52294

③ 절차: 준수했는가

징계는 당사자에게 불이익을 주는 것이기 때문에 징계할 만한 사유, 적정한 양정과 더불어 당사자에게 소명할 기회를 부여하는 등 절차의 준수가 중요하다. 취업규칙 등에 징계에 관한 절차가 규정되어 있는데 이를 준수하지 않고 행한 징계처분의 효력이 문제가 된다. 징계사유에 하자가 있다면, 즉 비위행위가 징계할 만한 행위가 아닌데 징계 대상으로 삼았다면 이러한 하자는 징계처분의 효력을 당연히 상실시키지만, 절차 미준수가 사후에 치유되어 징계처분의 효력이 유지되는 경우는 충분히 생각해 볼 수 있다. 우리 판례에서 많이 나오는 판단 기준에, '종합적으로 고려'와 더불어 '규정의 취지를 고려하여'가 있다. 징계 절차를 준수하지 않은 경우에 일반적으로는 징계처분의 효력이 부인되나 항상 그런 것은 아니고 징계 절차를 규정한 취지를 고려하여 사안별로 판단한다. 절차 위반의 경중을 고려하여 중대한 절차 위반이라면 징계처분이 무효가 되지만, 경미한 위반의 경우 그렇지 않을 수 있다. 예를 들어, '소명의 기회 부여'라는 절차를 생략했다면 이는 근로자의 방어권을 결정적으로 제한하는 것이므로 징계의 효력을 상실시키지만, 소명의 기회를 박탈한 정도의 잘못이 아니라면 아래와 같이 절차 미준수에도 불구하고 징계의 효력을 인정할 수 있다.

[징계 절차 미준수의 치유]　언급한 바와 같이 일반적으로 근로자가 자신에 대한 처분의 움직임에 대응할 수 있도록 적정한 기간을 두고 징계를 위한 인사위원회를 개최해야 하는데, 사용자가 취업규칙 등에 제시된 기간을 준수하지 않고 촉박하게 개최했다면, 이는 절차적 요건을 충족하지 못한 것이 된다. 그런데, 만약 해당 근로자가 인사위원회에 출석하여 이러한 절차 위반을 문제 삼지 않고 충분한 소명의 기회를 가졌다면, 절차 위반에도 불구하고 징계처분의 효력을 인정하더라도 불합리

하다고 할 수는 없다.[28]

또한, 원래의 징계 절차를 준수하지 않았어도 재심 과정에서 보완되었다면 절차 미준수의 잘못은 치유되어 징계의 효력에 영향을 미치지 않는다.[29]

[징계 규정이 중도에 개정된다면] 징계사유의 발생 시점과 징계 요구 시점 사이에 징계와 관련된 취업규칙 등이 개정된 경우에는, '사유'에 관해서는 기존 취업규칙 등을 적용하지만, '절차'에 관해서는 개정된 취업규칙 등을 적용한다.[30] '사유'에 관해서 기존 취업규칙을 적용하는 것은 마치 형법 적용에 있어서 죄형법정주의에 따라 행위 시의 법률에 의해 죄가 되지 아니하는 행위는 처벌할 수 없는 것과 유사한 취지이다.

[징계의 시효 등] 시효란 제때 권리를 행사하지 않은 자, 즉 일정한 기간 내에 필요한 조치에 '착수'하지 않은 자를 법적인 보호에서 배제하기 위하여 설정한 제도이다. 징계시효는 원칙적으로 징계사유가 발생한 때로부터 기산하되, 취업규칙 등에서 사유가 발생한 시점이 아닌 사유를 인지한 시점부터 기산하는 것으로 정할 수는 있다.[31] 일련의 행위 중 최종의 것을 기준으로 징계의 시효가 기산한다.[32] 징계할 수 없는 사유가 있으면 그 사유가 해소된 때부터 시효가 기산한다. 예를 들어, 쟁의행위 중 징계가 금지된다면, 쟁의행위가 종료된 때로부터 징계시효가 기산한

---

28 대법원 2016.11.24. 2015두54759 참조

29 이철수, 노동법, p.345; 대법원 2009.2.12. 2008다70336

30 대법원 2005.11.25. 2003두8210 참조

31 대법원 2015.1.15. 2014두12345

32 계속적으로 행하여진 일련의 행위라면 설사 그중에 징계 의결 시 2년이 경과한 것이 있어도 그 징계시효의 기산점은 위 일련의 행위 중 최종의 행위를 기준으로 해야 한다(대법원 1986.1.21. 85누841)

다.[33] 시효는 기간 내에 행위하는 자를 보호하는 제도이므로, 징계시효 기간에 징계 절차에 착수하기만 하면 된다.

징계처분 '취소 후' 같은 사유 또는 새로운 사유를 추가해 다시 징계처분을 한다면 일사부재리의 원칙에 위배되지 않는다.

4 직장 내 괴롭힘

(1) 성립 요건

직장 내 괴롭힘은 사용자 또는 근로자가 직장에서의 ① 지위 또는 '관계' 등의 우위를 이용하여, ② 업무상 적정범위를 넘어 다른 근로자에게, ③ 신체적·정신적 고통을 주거나 근무환경을 악화시키는 행위이다(근로기준법 제76조의2). 지위 또는 관계의 '우위'를 이용해야 하므로, 이러한 우위를 이용하지 않으면 직장 내 괴롭힘이 아니다. 직장 내 성희롱의 성립 요건인 '지위를 이용하거나, 업무와 관련하여'와 다른 점이다.

지위의 우위는 직접적인 지휘 계통상의 우위일 필요가 없으며, 하급자도 상급자에 대해 관계의 우위에 있을 수 있다.[34] 업무상 적정범위를 초과한다는 것은 업무상 필요한 것이 아니거나, 필요성이 있어도 행위 양상이 부적절한 경우이다. 신체적·정신적 고통 여부는 가해자의 의도가 아닌 피해자의 입장에서 판단한다.[35]

---

33 대법원 2013.2.15. 2010두20362
34 중앙노동위원회 2022.12.7. 2022부해1388
35 직장 내 괴롭힘 판단 및 예방 대응 매뉴얼, 고용노동부(2023.4), pp.46~47 참조

(2) 신고 및 처리 절차

① 신고자 및 신고처

'누구든지' 직장 내 괴롭힘 발생 사실을 알게 된 경우 그 사실을 사용자에게 신고할 수 있다(근로기준법 제76조의3제1항). 실제로는 인사팀 등 직장 내 괴롭힘 담당부서에 신고하게 된다. 가해자가 사용자이거나, 회사에서 조사나 적정한 조치를 하지 않는 경우 등에는 고용노동청에 신고할 수 있다.

② 사용자의 조치 의무

[즉시 조사 의무]　사용자는 직장 내 괴롭힘 신고를 접수하거나 직장 내 괴롭힘 발생 사실을 인지한 경우에는 지체 없이 당사자 등을 대상으로 그 사실 확인을 위하여 객관적으로 조사를 실시하여야 한다(근로기준법 제76조의3제2항).

[피해자에 대한 임시조치]　사용자는 피해를 당했거나 피해를 주장하는 근로자를 보호하기 위하여 필요한 경우 해당 피해근로자 등에 대하여 근무장소의 변경, 유급휴가 명령 등 적절한 조치를 하여야 한다. 이 경우 사용자는 피해근로자의 의사에 반하는 조치를 하여서는 안 된다(제3항).

[직장 내 괴롭힘 확인 시 조치]　피해근로자가 요청하면 근무장소의 변경, 배치전환, 유급휴가 명령 등 적절한 조치를 하여야 한다. 또한, 지체 없이 가해자에 대하여 징계, 근무장소의 변경 등 필요한 조치를 하여야 한다. 이 경우 사용자는 징계 등의 조치를 하기 전에 그 조치에 대하여 '피해근로자의 의견을 들어야' 한다(제4항, 제5항). 피해근로자는 ⓐ 가해자와의 분리, ⓑ 괴롭힘의 중지, ⓒ 가해자에 대한 징계 등을 요구할 수 있다.

[불리한 처우 금지 및 비밀 유지]　사용자는 직장 내 괴롭힘 발생 사실을 신고한 근로자 및 피해근로자에게 해고나 그 밖의 불리한 처우를 해서는 안 된다. 직장 내 괴롭힘 발생 사실을 조사한 사람, 조사 내용을 보고받은 사람 및 그 밖에 조사 과정에 참여한 사람은 해당 조사 과정에서 알게 된 비밀을 피해근로자의 의사에 반하여 다른 사람에게 누설해서는 안 된다. 다만, 조사와 관련된 내용을 사용자에게 보고하거나 관계 기관의 요청에 따라 필요한 정보를 제공하는 경우는 제외한다(제6항, 제7항).

제재 관련 유의사항

직장 내 괴롭힘 관련 사용자가 조치 의무를 위반하면 5백만 원 이하의 과태료를 부과하고, 사용자(배우자, 4촌 이내의 혈족·인척 포함)가 직장 내 괴롭힘을 한 경우에는 1천만 원 이하의 과태료를 부과하나, 직장 내 괴롭힘 발생 사실을 신고한 근로자 및 피해근로자에 대한 '불리한 처우' 금지 의무를 위반하면 3년 이하의 징역 또는 3천만 원 이하의 벌금이라는 형사처벌을 받는다(근로기준법 제109조, 116조).

---

5 직장 내 성희롱

(1) 성립 요건

직장 내 성희롱은 사업주, 상급자, 근로자가 직장 내의 '지위를 이용' 하거나 '업무와 관련'하여 다른 근로자에게 성적 언동 등으로 성적 굴욕감 또는 혐오감을 느끼게 하거나 성적 언동 또는 그 밖의 요구 등에 따르지 아니하였다는 이유로 고용에서 불이익을 주는 행위이다(남녀고용평등법 제2조제1호). 가해자에게 성희롱의 의사가 없어도 성립한다.

(2) 신고 및 처리 절차

① 신고자 및 신고처

'누구든지' 직장 내 성희롱 발생 사실을 알게 된 경우 그 사실을 해당 사업주에게 신고하거나(남녀고용평등법 제14조제1항),[36] 고용노동청에 익명으로도 신고할 수 있다.[37] 신고 및 아래 처리절차의 전반적인 흐름은 직장 내 괴롭힘의 내용과 유사하다.

② 사업주의 조치 의무

[즉시 조사 의무]   사업주는 신고를 받거나 직장 내 성희롱 발생 사실을 알게 된 경우에는 지체 없이 그 사실 확인을 위한 조사를 하여야 한다(남녀고용평등법 제14조제2항). 이 경우 사업주는 피해를 입은 근로자 또는 피해를 입었다고 주장하는 근로자(이하 "피해근로자 등")가 조사 과정에서 성적 수치심 등을 느끼지 아니하도록 하여야 한다.(제3항)

[피해근로자 등에 대한 임시 조치]   조사 기간에 피해근로자 등을 보호하는 데 필요한 경우 해당 피해근로자 등에 대하여 근무장소의 변경, 유급휴가 명령 등 적절한 조치를 해야 하는데, 물론 피해근로자 등의 의사에 반하지 않아야 한다(제3항).

---

36 근로기준법상 직장 내 괴롭힘은 '사용자'에게 신고하게 되어 있고, 남녀고용평등법상 직장 내 성희롱은 '사업주'에게 신고하게 되어 있는데, 여기서 사용자와 사업주 구분은 큰 의미가 없다

37 직장 내 성희롱 익명신고 처리지침, 고용노동부(2021.2)

[성희롱 발생 확인 시 조치]　피해근로자가 요청하면 근무장소의 변경, 배치전환, 유급휴가 명령 등 적절한 조치를 해야 한다. 또한, 지체 없이 '사전에 피해근로자의 의견을 들어' 가해자에 대하여 징계, 근무장소의 변경 등 필요한 조치를 해야 한다. 고객 등 업무와 밀접한 관련이 있는 사람이 업무수행 과정에서 성적인 언동 등을 통하여 근로자에게 성적 굴욕감 또는 혐오감 등을 느끼게 하여 해당 근로자가 그로 인한 고충 해소를 요청할 경우 근무장소의 변경, 배치전환, 유급휴가 명령 등 적절한 조치를 해야 한다(제4항, 제5항, 제14조의2제1항).

[불리한 처우 금지 및 비밀 유지]　성희롱 발생 사실을 신고한 근로자 및 피해근로자 등에게 불리한 처우를 해서는 안 된다. 고객으로부터의 성희롱 피해를 주장하거나 고객 등으로부터의 성적 요구 등에 따르지 아니하였다는 것을 이유로 불이익한 조치를 해서도 안 된다(제6항, 제14조의2제2항).

또한, 조사 과정에서 알게 된 비밀을 누설하면 안 되는데, 조사와 관련된 내용을 사업주에게 보고하거나 관계 기관의 요청에 따라 필요한 정보를 제공하는 경우는 제외한다(제7항).

제재 관련 유의사항

사업주의 성희롱, 성희롱 예방 교육 미실시 또는 교육 내용 미게시, 조사·조치 의무 위반, 비밀 누설, 근로자가 '고객 등에 의한' 성희롱 피해를 주장하거나 고객 등으로부터의 성적 요구 등에 따르지 아니하였다는 이유로 불이익한 조치를 한 경우 등에는 1천만 원 이하의 과태료에 처하나, 직장 내 성희롱 발생 사실을 신고한 근로자 및 피해근로자 등에게 '불리한 처우'를 한 경우에는 5년 이하의 징역 또는 3천만 원 이하의 벌금이라는 형사처벌을 받는다(남녀고용평등법 제37조, 제39조). 피해근로자뿐 아니라 피해자를 위해 신고한 자에게도 불리한 처우를 해서는 안 된다.

※ 고용노동부장관은 확정된 시정명령의 효력이 미치는 근로자 외의 근로자에 대해서도 차별적 처우가 있는지를 조사하여 차별적 처우가 있는 경우에는 그 시정을 요구할 수 있다(제29조의6).

13

근로관계의 마무리

13

근로관계의 마무리

　근로관계의 종료 사유에는 근로자의 의사에 의한 사직(퇴직)과 근로자의 의사에 반한 해고, 그리고 당연퇴직이 있다. 사직에는 임의사직(또는 의원면직),[1] 희망(명예)퇴직, 권고사직이 있다. 해고에는 통상해고, 징계해고, 경영상 해고가 있고, 당연퇴직에는 계약기간 만료·정년 도달·사용자의 파산·근로자의 사망 등 일정한 사유의 발생만으로 인한 근로관계의 종료가 있다. 근로관계의 종료를 자발적 종료와 비자발적 종료로 구분하기도 한다.[2] 퇴사자에 대한 취업 방해는 물론 허용되지 않는다.[3]

1　의원면직은 사직원의 제출과 수리라는 과정을 거친다는 점에서 합의해지로 분류되나 사직의 자유를 고려할 때 이러한 합의과정은 형식에 불과하므로 별도로 논하지 않고 임의사직만을 논하기로 한다. 물론 의원면직은 형식적으로는 합의해지이므로 사용자가 수리하기 전에는 사직의 의사표시를 철회할 수 있다는 점에서 사직의 의사표시가 사용자에게 도달하면 일방적으로 철회할 수 없는 임의사직과 구분하는 의미는 있다. 판례에 의하면, 사직의 의사표시는 특별한 사정이 없으면 (합의해지가 아닌) 임의사직으로서의 해약고지로 보되, 사직서의 기재내용, 사직서 작성·제출의 동기 및 경위, 사직 의사표시 철회의 동기 등 여러 사정을 참작하여 판단한다(대법원 2000.9.5. 99두8657 참조)

2　권고사직은 실질적인 면에서는 비자발적인 종료이나, 사직의 형식 면에서는 자발적 종료이다

3　'누구든지' 근로자의 취업을 방해할 목적으로 비밀 기호 또는 명부를 작성·사용하거나 통신을 해서는 안 된다(근로기준법 제40조)

1 사직

(1) 개요

사직에 관해서는 근로기준법에서 특별히 규제하지는 않고 민법에 의하는데, 민법에 의하면 고용 기간의 약정이 없는 근로자는 언제든지 계약 해지의 통고를 할 수 있되, 사용자가 사직을 수리하지 않는다면 해지의 효력은 달리 정한 바가 없으면 사용자가 해지 통고를 받은 날로부터 1개월이 지나면 발생한다(민법 제660조제1항, 제2항). 사직서를 제출했어도 당장 다음날부터 안 나와도 되는 것은 아니다. 월급제와 같이 기간으로 보수를 정한 경우에는 사용자가 해지의 통고를 받은 당기 후의 일기(一期)를 경과함으로써 해지의 효력이 발생한다(민법 제660조제3항). 예를 들어, 7월 중에 해지 통고를 받았다면 9월 1일에 해지의 효력이 발생한다. 고용 기간의 약정이 있다고 해도 부득이한 사유가 있는 때에는 근로자는 계약을 중도에 해지할 수 있다. 강제 근로는 허용되지 않기 때문이다. 다만, 그 사유가 근로자의 과실로 인하여 발생했다면 사용자에게 손해를 배상해야 한다(민법 제661조).

(2) 사직의 유형

① 임의사직 · 희망퇴직

임의사직은 근로자가 근로관계 종료의 의사를 표시하여 발생하는 사직으로, 사직의 의사표시가 사용자에게 도달한 이후에는 이를 일방적으로 철회할 수 없다. 반면에, 희망퇴직은 사용자와 근로자가 고용관계의 종료를 합의하는 행위로서, 근로자의 청약 및 사용자의 승낙이라는 합의 절차를 거친다. 승낙의 의사표시가 근로자에게 도달하기 전에는 근로자는 사직의 의사표시(청약)를 철회할 수 있다. 다만 근로자가 사직의 의사표시를 철회하는 것이 사용자에게 예측할 수 없는 손해를 끼치는 등 신의칙에 반한다고 인정되는 특별한 사정이 있는 경우에 한하여 철회가 허용되지 않는다.[4]

② 권고사직

권고사직은 사용자가 퇴사를 권고하고 근로자가 이를 수락하는 것이므로 사실상 당사자 간의 합의에 의한 근로계약의 해지에 해당하나, 형식적으로는 일반 사직의 형태를 취한다. 따라서, 임의사직의 경우처럼 사직의 의사표시가 사용자에게 도달한 이후에는 일방적으로 철회할 수 없다.[5] 구직급여 수급과 관련해서는 237쪽에서 별도로 서술한다.

---

4 대법원 2000.9.5. 99두8657 / 철회로 인한 손해의 예로는 대체할 직원을 채용하는 절차를 밟는 경우 등을 생각할 수 있다. 그런데, '철회할 수 있는' 기간(사용자의 승낙 전)에 '철회로 인한' 예측할 수 없는 손해가 발생한다는 것은 개념적으로 성립하기 어려운 면이 있다. 근로자가 철회할 의사가 없음을 명확하게 표시한 경우 등 엄격하게 해석해야 한다

5 실질적인 면에 초점을 맞추어 사용자의 퇴사 권고를 청약으로 보고 근로자의 사직의 의사표시를 승낙으로 보는 경우에도 근로자가 사직의 의사표시를 하면 일방적으로 철회할 수 없기는 마찬가지이다

사직의 형식을 취한 해고

민법에 의하면 진의 아닌 의사표시도 표시한 대로 유효하나, 상대방이 진의 아님을 알았거나 알 수 있었을 때는 무효로 한다(민법 제107조제1항). 따라서, 사직의 의사가 없는 근로자가 사직서를 제출하는 형식을 취했다고 하더라도 사용자가 이를 강제하였거나 재신임의 명목으로 일괄 사직서를 제출하게 했다면, 근로자에게 사직의 의사가 없었음을 사용자도 안 것이므로 사직의 의사표시는 무효가 되는데, 그런데도 이를 수리하였다면 해고에 해당할 수 있다. 해고 여부를 판단할 때는 사직서를 제출한 경위, 사직서의 기재 내용과 회사의 관행, 사용자 측의 퇴직 권유 또는 종용의 방법, 강도 및 횟수, 사직서를 제출하지 않을 경우 예상되는 불이익의 정도, 사직서 제출에 따른 경제적 이익의 제공 여부, 사직서 제출 전후 근로자의 태도 등을 종합적으로 고려한다.[6]

<표10> 사직 유형별 사직 철회 가능 시기

의원면직·권고사직	희망퇴직
사직의 의사표시가 사용자에게 도달한 이후에는 철회 불가	사용자의 승낙의 의사표시가 근로자에게 도달하기 전에는 철회 가능 다만, 철회가 사용자에게 예측할 수 없는 손해 유발 시 철회 불가

---

6 대법원 2017.2.3. 2016다255910

2 해고

(1) 개요

해고는 근로자의 의사에 반하여, 즉 사용자의 일방적 의사에 의하여 이루어지는 근로계약 관계의 종료를 의미한다. 근로기준법은 경영상 해고 외에 구체적인 해고의 유형을 제시하지 않으나, 일반적으로 해고는 통상해고, 징계해고, 경영상 해고로 구분한다. 통상해고는 근로자의 개인적인 문제 등으로 장래에 근로계약상의 의무이행이 어려운 경우에 행하는 해고이고,[7] 징계해고는 근로자의 과거 비위행위에 대한 징벌적 해고를 의미하나, 통상해고의 요건인 근로자의 개인적인 문제로 인한 사유가 징계의 사유가 될 수도 있으므로 양자 간의 명확한 구별은 쉽지 않은 경우도 있다.

(2) 근로기준법상 해고의 제한

① 사유의 제한: 정당한 이유

징계의 정당성에서 논한 바와 같이, 모든 해고에는 정당한 이유가 있어야 한다(근로기준법 제23조). 법령이나 판례에 '정당한'이라는 표현이 자주 등장하는데, 어떤 면에서는 판단기준이 명확하지 않아서 판단하는 사람에 따라 결론이 달라질 수 있는 위험성도 없지 않지만, 이는 위에서 여러 차례 강조한 '상식의 틀'과 맥이 닿아있다. 상식은 조금 그럴듯한 말로 하면 사회통념이 된다. 통상해고와 징계해고의 경우 '사회통념상 고용관계를 계속 유지할 수 없을 정도로 책임 있는 사유'가 근로자에게 있

---

7   보통 통상해고의 사유를 일신상의 사유라고 표현한다

어야 하고,[8] 경영상 해고의 경우 '긴박한 경영상의 필요'가 있어야 한다.

<표11> 법정 해고 금지 사유

법률	해고 금지 사유
근로 기준법	* 직장 내 괴롭힘 신고·피해(제76조의3제6항) * 본 법 및 시행령 위반에 대한 고용노동부 신고(제104조제2항)
남녀 고용 평등법	* 남녀 차별(제11조제1항) * 성희롱 발생 신고·피해(제14조제6항) * 고객 등에 의한 성희롱 피해 주장, 고객 등의 성적 요구 불응(제14조의2제2항) * 난임치료, 배우자출산휴가(제18조의3제2항, 제18조의2제5항) * 혼인·임신·출산(제11조제2항) * 육아휴직(제19조제3항)[9] * 육아기 근로시간 단축(제19조의2제5항) * 가족돌봄휴가·휴직(제22조의2제6항) * 가족돌봄 등 근로시간 단축(제22조의3제5항) * 차별적 처우 등의 시정신청, 노동위원회에의 참석·진술, 재심신청·행정소송의 제기, 시정명령 불이행의 신고(제29조의7)

② 절차의 제한: 해고예고 & 서면통지

[해고예고]　　　경영상 해고를 포함한 모든 해고 시 최소한 30일(역법상 기준으로 휴일·휴가 등 포함) 전에 예고해야 한다(근로기준법 제26조). 해고시점을 근로자가 알 수 있는 방법으로 예고해야 하는데, 해고 사유와 시기의 통지와는 달리 해고예고는 반드시 서면으로 해야 할 필요는 없고 '말로 하는' 예고도 가능하다. 해고예고를 하지 않아도 정당한 이유가 있으면 해고 자체는 유효하나, 사용자는 근로기준법 위반을 이유로 처벌된다.

8　대법원 2003.7.8. 2001두8018
9　육아휴직 기간에도 해고할 수 없다. 단, 사업계속이 불가한 경우는 예외이다

법정 절차인 해고예고를 하지 않아도 해고는 유효하다는 것과 비교해야 할 것으로, 징계해고 시 사전통지에 관한 회사의 규정을 위반하면 해고는 무효가 될 수 있다. 판례에 의하면 단체협약 등에 규정된 징계를 위한 특별한 절차는 징계의 유효요건이다.[10]

해고예고 대신 해고예고수당(통상임금의 30일분)을 지급해도 된다.[11] 해고예고수당은 해고의 유효성과 관계없이 지급하는 수당으로서, 나중에 해고가 무효가 되더라도 근로자는 이를 부당이득으로 반환할 필요가 없다.[12]

5인 미만 사업장은 근로기준법의 '해고의 제한' 규정은 적용받지 않으므로 정당한 이유가 없어도 해고할 수 있으나, 해고예고 규정, 해고 시기의 제한, 법정 해고 금지사유는 적용받는다.

해고예고의 예외(근로기준법 제26조 단서)

- 근로자가 계속 근로한 기간이 3개월 미만인 경우
- 천재·사변, 그 밖의 부득이한 사유로 사업을 계속하는 것이 불가능한 경우
- 근로자가 고의로 사업에 막대한 지장을 초래하거나 재산상 손해를 끼친 경우로서 고용노동부령이 정하는 경우

[서면통지]　위에서 언급한 바와 같이 해고예고는 서면으로 할 필요가 없으나, 해고 '사유'와 해고 '시기'는 반드시 서면으로 통지해야 한

---

10 대법원 1994.10.25. 94다25889
11 해고예고는 반드시 30일 전에 해야 하므로 30일에서 일부라도 부족하면 30일 전에 예고하지 아니한 것으로 해석되며, 그 경우에는 30일분 이상의 통상임금을 지급해야 한다(근기 68207-1346, 2003.10.20.)
12 대법원 2018.9.13. 2017다16778

다(근로기준법 제27조). 시용 근로자의 본채용을 거부하는 경우에도 거부 사유를 서면으로 통지해야 한다.[13] 이와 비교할 사항으로, 기간제 근로계약의 갱신을 거절할 경우에는 서면통보가 필요하지 않다.[14] 기간제 근로계약은 갱신을 하지 않는 것이 원칙적인 경우이기 때문이다. 갱신기대권에 관해서는 후술한다.

서면은 기명 또는 날인이 포함된 종이문서가 원칙이나, 전자문서로 제반 업무를 진행한다면 전자문서도 포함한다. 해고예고를 해고 사유와 해고 시기를 명시하여 서면으로 한 경우에는 서면통지를 한 것으로 간주한다(근로기준법 제27조제3항). 해고 사유를 알 수 있는 내용과 해고 날짜가 기재되어 있는 회의록을 제공하는 것도 서면통지의 방식으로 인정할 수 있다.[15]

전자문서와 서면통지

해고 통지에서의 서면은 원칙적으로 종이문서를 의미하고, 이메일 등 전자문서에 의한 통지는 해고의 사유·시기가 구체적으로 기재되고 근로자가 해고에 적절히 대응할 수 있는 등 서면에 의한 해고 통지의 역할을 충분히 수행한다면 인정한다.[16] 이와 비교할 것으로, '근로조건 서면 명시'의 경우 전자문서도 일반적으로 인정한다. 해고는 근로조건의 명시보다 중대한 사유라고 볼 수 있으므로 더욱 엄격하게 서면 요건을 적용한다고 보면 된다.

---

13 대법원 2015.11.27. 2015두48136
14 대법원 2021.10.28. 2021두45114
15 대법원 2021.7.29. 2021두36103
16 대법원 2015.9.10. 2015두41401

③ 시기의 제한: 요양·출산을 위한 휴업기간 및 그 후 30일

근로자가 업무상 부상 또는 질병의 요양을 위하여 휴업한 기간과 그 후 30일 동안 또는 산전·산후의 여성이 법에 따라 휴업한 기간과 그 후 30일 동안은 해고할 수 없다. 다만, 일시보상을 하였을 경우 또는 사업을 계속할 수 없게 된 경우에는 예외적으로 해고할 수 있다(근로기준법 제23조제2항). 해고 시기의 제한은 5인 미만 사업장에도 적용된다. 30일이 지나면 해고할 수 있다는 것인데, '30일'이라는 기간은 최소한 30일 전에 예고해야 하는, 즉 30일이 지나면 해고할 수 있다는 해고예고 기간이기도 하다. 해고가 금지되는 업무상 부상이나 질병으로 휴업한 기간에는 전면휴업뿐만 아니라 부분휴업도 포함된다.[17] 업무상 부상 또는 질병으로 휴업하더라도, 요양을 위하여 휴업할 필요가 있다고 인정되지 않는 경우에는 해고가 제한되는 휴업기간에 해당하지 않는다.[18]

해고 시기의 제한은 경영상 해고의 경우에도 마찬가지로 적용된다.

---

17 대법원 2021.4.29. 2018두43958
18 대법원 2011.11.10. 2009다635

또한, 시용 근로자에게도 적용된다.[19] 고용노동부는 '해고금지기간에도 해고예고'는 할 수 있다고 해석한다.[20]

해고 시기 제한의 예외(근로기준법 제23조제2항, 제84조)

- 업무상 부상 또는 질병에 따른 요양을 개시한 후 2년이 지나도 완치되지 않아 일시보상(평균임금의 1,340일분)을 한 경우
- 사업을 계속할 수 없게 된 경우

5인 미만 사업장 해고 유의사항

정당한 이유, 서면통보 → 미적용[21]

해고 예고, 해고 시기의 제한, 법정 해고 금지사유 → 적용

---

(3) 해고 유형별 검토

① 통상해고

▌통상해고의 사유

통상해고의 사유는 근로자의 개인적인 사정 등이라고 하였다. 예를

---

19 대법원 2021.4.29. 2018두43958
20 근로기준과-5784, 2004.8.18
21 다만, 취업규칙 등에 관련 규정이 있다면 이에 따라야 한다

들어, 업무수행 역량이 결여되는 경우, 근로자가 병에 걸리거나 다치는 등 신체적 장해가 발생하거나 정신적인 문제 등으로 업무수행이 어려워지는 경우, 업무수행에 필수적으로 요구되는 자격 등을 상실하는 경우 등이다. 이러한 사유가 앞서 언급한 '사회통념상 고용관계를 계속 유지할 수 없을 정도'이어야 한다.

[저성과자 통상해고]　　업무성과가 낮은 근로자에 대한 통상해고가 정당하기 위해서는 취업규칙 등에 '근거 규정'이 있어야 하고, 공정하고 객관적인 기준에 의한 '평가'를 실시해야 하며, 역량·성적의 불량 수준이 상당한 기간에 일반적으로 기대되는 최소한에도 미치지 못하고 '개선될 가능성도 없어야' 하는데, 교육이나 전환배치 등 개선의 기회를 부여했는지 여부 및 그 이후 개선 여부, 근로자의 태도, 사업장의 사정 등을 종합적으로 고려한다.[22]

▌ 징계해고와의 관계

앞서 언급했듯이, 통상해고와 징계해고는 그 사유를 명확히 구분하기가 쉽지 않은 경우가 많다. 이를테면 부상이나 집안일 등 개인적인 이유로 근무에 집중하지 못해 성과가 부진하고 근무태도도 바람직스럽지 못하게 된 경우, 이는 개인적인 문제에 기인한 것이지만 결국 근로계약이나 취업규직의 의무를 다하지 못하게 되어 징계의 사유도 될 수 있다. 통상해고와 징계해고를 구분할 때, '장래 vs. 과거'의 틀을 적용하기도 한다. 즉, 통상해고는 개인적인 사유로 장래에도 근로계약상의 의무이행이 어렵다고 판단되는 경우에 실시하고, 징계해고는 과거의 비위행위에 초점을 맞추어 그 비위행위의 경중을 따져보았을 때 이것이 해고라는 중징계사유

---

22 대법원 2021.2.25. 2018다253680 참조

에 해당하는 경우에 실시한다. 그러나, 둘 다 모두 해고의 요건으로 '사회통념상 근로관계 유지가 어렵다는 인정'을 필요로 한다. 즉, 향후 근로관계 유지의 적정성을 고려해야 하는 것은 마찬가지이다. 그런데도 통상해고의 개념을 인정해야 할 필요는 있다. 예를 들어, 개인적인 사정으로 업무에 집중하지 못하게 되어 근로관계를 유지하기가 어려워졌음에도 불구하고 직원이 자발적으로 사직하지 않는다고 하여 징계해고라는 낙인을 찍기보다는 통상해고로 처리하는 것이 합리적일 수 있다. 판례에 의하면 해고 사유가 통상해고와 징계해고의 사유에 모두 해당할 때, 절차적 간편을 위해 통상해고를 적용하면서 규정된 징계 절차를 생략할 수는 없다.[23]

② 징계해고

▌해고가 정당하려면 (사유 & 양정, 절차)

앞서 통상해고의 정당성 판단에 있어서는 주로 '사유'의 정당성에 초점을 맞추었다. 물론 사유가 정당하더라도 해고 이외의 대책을 강구하기 위한 노력 등이 요구되고 절차에 관한 규정이 있으면 따라야 하나, 통상해고의 경우 어떤 엄격한 절차가 요구되지는 않는다. 이에 반하여 징계해고의 경우, 피징계자에게 해고될 만큼 잘못이 존재한다는 낙인이 발생한다는 점에서 더욱 신중해야 할 필요가 있으므로 사유의 정당성 외에 '절차'의 정당성도 간과할 수 없다. 여기서 사유의 정당성이란 징계 편에서 설명한 '사유 & 양정'의 정당성이다.

우선, 사유의 정당성과 관련하여, 취업규칙 등에서 정한 사유에 해당해야 한다. 비유하자면 형법의 '죄형법정주의'처럼 징계의 사유로 삼는 근거가 있어야 한다. 그리고 규정 등에서 정한 사유에 해당한다고 할지라도 구체적인 면모를 살펴볼 때 '사회통념상 고용관계를 유지할 수 없을

---

23 대법원 1994.10.25. 94다25889 참조

정도'로 근로자에게 책임 있는 사유라고 인정되어야 한다.

절차의 정당성과 관련하여, 취업규칙 또는 단체협약 등에서 정한 절차를 준수해야 한다. 해고예고와 서면통지는 법적으로 요구되는 것이므로 당연히 준수해야 하고, 이는 징계해고 이외의 다른 해고에서도 마찬가지이다. 서술했듯이, 징계 절차에서 중요한 것은 근로자가 방어권, 즉 소명할 기회를 얻는 것이다. 이를 위해서는 근로자가 적절히 대응하는 데 필요한 준비기간을 주는 것이 중요하다. 아울러 징계를 위한 인사위원회에서 근로자에게 편향된 판정을 내릴 가능성이 있는 인원이 참여한다면 공정한 심사가 이루어질 수 없기 때문에 이러한 인원을 배제하는 것도 필요하다.

▌사례별 검토

"정당하지 않은 해고의 기준을 잡으면 된다"

징계해고의 구체적 사례와 관련해서, 어떤 경우에 징계해고의 정당성이 인정되지 않는지, 즉 징계권 남용인지에 초점을 맞추어 보는 것이 좋다. 물론 해고의 정당성이 인정되는 사례들도 두루 살펴보되, 징계권 남용의 경우를 주축으로 삼아 이해하는 것이 효과적이다. 무단결근, 업무명령 거부 등 그 말 자체로는 모두 정도에 따라서는 징계 해고감으로 보이는 사유 중에서 해고의 정당성이 인정되지 않는 경우의 판단기준을 추려내면 정당한 경우와 그렇지 않은 경우 전체를 포괄적으로 이해할 수 있다.

[근무태만, 성과 불량, 업무지시 거부]　근무태만, 근무 성적의 불량, 업무지시나 명령의 불이행은 취업규칙에서 흔히 볼 수 있는 대표적인 징계사유이다. 근로계약과 복무규율을 위반하는 이러한 행위는 결국 그 행위의 정도를 보고 사회통념상 근로관계의 유지가 어려운지를 판단

할 수밖에 없다. 그러한 행위를 이유로 한 해고가 정당하려면 판례에서 흔히 보이는 용어인 '현저한' 행위로 볼 수 있어야 한다. 지속적이고 반복적인 근무태만, 합리적인 업무 목표에 크게 미달하는 행위 등이 이에 속한다. 따라서 일시적인 근무태만, 상대적인[24] 또는 심각하지 않은 업무 성과의 저조 등은 징계사유는 될 수 있어도 해고 사유로 삼기는 어렵다. 업무지시 거부의 경우, 위법하거나 부당한 업무지시를 거부한 것은 해고 사유가 되지 않으므로 해고의 정당성을 다퉈야 하는 당사자는 '업무지시의 적정성'에 초점을 맞출 필요가 있다.

[무단결근] 아래 두 근로자가 무단결근에 이르게 된 경위를 비교해 보자.

> 근로자 A: 동료의 폭행으로 인해 정신적 스트레스를 받아 휴직 신청을 하였으나 거부당하여 무단결근
> 근로자 B: 부당해고 소송에서 승소하여 복직하였으나, 회사가 부득이 원래의 업무가 아닌 다른 업무에 배정하자 이에 항의하며 무단결근

해고의 정당성이 인정되지 않는 경우는 보통 근로자의 비위행위에 '참작할 만한 정황'이 있는 경우이다. 즉, 여기서도 '원칙과 예외의 틀'이 어김없이 적용된다. 무단결근은 말 그대로 무단으로, 즉 사용자의 승인을 얻지 않은 상태에서 결근하는 것을 의미한다. 무단결근을 정당한 사유와 사용자의 승인 없이 결근하는 것으로 정의하기도 하나, 중요한 것은 정당한 사유의 존재 여부가 아닌 사용자의 승인을 얻지 못하는 것이다. 정당한 사유가 있더라도 사용자의 승인을 얻지 못했다면 일단 무단결근이다.

---

24 대법원 2021.2.25. 2018다253680

사용자가 승인하지 않았지만, 결근할 만한 사정, 즉 정당한 사유가 있었다면 이는 참작사유가 되어 징계양정에서 고려하면 된다.

무단결근은 참작할 만한 다른 사정이 없다면 이는 징계의 대상이 충분히 되고, 그 정도가 심하다면 물론 해고도 가능하다. 그런데, 근로자가 개인적인 사정으로 휴가나 휴직을 신청하였는데, 회사가 이를 승인하지 않는 경우를 보자. 연차휴가[25] 외의 휴가나 휴직 신청에 대하여 회사가 승인하지 않았다면 일단 근로자는 출근해야 한다. 그런데, 근로자가 계속 승인을 요구하고 끝내 승인을 얻지 못한 상태에서 결근했다면 이는 무단결근인 것은 맞지만 이를 이유로 해고하는 것은 정당한가? 판례는 같이 일하는 직원의 폭행 등으로 휴직 신청을 냈으나 거부당하여 무단으로 결근한 경우 이를 이유로 한 해고는 징계권의 남용으로 보았다.[26] '부당한' 인사명령에 항의하여 결근한 경우에도 해고의 정당성을 인정하지 않았다.[27]

위와 같은 판례가 있다고 해서, 근로자가 계속해서 휴가 신청을 했는데 사용자가 끝내 승인하지 않아서 결근한 경우에 이를 이유로 한 해고를 모두 징계권의 남용이라고 생각해서는 물론 안 된다. 상기 사례에서는 상식의 틀을 적용해 보았을 때 근로자가 사용자의 승인을 얻지 못한 상태에서 결근한 것에 참작할 만한 사정을 인정할 수 있지만, 장기 여행을 가기 위해서 휴직을 신청한 상황이라면 사정은 다르고 이러한 상황에서 무단결근을 했다면 이를 해고의 사유로 삼더라도 지나치다고 볼 수는 없을 것이다.

---

25 연차휴가는 근로자에게 시기지정권이 있으므로, 회사가 근로자의 연차 신청에 대하여 시기변경권을 행사하지 않고 단순히 승인하지 않은 상황에서 근로자가 출근하지 않은 것은 무단결근으로 보기 어렵다
26 하갑래, 근로기준법 제36판 p.880; 대법원 1997.7.22. 95다53096
27 대법원 2009.3.12. 2007두22306

언급했듯이, 대개 법의 판단은 일반인의 건전한 상식의 범위를 벗어나지 않는다. 판례의 내용이 구체적으로 떠오르지 않는다면 우리의 상식을 기초로 생각을 전개하면 단어나 논리 구성은 다소 달라도 그 취지는 판례와 비슷한 경우가 많다. 위의 사례처럼 해고된 근로자를 복직시키면서 해고가 유효하다는 판단 아래 이미 진행한 인사이동 등을 고려하여 원직과 같은 업무가 아닌 다른 일을 시켰는데 근로자가 이를 거부하며 무단으로 결근하는 경우 이를 이유로 해고하는 경우는 어떠한가? 정당한가 아니면 징계권의 남용인가? 위에서 동료의 폭행으로 휴직 신청을 냈지만 거부당하여 무단결근을 한 근로자의 경우와 비교하여 '참작할 만한 정황'이라고 할 수 있는지를 생각해 보면 된다. 여러분의 생각 – 저자의 추측이 맞는다면 – 과 마찬가지로 판례는 이 경우 해고의 정당성을 인정하였다.[28]

'00일 이상 무단결근 시 해고' 규정

상식적 판단이 쉽지 않은 경우도 물론 있다. 7일 이상 무단결근을 한 경우 해고할 수 있도록 한 사례에서 판례는 '일정한 시간적 제한이 없이' 합계 7일 이상의 무단결근을 한 모든 경우가 아니라, '상당한 시간 내에' 합계 7일 이상의 무단결근을 한 경우에 해고가 정당하다고 제한적으로 해석하고, 1년 2개월에 걸쳐 합계 7일 이상 무단결근을 한 경우 징계해고 사유에는 해당하지 않는다고 판단했다.[29] 밀접한 상당한 시간 내로 제한적으로 해석하는 것은 타당하고 판례가 상식을 벗어났다고 볼 수는 없지만, 1년여 기간 동안 무려 7일을 무단으로 결근한 경우라면, 근로관계를 유지하기 어려운 경우라고 판단해도 지나치다고 볼 수는 없을 것이다.

---

28 대법원 1997.5.16. 96다47074
29 대법원 2013.8.20. 2013두8511

[학력·경력 사칭, 전과 은폐]　　　별 탈 없이 잘 일해온 직원이 사실
은 학력이나 경력을 사칭하여 취업했다는 사실을 뒤늦게 발견한다면 어
떨까? 조금 마음이 복잡해질 것 같다. 성실하게 근무하는 모습이 주로 떠
오를 수도 있고 거짓말로 세상을 속인 모습이 더 강하게 떠오를 수도 있
을 것이다. 학력·경력을 높게 속인 경우뿐만 아니라 낮게 속인 경우도
물론 똑같은 사칭이다.[30] 판례를 보면 '종합적으로 고려'하여 판단한다는
표현이 자주 나온다고 하였다. 여러 가지 정황들을 놓고 상식의 틀로, 판
례가 흔히 말하는 사회통념으로 걸러낸다는 말이기도 하다. 학력이나 경
력을 사칭하는 것은 거짓말로 세상을 속인, 즉 채용 시점의 정황만 놓고
보면 해고와 같은 중징계의 사유가 충분히 될 것이다. 판례는 채용 시점
뿐만 아니라 해고 시점까지의 정황을 모두 고려하여 판단하는데, 사칭 그
자체보다 사칭의 영향, 즉 사칭이 채용 결정과 이후 업무수행에 끼친 영
향에 초점을 맞추고 있다.[31] 학력·경력이 근로계약의 체결 여부나 근로조
건의 결정, 그리고 업무수행에 크게 영향을 주지 않은 경우에는 징계해고
의 정당성을 부인한다. 해고보다 경미한 징계는 물론 할 수 있을 것이다.
　　전과를 은폐한 경우에도 장기간 성실하게 근무한 경우 해고의 정당성
을 부인한 판례가 있다.[32] 비록 사칭했지만, 이것이 근로계약 체결과 이후
업무수행에 미치는 영향이 크지 않은데 이를 이유로 해고까지 하는 것은
해고의 요건인 '사회통념상 고용관계를 유지하기 어려운 경우'를 충족하
지 못한 과도한 징계로 본 것이다.
　　다만, 사칭 그 자체보다 그 영향을 고려하는 것은 어떻게든 수단과 방
법을 가리지 않고 취업하고 나서 별 탈 없이 근무하면 된다는 잘못된 신
호를 사회에 던질 우려도 있다. 따라서, 해고와 같은 최고 수위의 징계는

30　대법원 1989.1.31. 87다카2410
31　대법원 2013.9.12. 2013두11031; 대법원 2004.2.27. 2003두14338
32　대법원 1993.10.8. 93다30921

아닐지라도 명백한 사칭 행위에 대한 합당한 제재는 필요하다.

[성희롱 등 성적 비위]   앞서 성희롱은 성과 관련한 언행으로 상대방에게 불쾌감·굴욕감 등을 주거나 고용상 불이익을 주는 행위를 일컫는다고 하였다. 성희롱에서 중요한 것은 행위자의 의도는 성희롱의 성립 요건이 아니라는 점이다. 즉, 행위자에게 성희롱의 의도가 없었을지라도 객관적으로 성희롱으로 인정될 수 있는 언행, 피해자의 주관적 사정을 고려하되 사회통념상 '합리적인 사람이 피해자의 입장이라면' 문제가 되는 언행을 하였다면 성희롱은 성립한다(남녀고용평등법 시행규칙 별표1 참조). 성희롱도 그 행위의 경중에 따라 징계 수위를 정하는 것이 보통이다. 판례를 보면 '상습적'인 경우 등에는 징계해고를 인정한다.[33]

[범죄행위]   취업규칙에 직원이 범죄행위로 인해 형사처벌을 받으면 해고할 수 있다거나 당연퇴직 사유로 규정하기도 한다. 직장 밖에서 형사처벌을 받을 정도이면 그 행위가 직장의 질서를 문란하게 하는 비위행위일 테고 소속 직원이 형사처벌을 받은 사실 자체가 그 직장의 사회적 평가를 훼손하는 경우이기 때문이다. 그런데, 형사처벌에는 종류가 여러 가지가 있기 때문에 어떤 형태의 형사처벌을 해고 사유로 할 수 있는지가 문제가 되는데, 이는 결국 범죄행위로 인한 형사처벌(처분)을 해고 사유로 삼은 취지 또는 형사사건에 대한 평가에 따라 판단하면 된다.

형사처벌은 형의 확정 여부에 따라 확정판결과 미확정 판결로 구분하고, 실제로 형벌을 집행하느냐 아니면 선고된 형의 집행을 유예하느냐에 따라 실형과 집행유예로 구분한다. 형사처벌을 해고 사유로 삼은 취지가 '직장의 사회적 평가'를 저해하거나 직장의 '질서를 문란'하게 한 것에 대한 제재가 필요한 것이라면 실형이 아닌 집행유예의 판결도 해고

---

33 대법원 2008.7.10. 2007두22398 참조

사유로 삼을 수 있다.[34]

그런데, 보통 재판은 상당한 기간이 소요된다. 그렇기 때문에 사용자 입장에서는 재판 결과를 기다리기 전에 해당 근로자와의 근로관계를 종료하는 것이 유익하다고 판단할 것이다. 그러나 무죄추정의 대원칙 하에서 판결이 나기도 전에 해고하는 것이 타당한가 하는 우려도 있다. 미확정 판결 이전에 판결 자체가 나기 전, 즉 수사기관의 조사 단계나 재판 과정에서도 해당 근로자를 해고할 수는 있다.[35] 범죄 혐의를 받는 근로자의 행위 자체가 사용자 입장에서 고용관계를 존속할 수 없는 사유로 인정될 수 있기 때문이다. 사용자는 공적인 수사와 재판과는 별개로 자체적으로 소속 직원의 비위행위를 조사할 수 있고 이에 관해 판단(말하자면 회사의 판결)을 내릴 수 있다. 유죄판결 전에도 해고할 수 있으므로, 1심 판결 후 항소하는 경우처럼 미확정 판결 상태에서도 물론 해고할 수 있다. 역시, 형사처벌이 아닌 '행위 자체'를 문제 삼거나, 구속 등으로 인한 '근로제공의무 불이행'을 해고 사유로 삼으면 된다. 아래의 표로 요약할 수 있다.

<표12> 형사처벌 & 해고 사유

형사사건 평가	해고 사유에 포함되는 형사처벌의 범위
회사의 명예 훼손, 직장의 질서 저해	집행유예 판결도 포함
'행위 자체'가 근로관계 유지가 어려울 정도의 해고 사유에 해당	유죄판결 전도 포함 (경찰·검찰의 수사 단계 포함)

[사생활] '원칙과 예외의 틀'을 적용하면 된다. 사생활의 비행은 원칙적으로 징계사유가 될 수 없다. 다만, 그것이 사업 활동에 직접 관련

---

34 대법원 1997.9.26. 97누1600; 서울행정법원 2001.2.16. 2000구28939 참조
35 대법원 2003.6.13. 2003두1042 등 참조

이 있거나 기업의 사회적 평가를 훼손할 염려가 있다면 정당한 징계사유가 될 수 있고,[36] 비행의 정도가 심하다면 해고도 가능하다.

③ 경영상 해고

"긴박해도 일단 회피하라. 공정하게 선정 · 협의하라"

경영상 해고는 사용자가 경영상의 필요가 있는 경우 기업의 유지를 위해 시행하는 해고이다. 경영상 해고 후 2년(과반수 노조 또는 근로자 과반수 대표 동의 시 6개월) 이내에 해당 업무에 파견근로자를 사용해서는 안 되고(파견법 제16조제2항, 동법 시행령 제4조), 3년 이내에 해고된 근로자가 해고 당시 담당했던 업무와 같은 업무를 할 근로자를 채용하려면 해고된 근로자가 원하면 그 근로자를 우선하여 고용해야 한다(근로기준법 제25조). 경영상 해고의 요건은 다음과 같다.

[긴박한 경영상의 필요성(근로기준법 제24조제1항)**]**　　일정 인원을 해고하여 인건비를 감축하지 않으면 회사 생존에 위기가 발생할 것이 합리적으로 예상되어야 한다.[37] '긴박한'이라고 하여 반드시 현재 위기가 벌어지고 있을 필요는 없고, 장래에 올 수도 있는 위기에 미리 대처하기 위하여 인원 감축의 필요성이 합리적으로 인정되는 경우도 그 범주에 포함된다.[38] 입증책임은 사용자에게 있으며, 경영상 해고 당시의 사정을 기준으로 판단하는데, 해고 당시는 해고회피 조치를 취할 시점부터 해고할 시점까지의 기간이다.[39] 따라서, 해고 이후에 경영이 개선되었다고 하더라도 경영상 해고는 정당할 수 있다. 판례는 결손이 발생하지 않아도 긴

36　이철수, 노동법, p.342; 대법원 1994.12.13. 93누23275

37　대법원 1990.3.13. 89다카24445

38　대법원 2013.6.13. 2011다60193

39　대법원 2008.11.27. 2008두16711

박성을 인정하기도 하고, 자본잠식이 있더라도 긴박성을 부정하기도 한다.[40] 손익계산서나 자산상태표와 같은 재무제표가 절대적 기준이 아니라는 뜻이다.[41]

[해고회피노력(제2항)]　해고회피노력은 사용자가 해고를 최소화하기 위하여, 작업방식의 합리화, 신규채용의 중단, 전근, 일시 휴직, 희망퇴직 등의 가능한 조치를 취하는 것을 의미한다.[42] 노력의 종류에 관하여 모든 사업장에 일률적으로 적용되는 기준을 정할 수는 없고, 해당 사업장에서 취할 수 있는 가능한 범위의 각종 해고회피 수단을 충분히 사용해야 한다. 경영상 해고 이후 잔여 직원에 대한 임금 인상이나 승진이 있었다고 하여 해고회피노력을 부정할 수는 없다.[43]

[합리적이고 공정한 해고 대상자 선정(제2항)]　회사에 대한 기여도, 근로자의 사정 등을 고려하여 단기근속자, 성과가 저조한 직원, 부양가족이 적은 직원 등을 먼저 선정하는 것은 공정성이 인정되나, 장기근속자, 직급이 낮은 직원 등을 먼저 선정하는 것은 공정성이 인정되기 어렵다. 직급이 낮은 직원은 근무기간이 짧은 경우가 많으나 반드시 그런 것은 아니므로 단기근속자와는 구별해야 한다. 또한, 남녀의 성을 이유로 차별해서는 안 된다.[44]

40　대법원 1995.11.24. 94누10931 등 참조

41　[관련 판례] 아파트입주자대표회의가 경비업무를 위탁관리로 변경하기로 한 후 수탁업체로의 고용승계를 거부한 자를 해고한 것은 긴박한 경영상의 필요성이 인정된다(대법원 2024.5.30. 2020두47908 참조)

42　대법원 1992.12.22. 92다14779

43　대법원 2007.2.9. 2006두18812

44　[관련 판례] 해고 대상자 선정기준은 단체협약이나 취업규칙 등에 정해져 있는 경우라면 특별한 사정이 없는 한 그에 따라야 하고, 만약 그러한 기준이 사전에 정해져 있지 않다면 근로자의 건강상태, 부양의무의 유무, 재취업 가능성 등 근로자 각자의 주관적 사정과 업무능력, 근무성적, 징계 전력, 임금 수준 등 사용자의 이익 측면을 적절히 조화시키되, 근로자에게 귀책사유가 없는 해

[근로자대표에 대한 사전통보 및 성실한 협의(제3항)] 해고회피의 방법과 해고의 기준 등에 관하여 그 사업(장)의 과반수 노조 또는 근로자의 과반수 대표자에게 해고하려는 날의 50일 전까지 통보하고 성실하게 협의해야 한다. 30일 전의 해고예고 기간을 준수하지 못해도 해고 자체는 유효한 것과 마찬가지로, 50일의 통보 기간은 효력요건은 아니어서 이를 준수하지 못해도, 시간이 부족했다는 특별한 사정이 없고 그 밖의 요건을 충족했다면 경영상 해고는 유효하다.[45]

경영상 해고 계획의 신고(근로기준법 제24조제4항, 동법 시행령 제10조)

사용자는 1개월 동안에 아래의 인원을 해고하려면 최초로 해고하려는 날의 30일 전까지 고용노동부장관에게 해고의 사유·인원·일정·근로자대표와 협의한 내용을 신고하여야 한다.
1. 상시근로자 수 99명 이하: 10명 이상
2. 상시근로자 수 100명 이상 ~ 999명 이하: 10% 이상
3. 상시근로자 수 1,000명 이상: 100명 이상

고임을 감안하여 '사회적·경제적 보호의 필요성'이 높은 근로자들을 배려할 수 있는 합리적이고 공정한 기준을 설정해야 한다(대법원 2021.7.29. 2016두64876)
45 대법원 2003.11.13. 2003두4119

<표13> 해고 유형별 비교 REVIEW

구분		통상해고	징계해고	경영상 해고
해고 사유		근로자의 문제로 장래에도 의무이행 곤란	근로자의 과거 비위행위	사용자의 긴박한 경영난
요건	실체	사회통념상 근로관계 유지가 어려울 정도로 책임 있는 사유가 근로자에게 존재		* 긴박한 경영상 필요
	절차	규정 존재 시 준수	징계 절차 준수 (소명 기회 부여 등)	* 해고회피노력 * 합리적이고 공정한 대상자 선정 * 근로자대표에 50일 전 통보 및 성실협의
공통 제한	절차	[해고예고] 최소한 30일(역법상 기준으로 휴일·휴가 등 포함) 전 예고 – 해고 시점을 근로자가 알 수 있는 방법으로 예고(말로 예고 가능) – 해고예고를 하지 않아도 정당한 이유가 있으면 해고는 유효 [서면통지] – 해고 **사유**와 해고 **시기**를 서면으로 통지해야 함(시용에도 적용) – 해고 사유·시기를 서면으로 예고 시 서면통지 간주		
	시기	근로자가 업무상 부상 또는 질병의 요양을 위하여 휴업한 기간과 그 후 30일 동안 또는 산전·산후의 여성이 법에 따라 휴업한 기간과 그 후 30일 동안은 해고 금지 – 다만, 일시보상 실시 또는 사업을 계속할 수 없게 된 경우에는 가능		

부당해고 구제 절차

해고처분일로부터 3개월 내에 지방노동위원회에 구제신청 → 지방노동위원회의 조사·심문·판정 → 불복 시 10일 내에 중앙노동위원회 재심 신청 → 불복시 15일 내에 행정법원에 행정소송(근로기준법 제28조제2항, 제31조)[46]
* 폐업하거나 근로계약기간이 만료되면 구제신청의 이익을 인정하지 않으나, 위장폐업이거나 근로계약 갱신에 대한 정당한 기대권이 있으면 인정[47]
* 부당해고뿐 아니라, 부당한 휴직, 정직, 전직, 감봉, 그 밖의 징벌에 대해서도 마찬가지로 노동위원회에 구제신청 가능(제23조, 제28조제1항)

부당해고와 손해배상(위자료)

부당해고로 인정되어도 바로 민법상 불법행위가 성립하는 것은 아니고, 해고 사유가 전혀 아닌데도 해고하는 등 사용자의 고의·과실이 인정되는 경우에 불법행위가 성립하여, 이에 따른 정신적 고통에 대한 손해배상(위자료) 청구도 가능하다.[48]

---

46 [집행부정지] 노동위원회의 구제명령, 기각결정 또는 재심판정은 중앙노동위원회에 대한 재심 신청이나 행정소송 제기에 의하여 그 효력이 정지되지 아니한다(근로기준법 제32조)
47 대법원 2005.7.8. 2002두8640 등
48 대법원 1996.4.23. 95다6823

3 당연퇴직

(1) 개요

　당연퇴직은 앞서 서술한 바와 같이 어떤 사유가 발생하면 사용자의 특별한 조치 없이도 당연히 근로관계가 종료되는 것을 의미한다. 정년의 도래, 당사자의 사망 등으로 인한 자동소멸은 논외로 하고, 여기서는 기간의 만료에 의한 퇴직을 서술하고자 한다. 기간을 정하여 근로계약을 맺은 경우 기간이 만료되면 사용자의 특별한 조치 없이도 근로관계는 당연히 종료한다. 계약기간에만 근로관계를 유지하겠다는 것이 기간제 근로계약의 취지이므로 갱신 거절을 서면으로 알릴 필요가 없을 뿐만 아니라 특별한 의사표시도 필요하지 않다. 여기까지는 원칙이다. 이제 다시 '원칙과 예외의 틀'을 가동한다. 기간이 만료되었음에도 불구하고 계약을 갱신할 수 있는데, 이러한 갱신이 장기간 지속해서 반복하여 이루어졌다면 어떨까? 한두 번 계약이 갱신되었다고 앞으로도 계속 갱신되리라고 기대한다면 이는 상식적인 기대는 아니겠지만 여러 차례 반복하여 갱신되었다면 앞으로도 그러리라는 기대를 충분히 할 수 있다. 물론, 일용직처럼 그 특성상 반복적인 갱신이 불가피한 경우는 해당하지 않는다. 판례는 기간제 근로계약이 장기간 반복하여 갱신됨으로써 '계약기간이 단지 형식에 불과'하다는 사정이 인정된다면 사실상 기간의 정함이 없는 근로계약을 맺었다고 보고, 사용자가 정당한 이유 없이 갱신을 거절하면 이는 해고에 해당한다고 보았다.[49]

---

49 대법원 2013.1.14. 2011두24361

다만, 근로계약이 여러 차례 갱신되었다고 해서 바로 기간의 정함이 없는 근로자로 인정하는 것이 아니라 계약 내용, 체결 동기, 당사자의 진의 등을 종합적으로 고려해서 판단한다.[50] 이와 관련하여 갱신기대권이라는 개념을 살펴볼 필요가 있다.

근로관계의 단절 후 신규 채용 vs. 근로계약의 전환

판례에 의하면, 기존 기간제 근로계약의 단순한 반복 또는 갱신이 아닌 새로운 근로관계가 형성되었다고 평가할 수 있는 특별한 사정이 있는 경우에는 근로자의 계속된 근로에도 불구하고, 새로운 근로관계가 형성되었다고 평가할 수 있는 그 시점에 근로관계가 단절되기 때문에, 기간제법상 계속근로기간을 산정할 때 그 시점을 전후한 기간을 합산할 수 없고,[51] 회사의 갑작스러운 사정으로 한 달간 근무한 뒤 '공개채용 절차를 거쳐' 2년을 근무한 경우 최초에 임시로 근무한 한 달은 기간제법상 계속근로기간에 포함되지 않는다.[52] 물론 이는 실질적으로 신규채용이어야 하고 채용이 형식적이라면 전후 기간이 계속근로기간으로 인정될 수 있다. 신규채용과 비교할 것으로, 계약직으로 근무하다가 무기계약직 또는 정규직으로 '전환'한 경우에는 계약직으로 근무한 기간까지 포함하여 계속근로기간을 인정한다.[53]

---

50 대법원 2007.7.12. 2005두2247
51 대법원 2020.8.20. 2018두51201
52 대법원 2020.8.27. 2017두61874 참조
53 대법원 전원합의체 1995.7.11. 93다26168 참조

(2) 갱신기대권

① 요건

"반복되는 갱신에 믿음이 생겼다면"

> **사례**
>
> 공공기관에서 실시하는 청소년 상담사업에 참여하고 있는 기간제 근로자 A 는 3개월의 최초 계약기간이 만료된 후 네 차례 계약이 갱신되었다. 계속해서 근무할 수 있을 것으로 기대하고 있던 A의 계약은 그 후 더 이상 갱신되지 않 았다. A는 인사담당자 B를 찾아가서 어찌 된 일인지 물었다. B는 사업이 종료 될 예정이라고 짤막하게 답변했다. B는 갱신기대권이라는 말을 들은 적이 있 어서 본인도 이를 주장할 수 있지 않을까 생각해 보았다.

앞서 기간제 근로계약은 기간의 만료에 따라 종료되는 것이 원칙이나 근로계약이 갱신되리라는 정당한 기대가 인정되는 경우에는 합리적인 이유가 없는 갱신 거절을 부당해고에 준하여 봄으로써 그러한 근로자의 기대를 보호해야 한다고 하였다. 갱신기대권은 법률이 아닌 판례에 의해 형성된 개념으로 판례는 근로계약이나 취업규칙 등에 갱신에 관한 규정 등 '근거'를 두거나 갱신의 신뢰관계가 형성된 경우에는 정당한 갱신기 대권을 인정하는 태도를 취하고 있다.[54] 그런데, 규정 등에 '어떠한 요건 을 충족하면 갱신'한다는 내용이 아니라 단지 계약갱신에 대한 '심사를 할 수 있다'는 정도의 내용이 기재되어 있다면 이를 근거로 갱신기대권 을 주장할 수는 없다. 이는 사용자의 재량에 의해 갱신 여부를 결정하겠 다는 취지이므로 근로자의 갱신기대권과 양립할 수 없다. 규정에 그렇게

---

54 대법원 2011.4.11. 2007두1729; 대법원 2016.11.10. 2014두45765

기재되어 있는 경우뿐만 아니라 실제로 사용자가 재량에 의해 갱신 여부를 결정해 왔거나, 갱신거절 사례가 다수 있는 경우라면 근로자에게 갱신기대권을 인정할 수 없다.

② 갱신기대권이 인정되나 갱신거절에 합리적 사유가 있는 경우

기간제 근로자 입장에서는 갱신기대권을 인정받으면 일단은 근로계약이 갱신될 가능성이 보이게 된다. 그러나, 한 가지 관문을 더 넘어야 하는데, 사용자의 갱신거절에 합리적 사유가 없어야 한다. 일반적인 해고의 경우에는 '정당한' 이유를 요구하나 갱신거절의 경우에는 이보다 완화된 '합리적' 이유를 요구한다.[55] 해고는 지속되고 있는 고용관계를 단절하는 것이고, 갱신거절은 기간이 도래한 계약을 그대로 종료시키는 것이므로 덜 엄격한 요건을 적용한다. 갱신거절의 합리적 사유가 있는지에 대한 판단은 결국 '평가'를 제대로 했느냐가 관건이다. 이때 평가는 업무 자체에 대한 평가와 해당 근로자에 대한 평가가 있다. 즉, 업무의 지속성에 대한 평가 및 해당 근로자의 적격성에 대한 평가가 합리적이어야 한다. 업무의 지속 필요성에 대한 심사를 생략한다거나 해당 근로자가 수년째 좋은 평가를 받다가 명확한 근거도 없이 갑자기 최하의 평가를 받는다거나 평가에 대한 이의제기의 기회를 부여하지 않는 등의 경우는 갱신거절의 합리적 사유를 인정하기 어렵다.

사례에서, 업무의 지속 필요성에 대한 심사를 통해 사업의 종료가 합리적으로 결정되었다면 근로자 A는 근로계약의 갱신을 주장할 수 없다.

이와 같은 갱신은 말 그대로 (다시 '更', 새로울 '新') 기존 계약을 다시 새롭게 하는 개념이지, 기간제 근로계약을 기간의 정함이 없는 근로계약으

---

55 대법원 2019.10.31. 2019두45647 참조

로 질적으로 전환하는 것을 의미하지 않는다. 물론 갱신에 대한 근거가 아닌 무기계약 전환에 대한 근거 규정이 있거나, 무기계약 전환의 신뢰가 형성되었다면 근로자는 갱신을 넘어 무기계약으로 전환될 수 있다.[56]

직권면직

해고, 당연퇴직과 비교해야 할 개념으로 직권면직이 있는데, 이는 취업규칙 등에서 정한 사유가 발생했을 때, 사용자가 '일방적으로' 근로관계를 종료하는 것을 의미한다. 당연퇴직은 일정한 사유의 발생만으로 소정의 날짜에 '당연히' 근로관계가 종료하는 것이고 직권면직은 사용자의 면직 조치가 필요하다. 어떤 사유를 당연퇴직이나 직권면직 사유로 정했더라도, 그 사유가 '자동 소멸 사유가 아닌 한' 그러한 처분은 근로기준법상 해고로 본다.[57] 따라서, '정당한 이유'가 있어야 한다.

---

56 대법원 2016.11.10. 2014두45765 참조
57 대법원 2009.2.12. 2007다62840

4 실업급여

(1) 개요

고용보험사업으로 실업급여, 고용안정·직업능력개발사업, 육아휴직
급여 및 출산전후휴가 급여 등을 실시한다.[58] 고용보험법상 실업급여는
구직급여와 취업촉진 수당[59]으로 구분한다. 구직급여는 이직일의 다음
날부터 12개월 내에서, 이직 전 3개월간 평균임금의 60%를 지급하는
데,[60] 지급기간은 피보험기간과 연령·장애 여부를 기준으로 120일에서
270일이다.(고용보험법 제4조, 제37조, 제46조, 별표1)

---

58 고용보험법은 총공사금액 2천만 원 미만인 공사, 연면적 100㎡ 이하의 건축 또는 200㎡ 이하의
대수선공사(건설사업자 등이 시공하지 않는 공사), 가구 내 고용 및 자가소비 생산을 제외하고 모
든 사업(장)에 적용된다(농업·임업 및 어업 중 법인이 아닌 자가 상시 4명 이하의 근로자를 사용
하는 사업에도 적용되지 않았으나 2024.7.1.부로 적용)(고용보험법 시행령 제2조제1항)

59 취업촉진 수당에는 조기재취업 수당, 직업능력개발 수당, 광역 구직활동비, 이주비가 있다 / 조기
재취업수당은 실업의 신고일부터 14일이 지난 후 재취업한 수급자격자가 재취업한 날의 전날을
기준으로 소정급여일수를 1/2 이상을 남긴 경우(12개월 이상 계속하여 고용·사업 또는 이직일
당시 65세 이상자가 6개월 이상 계속하여 고용·사업)에 구직급여일액에 미지급일수의 1/2을 곱
한 금액을 지급하는 수당이다(고용보험법 시행령 제84조, 제85조)

60 구직급여의 산정 기초인 기초일액(마지막 이직 당시 평균임금)의 상한액은 11만 원이고(고용보
험법 시행령 제68조제1항), 이에 따라 구직급여일액의 상한액은 그 60%인 66,000원이다. 기초
일액이 최저기초일액(그 수급자격자의 이직 전 1일 소정근로시간에 이직일 당시 적용되던 시간
단위 최저임금액을 곱한 금액)보다 낮은 경우에는 최저기초일액을 기초일액으로 하고(고용보험
법 제45조제4항), 그 80%를 최저구직급여일액으로 한다(제46조제1항제2호). 2024년 기준으
로 최저기초일액은 78,880원이고, 이에 따라 최저구직급여일액은 63,104원이다
예술인, 노무제공자는 이직 전 '12개월간' 평균보수의 60%를 지급한다. 취업이 특히 곤란하고
생활이 어려운 구직자에게 구직급여의 70%를 60일간 연장하여 지원할 수 있고(개별연장급여),
직업능력개발이 필요하다고 인정되어 직업안정기관장이 훈련을 받도록 지시한 경우 구직급여의
100%를 최대 2년간 연장하여 지원할 수 있으며(훈련연장급여), 실업의 급증 등 일정한 사유가
발생한 경우에 구직급여의 70%를 60일간 연장하여 지원할 수 있다(특별연장급여)(고용보험법
제45조, 제51조~제53조)

(2) 구직급여 수급요건

구직급여를 수급하려면, ① 이직일 이전 18개월 동안에 피보험 단위기간이 합산하여 180일 이상[61]이고, ② 근로의 의사와 능력이 있음에도 불구하고 취업(영리 목적의 사업 포함)하지 못한 상태에 있어야 하고,[62] ③ 근로자의 중대한 귀책사유 등 수급자격의 제한 사유에 해당하지 않아야 하고, ④ 재취업을 위한 노력을 적극적으로 해야 하고, ⑤ 수급자격 인정 신청일이 속한 달의 직전 달 초일부터 수급자격 인정신청일까지의 근로 일수의 합이 같은 기간 총 일수의 1/3 미만이거나, 건설일용근로자로서 수급자격 인정신청일 이전 14일간 연속하여 근로내역이 없어야 한다(고용보험법 제40조).

---

61 예술인은 이직일 이전 24개월 동안의 피보험 단위기간이 통산하여 9개월 이상이어야 하고, 노무 제공자는 12개월 이상이어야 한다(고용보험법 제77조의3제1항, 제77조의8제1항)

62 실업인정대상기간에 취업하면 직업안정기관의 장에게 신고해야 한다(고용보험법 제47조제1항). [취업으로 보는 경우] ① 1개월간의 소정근로시간 60시간 이상(주 15시간 이상 포함), ② 3개월 이상 계속근로, ③ 일용근로자 · 단기예술인 · 단기노무제공자로서 근로(노무) 제공, ④ 근로 제공의 대가로 구직급여일액 이상 수령, ⑤ 월평균소득 50만 원 이상의 문화예술용역 관련 계약, ⑥ 월보수액 80만 원 이상의 노무제공계약, ⑦ 가업에 종사하거나 타인의 사업에 근로를 제공하여 다른 사업에 상시 취직 곤란, ⑧ 세법에 따른 사업자등록(실제 사업 영위), ⑨ 그 밖에 사회통념상 취업으로 인정되는 경우이다(고용보험법 시행규칙 제92조). 취업 기간만큼 소정급여일수에서 제외한다

1. 아래의 사유가 이직일 전 '1년 이내에 2개월 이상' 발생한 경우
① 실제 근로조건이 채용 시 제시된 근로조건이나 채용 후 일반적으로 적용받던 근로조건보다 저하, ② 임금체불, ③ 소정근로에 대하여 지급받은 임금의 최저임금 미달, ④ 연장근로의 제한 위반, ⑤ 휴업수당으로 휴업 전 평균임금의 70% 미만 수령
2. 불합리한 차별대우, 성적인 괴롭힘, 직장 내 괴롭힘, 경영상 이유에 의한 권고사직·희망퇴직, 통근 곤란(3시간 이상), 가족 간호(30일 이상, 휴가·휴직 불허 시) 중대재해 시정명령의 미시정으로 재해 위험 노출, 체력의 부족 등으로 업무수행 곤란(업무전환·휴직 불허 & 의사 소견서·사업주 의견 등에 의한 객관적 인정), 임신, 출산, 육아, 의무복무(휴가·휴직 불허 시), 사업 내용의 법 위반, 정년 도래, 계약기간의 만료 등

(3) 권고사직 & 구직급여

권고사직은 비록 근로자가 사직서를 제출하는 형식이지만 해당 근로자는 실업급여를 수령할 수 있는데, 모든 권고사직의 경우에 실업급여를 수급할 수 있는 것은 아니다. 경영상 해고 사유가 있거나 근로자에게 경미한 잘못이 있을 때 권고사직을 하는 경우에는 근로자가 실업급여를 수급할 수 있으나, 근로자에게 중대한 잘못이 있거나, 해고 사유가 없음에도 불구하고 권고사직 처리를 하였다면 실업급여를 수급할 수 없다. 아래와 같이 조망할 수 있다.

---

63 고용보험법 시행규칙 제101조제2항 [별표2] 주요 내용

\<표14\> 권고사직 & 구직급여

구분		'해고 대체형' 권고사직			※ 비고 (의원면직 대체형)
사유	사유	사용자의 사정	경미한 잘못	중대한 잘못	의원면직이지만 권고사직 처리
	예시	조직축소, 실적악화, 인사적체 등	근무태만 등	금고 이상의 형, (정당한 이유 없이) 장기간 무단결근, 사업에 막대한 지장 또는 재산상 손해	근로자가 실업급여를 수급할 수 있도록 사 용자가 이직 사유를 권고사직으로 하여 상실신고
구직급여		가능	가능	**불가**	**부정수급 적발 가능**[64]

주) 고용보험법 제58조 등 참조

---

64 [적발 시 제재] 수급액 환수 및 2~5배 추가 징수, 5년 이하 징역 또는 5천만 원 이하 벌금의 형사
처벌(고용보험법 제62조, 제116조)

14

임금채권 보장 및 퇴직급여

14

임금채권 보장 및 퇴직급여

1 임금채권보장제도

기업이 임금을 체불하는 경우 국가가 대신하여 임금의 일정액을 근로자에게 지급하는데, 이를 대지급금[1]이라고 한다. 대지급금은 산재보험법이 적용되는 상시근로자 1인 이상의 사업 또는 사업장에 적용되고, 민간기업과 같은 도산 상황을 상정하는 것이 적절치 않은 국가 및 지방자치단체에는 적용되지 않는다. 주요 내용은 다음과 같다(임금채권보장법 제7조, 제7조의2 및 동법 시행령 제7조, 제9조 참조).

(1) 도산 대지급금

① 지급요건

도산 대지급금은 파산 등 '도산'의 경우에 '퇴직자'에게 지급하는 대지급금이다. 도산 대지급금을 신청할 수 있는 요건은 사업주에 관한 요건과 근로자에 관한 요건이 있다. 사업주에 관한 요건으로, 사업이 6개월

---

1 과거에는 체당금이라고 하였다

이상 진행되어야 하고, 상시근로자 수가 300인 이하이어야 하고, 도산이 발생해야 한다. 도산은 파산이나 회생개시와 같은 법원에 의한 재판상 도산 또는 고용노동청의 '도산 등 사실인정'을 의미한다. 도산 등 사실인정이란 근로자의 청구에 의해 고용노동청이 이를 도산으로 인정해 주는 제도이다. 사업이 폐지되었거나 폐지 절차에 들어갔고, 사업주가 임금을 지급할 능력이 없는 경우에 인정할 수 있다. 근로자에 관한 요건으로서, 사유발생일의 1년 전이 되는 날 이후부터 3년 이내에 당해 사업 또는 사업장에서 퇴직한 근로자이어야 한다.

② 지급금액

최종 3월분의 임금 및 최종 3년간의 퇴직급여이다. 최종 3개월 동안에 휴업한 경우라면 원래의 임금 대신 휴업수당, 출산전후휴가 중이면 출산휴가기간 중 급여가 지급금액이다. 지급금액은 나이에 따라, 다르고 40대가 가장 많은데, 상한액은 2,100만 원이다.[2]

(2) 간이 대지급금

① 지급요건

간이 대지급금이란 고용노동부의 체불 금품 확인을 받거나 체불에 대한 법원의 확정판결 등을 받았을 때 일반 대지급금과 달리 회사의 '도산 여부와 상관없이' 신청이 가능한 대지급금이다. 간이 대지급금은 도산 대지급금과는 달리 퇴직자뿐만 아니라 '재직 중인 근로자도' 신청할

---

2   고용노동부 고시 2021-8호 참조 / 고시에 의하면, 고용노동부장관은 「훈령·예규 등의 발령 및 관리에 관한 규정」에 따라 이 고시에 대하여 시행일을 기준으로 매 3년이 되는 시점마다 그 타당성을 검토하여 개선 등의 조치를 하여야 한다

수 있다.

간이 대지급금을 신청할 수 있는 요건도 역시 사업주에 관한 요건과 근로자에 관한 요건으로 구분한다. 먼저, 사업주에 관한 요건으로서, 역시 6개월 이상 당해 사업을 유지해야 한다. 퇴직자가 신청하는 경우 해당 근로자의 퇴직일까지 6개월 이상 사업을 영위한 사업장이어야 하고, 재직자인 경우 소송 또는 진정 등을 제기한 날 이전 맨 나중의 임금 등 체불이 발생한 날까지 6개월 이상 사업을 영위한 사업장이어야 한다. 사업의 지속과 관련한 '6개월' 요건은 일반 대지급금과 동일하다. 근로자에 관한 요건으로서, 퇴직자인 경우 퇴직일의 다음 날부터 2년 이내 판결 등 집행권원을 신청하거나 1년 이내 진정 등을 제기한 근로자이어야 하며, 재직자[3]인 경우 맨 나중의 임금 등 체불이 발생한 날의 다음 날부터 2년 이내 소송을 제기하거나 1년 이내 진정 등을 제기하고, 맨 나중의 임금 등의 체불 발생 당시 시간급으로 계산한 통상임금이 최저임금의 110% 미만인 근로자이어야 한다.

② 지급금액

도산 대지급금과 마찬가지로 최종 3월분의 임금(또는 휴업수당, 출산전후휴가 중 급여), 최종 3년간의 퇴직급여이다. 지급 상한액은 임금 최대 700만 원, 퇴직급여 최대 700만 원, 합계 최대 1,000만 원이다(고용노동부 고시 제2021-8호).

---

3   소송·진정 제기 당시 해당 사업주와의 근로계약이 종료되지 않은 자(근로계약기간이 1개월 미만인 일용근로자는 제외)

<표15> 대지급금 요건 비교 REVIEW

구분	도산 대지급금	간이 대지급금
사업주 요건	- 6개월 이상 사업 유지 - 상시근로자 수가 300인 이하 - 지급사유(파산, 회생개시, 도산 등 사실인정) 발생	- 6개월 이상 사업 유지 [퇴직자가 신청 시] 해당 근로자의 퇴직일까지 6개월 이상 사업 영위 [재직자가 신청 시] 소송 또는 진정 등을 제기한 날 이전 맨 나중의 임금 등 체불이 발생한 날까지 6개월 이상 사업 영위
근로자 요건	- 사유발생일의 1년 전이 되는 날 이후부터 3년 이내에 당 해 사업장에서 '퇴직한' 근 로자	[퇴직자가 신청 시] 퇴직일의 다음 날부터 2년 이내 판결 등 집행권원 신청 또는 1년 이내 진정 등 제기 [재직자가 신청 시] 맨 나중의 임금 등 체불이 발생한 날의 다음 날부터 2년 이내 소송 제기, 또는 1년 이내 진정 등 제기 & 맨 나중의 임금 등의 체불 발생 당시 시간급으로 계산한 통상임금이 최저임금의 110% 미만

(3) 대지급금 관련 유의사항

① 우선변제권 & 대위

대위(代位)란 제삼자가 다른 사람의 법률적 지위를 대신하여 그가 지닌 권리를 얻거나 행사할 수 있는 것을 의미한다.[4] 근로복지공단이 근로자에게 대지급금을 지급하면 그 지급한 금액의 한도에서 그 근로자가 해당 사업주에 대하여 미지급 임금 등을 청구할 수 있는 권리를 공단이 대위하는데, 공단은 근로자가 사업주의 재산에 대하여 가졌던 우선변제권

---

4 국립국어원 표준국어대사전

을 그대로 행사할 수 있다. 즉, 임금채권우선변제권은 대위되는 권리에 존속한다(임금채권보장법 제8조).

② 양도·담보 금지 등

대지급금 수급권은 타인에게 양도, 압류, 담보로 제공할 수 없다. 다만, 수급권자가 질병에 걸리거나 부상을 당한 경우 가족에게 수령을 위임할 수는 있다(임금채권보장법 제11조의2). 앞서 미성년자는 임금을 독자적으로 청구할 수 있다고 하였는데, 대지급금도 독자적으로 청구할 수 있다.

'최종 3개월분의 임금 ~'을 다른 곳에서도 본 것 같은데?

국가가 대신 지급하는 대지급금의 지급금액인 최종 3월분의 임금 및 최종 3년간의 퇴직급여와 비교할 사항이, 사용자의 총재산에 대하여 질권·저당권 등에 따라 담보된 채권이나 조세·공과금 및 다른 채권에 우선하여 변제해야 한다는 '최우선변제권'이 인정되는 대상인 '최종 3월분의 임금·재해보상금'이다(근로기준법 제38조).

<변제 순위>
1순위: 최종 3월분의 임금, 재해보상금
2순위: 질권·저당권 등 담보권에 우선하는 조세·공과금
3순위: 질권·저당권 등 담보권에 따라 담보된 채권
4순위: 1순위를 제외한 임금, 재해보상금, 그 밖에 근로관계로 인한 채권
5순위: 조세·공과금, 일반채권

---

2 퇴직급여

(1) 개요

퇴직급여제도는 퇴직금제도과 퇴직연금제도로 구분하고, 그중 퇴직연금은 퇴직급여의 수준이 사전에 확정된 확정급여형(DB: Defined Benefit)과 사용자의 부담금이 사전에 확정된 확정기여형(DC: Defined Contribution)으로 구분한다(퇴직급여법 제2조). 퇴직급여법에 따라, 사용자는 퇴직급여 제도 중 하나 이상의 제도를 설정하여야 한다. 다만, 계속 근로기간이 1년 미만인 근로자, 4주 동안을 평균하여 1주 동안의 소정근로시간이 15시간 미만인 근로자에 대해서는 설정할 의무가 없다(퇴직급여법 제4조).

사용자가 퇴직급여제도나 개인형퇴직연금제도(IRP)를 설정하지 아니한 경우에는 '퇴직금제도'를 설정한 것으로 본다(제11조). 상시 10인 미만의 근로자를 사용하는 사용자가 개별 근로자의 동의나 요구에 따라 개인형퇴직연금제도를 설정하는 경우에는 해당 근로자에 대하여 퇴직급여제도를 설정한 것으로 본다(퇴직급여법 제25조). 퇴직급여법 시행일(2012년 7월 26일) 이후에 합병·분할을 제외하고 '새로 성립된' 사업은 사업의 성립 후 1년 이내에 퇴직금이 아닌 퇴직연금제도를 설정해야 하나, 퇴직연금제도를 설정하지 아니하더라도 제재는 없고 퇴직금제도를 설정한 것으로 본다(퇴직급여법 제5조, 제11조).

퇴직금과 확정급여형(DB) 퇴직연금은 평균임금을 기준으로 사용자의 부담과 퇴직급여액을 산출하는데, 월의 중간에 퇴직하고도 해당 월의 임금 전액을 받은 경우에는 임금 전액이 아니라 퇴직일까지의 근로에 대한 임금 부분만 평균임금 계산에 반영한다.[5] 그렇지 않으면, 평균임금을 계

---

[5] 근로기준정책과-3395, 2021.10.26

산하는 분자와 분모의 산식에서 분모의 기간에 비해 분자인 임금이 과도하게 잡히기 때문이다.

> ## 개인형퇴직연금제도(IRP: Individual Retirement Pension Plan)
>
> 개인형퇴직연금제도란 가입자의 선택에 따라 가입자가 납입한 일시금이나 사용자 또는 가입자가 납입한 부담금을 적립·운용하기 위하여 설정한 퇴직연금제도로서 급여의 수준이나 부담금의 수준이 '확정되지 아니한' 퇴직연금제도를 말한다(퇴직급여법 제2조의10). 퇴직급여는 IRP 계좌로 수령한다.

[퇴직금 분할약정]　급여 속에 퇴직금을 포함하여 지급하는 퇴직금분할약정은 무효이고, 근로자는 수령한 퇴직금 명목의 금액을 부당이득으로 사용자에게 반환해야 하나,[6] 퇴직금 지급을 면탈할 목적으로 퇴직금분할약정의 형식만 취하여 실제로 임금과 구별되는 퇴직금 명목의 금액을 특정할 수 없는 경우에는 부당이득 반환의무가 없다.[7]

[퇴직급여제도 차등 금지]　퇴직급여제도를 설정하면서 하나의 사업에서 급여 및 부담금 산정방법의 적용 등에 관하여 차등을 두어서는 안 된다(퇴직급여법 제4조제2항). 근로자대표의 동의가 있는 경우 하나의 사업에 여러 종류의 퇴직급여제도를 운영해도 근로자가 선택할 수 있도록 한다면 차등 금지에 위반되지 않는다.[8] 신규입사자와 기존 근로자에게 각각 다른 퇴직연금제도를 적용하는 것도 가능하다. 다만, 동일한 조건 아래서 확정급여형퇴직연금의 급여나 확정기여형퇴직연금의 부담금에 대

6　대법원 전원합의체 2010.5.20. 2007다90760

7　대법원 2010.5.27. 2008다9150

8　퇴직급여보장팀-1090, 2007.3.15

해 차등을 둘 수 없다.

[퇴직급여제도 설정·변경 & 근로자 의사]　　퇴직급여제도를 '설정'하거나 다른 '종류'로 변경하려면 근로자대표의 동의가 필요하다(퇴직급여법 제4조제3항).[9] 또한, 퇴직급여제도의 '내용'을 근로자에게 '불리하게' 변경하려면, 취업규칙의 변경과 마찬가지로 근로자대표의 동의가 필요하다. 내용의 변경이 근로자에게 불리하지 않으면 근로자대표의 의견 청취로 족하다(제4항).

[퇴직급여와 상계]　　퇴직급여법 시행 전에, 사용자가 근로자에 대한 채권을 갖고 있는 경우 근로자의 자유로운 의사에 의한 동의가 있다면 근로자의 퇴직금채권과 상계할 수 있다는 판례[10]가 있었으나, 고용노동부는 퇴직급여법의 입법 취지를 고려할 때 상계는 제한된다고 본다.[11]

(2) 퇴직금제도

계속근로기간 1년에 대하여 30일분 이상의 평균임금을 퇴직하는 근로자에게 지급하는 제도이다(퇴직급여법 제8조). 퇴직금의 법적 성질에 대한 일반적인 견해는 재직 중에 적립하였던 임금을 퇴직 후에 지급할 뿐이라

9　이와 비교할 것으로, 취업규칙을 '작성'하거나 근로자에게 불리하지 않게 변경하는 경우 과반수 노조 또는 근로자 과반수의 '의견을 들어야' 한다

10　대법원 전원합의체 2010.5.20. 2007다90760

11　퇴직급여법에 사용자의 부담금 공제에 관한 규정이 없는 확정기여형 퇴직연금에서 상계는 허용되지 않고, 확정급여형 퇴직연금의 경우도 개인형퇴직연금 계정으로의 이전 예외 사유는 엄격히 해석해야 하는 점, 상계 허용 시 사실상 (법정 외) 중간정산 역할을 하는 점, 퇴직연금 급여를 받을 권리의 압류 등을 금지하는 점 등을 고려할 때 근로자의 동의가 있어도 상계는 제한된다(퇴직연금복지과-1808, 2022.4.22. 참조)

는 임금후불설을 취한다.[12]

[계속근로기간] 퇴직금은 계속근로기간을 기준으로 산정하기 때문에 계속근로기간의 의미를 정확히 이해하는 것이 중요하다. 계속근로기간은 근로계약의 체결 시부터 해지 시까지의 기간을 의미한다.[13] 실제 근로 여부와 무관하게 근로계약의 기간을 기준으로 판단하되, 근로계약이 반복하여 갱신되는 경우에는 전체기간을 계속근로기간으로 보고, 그 사이 전체기간에 비하여 업무의 성격에서 기인한 일시적이고 짧은 공백이 있더라도 계속근로기간에 포함한다.[14] 계속근로기간을 '사실상' 계속하여 근로한 기간으로 표현하면 맞지만, 이것이 '실제로' 근로를 해야만 계속근로기간으로 본다는 의미는 아니다. 정직기간, 직위해제기간, 결근기간도 계속근로기간에 포함된다.[15] 일용직도 계속근로가 인정될 수 있다.[16]

단체협약이나 취업규칙으로 재직기간의 일부를 퇴직금 산정의 기초가 되는 근속기간에서 제외할 수 없다.[17] 사용자의 승인 아래 시행하는 휴직도 계속근로기간에 포함하나, 단체협약 등으로 유학 등 개인적인 사정에 의한 휴직기간을 계속근로기간에서 제외할 수는 있다.[18]

---

12 대법원 2017.5.11. 2012다200486

13 퇴직급여 매뉴얼, 고용노동부 (2022) p.18

14 대법원 2019.10.17. 2016두63705; 대법원 2006.12.7. 2004다29736 참조

15 참고로, 이들 기간은 연차휴가일수 산정을 위한 출근율을 계산할 때 소정근로일수에는 포함하지만 출근일수에서 제외한다

16 형식상으로는 비록 일용직 근로자로 되어 있어도 일용 관계가 중단되지 않고 계속되어 온 경우에는 상용근로자로 본다. 최소한 1개월에 4, 5일 내지 15일 정도 계속해서 근무했다면 상근성을 충족한다(대법원 1995.7.11. 93다26168)

17 대법원 2007.11.29. 2005다28358

18 임금복지과-588, 2010.2.3

(3) 퇴직연금제도

① 확정급여형 & 확정기여형

확정급여형 퇴직연금은 퇴직하는 근로자가 받을 '퇴직급여 수준이 미리 정해진' 형태의 퇴직연금이다. 퇴직금과 같이 근속연수 1년당 30일분 이상의 평균임금을 지급한다. 사용자의 부담이 퇴직금과 같이 근속연수 1년당 30일분 이상의 평균임금이고, 적립금은 사용자가 운영하며, 부분적으로 사외적립을 한다. 확정기여형 퇴직연금은 '사용자의 부담분이 미리 정해진' 형태의 퇴직연금이다. 퇴직하는 근로자가 받을 퇴직급여 수준이 근로자 각자의 운용실적에 따라 달라진다. 사용자의 부담은 연간 임금총액의 1/12 이상으로 연 1회 이상 납부하고, 적립금은 근로자가 운영하며 전액 사외적립을 한다(퇴직급여법 제20조).

② 무엇이 근로자에게 유리한가

확정기여형 퇴직연금이 운용수익에 따라 퇴직급여의 크기가 달라지므로, 양 퇴직연금 중에 무엇이 더 근로자에게 금액면에서 유리한 제도인지는 일률적으로 말할 수 없다. 다만, 불확실한 운용수익을 "0"이라고 가정하고, 임금피크제 없이 근속연수에 따라 임금이 상승하는 구조라면 확정급여형 퇴직연금이 유리하다. 예를 들어, 3년 근무 후에 퇴직하는 근로자가 있을 때, 매년 임금총액의 1/12이 각각 300, 309, 318만 원이고, 퇴직 시점에서 계산한 평균임금의 30일분이 318만 원이라고 할 때, 확정급여형 퇴직연금에서는 평균임금의 30일분(318만 원)에 근속연수(3년)를 곱한 금액인 954만 원이 퇴직급여가 되고, 확정기여형 퇴직연금에서는 운용수익이 "0"이라고 가정하면 매년 임금총액의 1/12을 합산한 927만 원이 퇴직급여가 된다. 근로자 입장에서 안정적인 퇴직급여를 선호한다면 확정급여형 퇴직연금이 유리하고, 운용수익을 올리기를 원한다면 확정기여형 퇴직연금이 유리하다.

③ 중소기업퇴직연금 기금제도

중소기업퇴직연금 기금제도란 중소기업(상시 30명 이하의 근로자를 사용하는 사업에 한정) 근로자의 안정적인 노후생활 보장을 지원하기 위하여 둘 이상의 중소기업 사용자 및 근로자가 납입한 부담금 등으로 공동의 기금을 조성·운영하여 근로자에게 급여를 지급하는 제도를 말한다(퇴직급여법 제2조제14호). 중소기업의 고용주는 가입기간, 급여의 종류, 수급요건 등에 관하여 근로자대표의 동의를 얻거나 의견을 들어 근로복지공단과 계약을 체결함으로써 본 제도를 설정할 수 있다(제23조의6제1항). 중소기업퇴직연금 기금제도를 설정한 사용자는 매년 1회 이상 정기적으로 가입자의 연간 임금총액의 1/12 이상에 해당하는 부담금을 현금으로 가입자의 중소기업퇴직연금 기금제도 계정에 납입하여야 한다(제23조의7제1항).

<표16> 퇴직급여 비교

구분	퇴직금	퇴직연금	
		확정급여형(DB)	확정기여형(DC)
일시금/연금 여부	일시금	연금 또는 일시금	연금 또는 일시금
퇴직급여액	근속연수 1년당 30일분 이상의 평균임금	좌동	근로자의 운용실적에 따름
사용자의 부담	근속연수 1년당 30일분 이상의 평균임금	좌동	연간 임금총액의 1/12 이상
적립금 운용 주체	사용자	사용자	근로자
적립방식	사내적립	부분 사외적립	전액 사외적립

퇴직금 중간정산 & 계속근로기간

법정 용도에 해당하면 근로자는 중간정산을 신청할 수 있으나, 중간정산은 사용자의 의무가 아니라 재량이다(퇴직급여법 제8조제1항). 정산하면 계속근로기간이 단절되고, 향후 퇴직 시 정산 시점부터의 근속기간을 기준으로 퇴직금을 산정한다. 연차휴가, 승급 등 퇴직금 이외의 사안과 관련해서는 계속근로기간의 단절 없이 합산한다. 퇴직금은 1년 이상 근속하는 경우에 발생하지만, 중간정산 이후 퇴직금 산정을 위한 계속근로기간이 1년 미만이라도 1년간의 퇴직금에 비례하여 퇴직금을 지급한다.[19]

퇴직금 중간정산 신청 가능 사유

① 무주택자인 근로자가 본인 명의로 주택을 구입하는 경우, ② 무주택자인 근로자가 주거를 목적으로 전세금 또는 보증금을 부담하는 경우 (하나의 사업에 근로하는 동안 1회로 한정), ③ 6개월 이상 요양을 해야 하는 본인, 배우자, 그리고 본인 또는 배우자의 부양가족 의료비를 연간 임금총액의 12.5%를 초과하여 부담하는 경우, ④ 신청일로부터 역산하여 5년 이내에 파산선고, 개인회생절차 개시 결정을 받은 경우, ⑤ 임금피크제 시행, ⑥ 소정근로시간을 1일 1시간 또는 1주 5시간 이상 단축함으로써 단축된 소정근로시간에 따라 근로자가 3개월 이상 계속 근로하기로 한 경우, ⑦ 근로시간의 단축으로 근로자의 퇴직금이 감소하는 경우, ⑧ 재난으로 피해를 본 경우로서 고용노동부장관이 정하여 고시하는 사유에 해당하는 경우이다(퇴직급여법 시행령 제3조).

---

19 근로복지과-3162, 2012.9.12

'확정기여형' 퇴직연금 중도인출 사유

확정급여형 퇴직연금은 중도인출을 할 수 없으나, 확정기여형 퇴직연금은 퇴직금 중간정산과 유사하게 중도인출을 할 수 있다(퇴직급여법 제22조).
확정기여형 퇴직연금의 중도인출 사유는 251쪽의 중간정산 사유 중 ①②③④⑧ 이다(동법 시행령 제14조).

퇴직연금 수급권 담보제공 가능 사유

퇴직연금은 담보제공도 가능하다. 확정급여형 퇴직연금도 중도인출은 안 되나 담보제공은 가능하다. 담보제공 가능 사유는 ①②③④⑧ + ◦사업주의 휴업으로 임금이 감소하는 경우로서 고용노동부장관이 정하여 고시하는 사유에 해당하는 경우(임금이 직전 달이나 직전 3개월 또는 직전 연도 임금보다 30% 이상 감소), ◦가입자 본인, 배우자, 그리고 본인 또는 배우자 부양가족의 대학등록금, 혼례비 또는 장례비를 가입자가 부담하는 경우가 추가된다(퇴직급여법 시행령 제2조제1항).

[담보 한도] 가입자별 적립금의 50% 한도에서 담보로 제공할 수 있다. 단, 사업주의 휴업 실시로 임금이 감소하거나 재난으로 피해를 본 경우에는 고용노동부장관이 정하여 고시하는 한도에 의하는데, 휴업 실시의 경우 한도는 1,000만 원이다(제2조제2항, 고용노동부 고시 제2020-139호).

첨부

산업안전 및 산업재해

01

산업안전

산업안전 관련 내용은 어떤 법리보다는 세세한 내용을 인지해야 하는 경우가 많은데, 세부적인 업종이나 관련된 숫자 등을 굳이 외우기보다는 주요 사항을 살펴보고 관련 내용이 필요할 때 다시 찾아보면 될 것이다. 산업안전 및 산업재해 분야를 첨부로 배치한 것은 중요하지 않아서가 아니라, 아래의 내용이 법령의 주요 내용을 정리한 것일 뿐 특별한 법리적 검토나 해석 등이 많지 않기 때문이다. 단, 업무상 재해 등과 관련해서는 법리적 이해가 필요하다.

1 산업안전보건법 적용대상

산업안전보건법은 산업안전 및 보건에 관한 기준을 확립하고 그 책임의 소재를 명확하게 하여 산업재해를 예방하기 위한 법으로서(제1조) 기본적으로 모든 사업에 적용하되(제3조), 다음의 업종에는 일부 주요 규정이 적용되지 않는다.

'상식의 틀' 노동법

산업안전보건법 적용 제외(산업안전보건법 시행령 별표1)

* 공공행정, 국방 및 사회보장 행정, 교육 서비스업 중 초·중·고 교육기관, 특수학교, 외국인학교 및 대안학교[1] → ① 안전보건관리체제, ② 안전보건관리규정, ③ 안전보건교육 적용 제외
* '사무직 종사자만'을 사용하는 사업장(사업장이 분리된 경우로서 사무직 종사자만을 사용하는 사업장 포함), 상기 교육서비스업 외의 교육서비스업(청소년수련시설 운영업 제외), 국제 및 외국기관 → ①,②,③ + 도급인의 안전·보건 조치 적용 제외(위생시설 설치·이용 협조는 적용)
* 5인 미만 사업장 → ①,②,③(유해·위험 작업 관련 추가 교육은 적용) + 일부 규정[2] 적용 제외
* 기타 업종별로 일부 조항 적용 제외

[보호대상 & 의무주체]　　　산업안전보건법은 보호대상을 근로자라고 하지 않고 '노무를 제공하는 사람'이라고 하고 있다(제1조 참조). 즉, 근로기준법상 근로자뿐만 아니라, 용역계약 등 회사와 근로계약이 아닌 다른 종류의 계약을 체결하고 일하는 특수형태근로종사자 등도 보호대상으로 한다. 또한 책임주체도 사업주에 한정하지 않고, 특수형태근로종사자로부터 노무를 제공받는 자, 이동통신단말장치로 물건의 수거·배달 등을 중개하는 자를 포함한다(제5조, 제78조). 또한 총공사금액 50억 원 이상의 건설공사 발주자, 외식업·편의점 가맹사업 중 가맹점의 수가 200개 이상인 가맹본부에도 산업재해 예방을 위한 조치 의무를 부과한다(제67조, 제79조,

---

1　공공행정 및 교육서비스업의 경우, 청소, 시설관리, 조리 등 현업업무에 종사하는 사람으로서 고용노동부장관이 정하여 고시하는 사람은 제외(산업안전보건법이 적용된다는 의미)
2　안전보건진단, 안전보건 개선계획의 수립·시행명령, 안전보건 개선계획서의 제출, 영업정지의 요청(다른 규정에 따라 준용되는 경우는 제외)

시행령 제55조, 제69조). 앞서, 파견사업에서는 근로자를 사용하는 사용사업주가 산업안전보건법의 의무를 부담하는 사업주이나, 파견사업주와 사용사업주가 산업안전보건법을 위반하는 내용을 포함한 파견계약을 체결하여 동법을 위반하면 양자 모두를 사업주로 본다고 하였다(제35조제6항).

<표17> 특수형태근로종사자 vs. 노무제공자

산업안전보건법상 특수형태근로종사자[3] (시행령 제67조)	산재보험법상 노무제공자 (시행령 제83조의5)
보험모집인, 건설기계 운전원, 학습지 방문교사, 교육교구 방문강사, 골프장 캐디, 택배원, 퀵서비스 배달원, 대출모집인, 신용카드회원 모집인, 대리운전기사, 방문판매원, 대여 제품 방문점검원, 가전제품 설치·수리원, 소프트웨어기술자	
화물차주(특수자동차로 수출입 컨테이너·시멘트 운송 / 일반 화물차 등으로 철 강재·위험물질 운송)	탁송기사, 대리주차원, 특수 화물차 운전원(살수차·카고크레인차·고소작업차), 화물차주(화물차·견인차·특수사다리차 운전), 어린이집 특별활동프로그램 강사, 관광안내원(외국인 대상), 어린이통학버스 운전원

2 안전보건관리의 기본 틀

(1) 안전보건관리체제

안전보건관리체제는 안전·보건을 위한 이사회 및 조직의 구성을

---

3 산업안전보건법의 보호대상은 근로자, 특수형태근로종사자, 배달종사자이다. / 산재보험법과 달리, 보험모집인은 공제 모집 전업자 제외, 퀵서비스 배달원·대리운전기사는 주로 하나의 업체와 거래, 방문판매원은 상시 종사 / 산재보험법은 특수형태근로종사자·플랫폼 종사자를 뜻하는 노무제공자 용어 사용(p.39 참조)

말한다. 상시 500인 이상인 회사 또는 전년도 시공능력평가액 순위가 1,000위 이내인 건설회사의 대표이사는 비용·시설·인원 등 회사의 안전·보건에 관한 계획을 매년 수립하여 이사회에 보고하고 승인을 받아야 한다(산업안전보건법 제14조, 동법 시행령 제13조).

조직은 기본적으로 안전보건관리책임자(도급사업의 안전보건총괄책임자 포함)와 그 휘하의 관리감독자, 관리감독자에게 지도·조언을 하는 안전관리자, 보건관리자, 산업보건의, 안전보건관리담당자로 구성된다.

[안전보건관리책임자]   안전보건관리책임자는 사업장의 실질적 총괄자로 산업재해 예방 등의 업무를 총괄한다(산업안전보건법 제15조). 사업의 종류별로 안전보건관리책임자를 선임해야 하는 요건이 다른데, 법령에는 33개의 사업의 종류가 제시되어 있다. 큰 틀에서 보면, 제조업, 광업, 출판업, 자동차 수리업, 원료 재생업 등은 상시근로자 50인 이상, 농어업, 소프트웨어, 컴퓨터 프로그래밍·시스템, 정보서비스업, 금융·보험, 임대업(부동산 제외), 전문, 과학, 기술서비스업(연구개발업 제외), 사업지원·사회복지 서비스업은 300인 이상, 기타 업종은 100인 이상이면 안전보건관리책임자를 선임한다(시행령 별표2). 수급인의 근로자가 도급인의 사업장에서 작업을 하는 경우4에 도급인의 안전보건관리책임자를 도급인과 수급인 각각에 속하는 근로자의 산업재해를 예방하기 위한 업무를 총괄하는 안전보건 '총괄' 책임자로 지정한다(산업안전보건법 제62조). 그러니까 여기서 말하는 총괄은 도급인과 수급인 소속 근로자를 포괄한다는 의미이다. 안전보건관리책임자를 두지 않아도 되는 사업장에서는 '사업을 총괄'하여 관리하는 사람을 안전보건총괄책임자로 지정해야 한다(제62조).

---

4   관계수급인에게 고용된 근로자를 포함한 상시근로자가 100명(선박 및 보트 건조업, 1차 금속 제조업 및 토사석 광업의 경우에는 50명) 이상인 사업이나 관계수급인의 공사금액을 포함한 해당 공사의 총공사금액이 20억 원 이상인 건설업(시행령 제52조)

[관리감독자]　　　관리감독자는 상시 5인 이상 사업장에서 '생산'과 관련된 업무와 작업자를 '직접' 지휘·감독하는 자(제16조)로서 보통 기업체의 해당 부서장이 맡는다.[5]

[안전·보건관리자]　　　안전관리자와 보건관리자는 기본적으로 상시 50인 이상의 사업장[6]에서 각각 안전 및 보건에 관하여 사업주 또는 안전보건관리책임자를 보좌하고 관리감독자에게 지도·조언하는 역할을 한다(제17조, 제18조, 시행령 별표3, 5). 도급사업의 경우 하청업체 근로자 수가 상시 50인 이상이면 하청업체가 별도로 안전·보건관리자를 선임해야 하고, 50인 미만이면 원청업체가 원·하청 근로자 수를 기준으로 안전·보건관리자를 선임해야 한다.[7]

[안전보건관리담당자]　　　안전보건관리담당자는 사업주를 보좌하

5　관리감독자는 기계·기구 또는 설비의 안전·보건 점검 및 이상 유무의 확인, 근로자의 작업복·보호구 및 방호장치의 점검과 그 착용·사용에 관한 교육·지도. 산업재해에 관한 보고 및 응급조치, 작업장 정리·정돈 및 통로 확보에 대한 확인·감독, 안전·보건관리자 등의 지도·조언에 대한 협조, 위험성평가 관련 유해·위험 요인의 파악 및 개선 조치의 시행에 대한 참여 등의 업무를 수행한다(산업안전보건법 제16조제1항, 동법 시행령 제15조). 관리감독자가 있는 경우에는 「건설기술 진흥법」 제64조제1항에 따른 안전관리책임자 및 안전관리담당자를 각각 둔 것으로 본다(산업안전보건법 제16조제2항)

6　건설업의 경우: [안전관리자] 공사금액 50억 원 이상(관계수급인은 100억 원 이상), [보건관리자] 공사금액 800억 원 이상 또는 상시근로자 600명 이상(산업안전보건법 시행령 제16조제1항·별표3, 제20조제1항·별표5) / 안전·보건관리자는 업종 및 상시근로자 수에 따라 1~2명 이상을 두나, 건설업은 공사금액, 상시근로자 수에 따라 증가한다(예) 안전관리자: 공사금액 1조 원 이상 시 11명 이상)

7　[산업안전보건법상 vs. 근로기준법상 상시근로자 수] 수급인의 근로자 수는 일반적으로 상시근로자 수에서 제외하나, 안전·보건관리자, 안전보건총괄책임자 선임 요건과 관련해서는 이들을 포함한다(시행령 제16조제3항, 제20조제3항, 제52조), 수급인이 안전·보건관리자를 선임하면 수급인의 근로자를 도급인의 근로자 수에서 제외할 수 있다(산업안전기준과-1714, 2021.12.30.) / 참고로 파견근로자는 산업안전보건법상 상시근로자 수에 포함한다(산보 68340-125. 2000.2.17.). 근로기준법상 상시근로자 수를 산정할 때는 파견근로자, 수급인의 근로자를 모두 제외한다(본서 p.12 참조)

고 관리감독자에게 지도·조언하는 자인데, 안전·보건관리자가 있거나 두어야 하는 경우에는 별도로 둘 필요는 없다(제19조). 안전보건관리책임자를 둘 필요가 없는 상시 50인 미만의 사업장이라도, 제조업, 임업, 하수, 폐수 및 분뇨처리업, 폐기물 수집·운반·처리 및 원료 재생업, 환경정화 및 복원업의 경우 상시 20인 이상이면 안전보건관리담당자를 둔다(시행령 제24조).

[산업보건의]　산업보건의는 상시 50인 이상 사업장에서 근로자의 건강을 관리하는 사람의 업무를 지도하기 위하여 선임한 의사이다. 의사를 보건관리자로 둔 경우에는 별도로 산업보건의를 둘 필요가 없다(산업안전보건법 제22조).

[명예산업안전감독관]　명예산업안전감독관은 고용노동부장관이 산업재해 예방 활동에 대한 참여와 지원을 촉진하기 위하여 근로자, 근로자단체, 사업주단체 및 산업재해 예방 관련 전문단체에 소속된 사람 중에서 위촉할 수 있는데(제23조), 필수 인원은 아니다.

(2) 산업안전보건위원회

사업주는 사업장의 안전 및 보건에 관한 중요 사항을 심의·의결하기 위하여 사업장에 근로자위원과 사용자위원이 같은 수로 구성되는 산업안전보건위원회를 구성·운영하여야 하고(산업안전보건법 제24조제1항), 분기별로 회의를 개최하여야 한다(시행령 제37조제1항). 근로자위원은 근로자대표, 명예산업안전감독관, 근로자대표가 지명한 9명 이내의 근로자로 구성하고, 사용자위원은 대표자,[8] 안전·보건관리자, 대표자가 지명하는 9명 이

8　같은 사업으로서 다른 지역에 사업장이 있는 경우에는 그 사업장의 안전보건관리책임자(시행령 제35조제2항)

내의 부서장으로 구성한다(시행령 제35조).[9] 산업안전보건위원회는 산업재해 예방계획, 안전보건관리규정, 안전보건교육, 작업환경측정, 건강진단, 중대재해 조사 및 대책 수립, 유해·위험한 설비 도입 등 산업안전 보건에 관한 중요 사항을 심의·의결한다(산업안전보건법 제24조제2항).

산업안전보건위원회 구성 의무(상시근로자 수 기준)
(산업안전보건법 시행령 제34조, 별표9)

- 화학, 비금속 광물제품, 1차 금속, 금속가공제품, 자동차, 기계·장비, 운송장비, 목재·나무 제품 제조업, 토사석 광업: 50인 이상
- 농어업, 소프트웨어, 컴퓨터 프로그래밍, 시스템 통합, 정보서비스업, 금융 및 보험업, 임대업(부동산 제외), 전문, 과학 및 기술 서비스업(연구개발업 제외), 사업지원 서비스업 및 사회복지 서비스업 : 300인 이상[10]
- 건설업: 공사금액 120억 원 이상(토목공사 : 150억 원 이상)
- 기타 사업장: 100인 이상

[참고] 노사협의회(상시근로자 30인 이상): 3개월마다 개최하여 근로자의 복지 증진 등 의결·보고·협의(근로자참여 및 협력 증진에 관한 법률 제20조~제22조)
- 의결사항: 교육훈련 기본계획, 복지시설 설치·관리, 사내근로복지기금 설치, 고충처리위원회 미의결사항
- 보고사항: 경영·생산·인력 계획
- 협의사항: 상기 의결·보고 사항 외 (생산성 향상, 성과배분, 채용, 배치, 교육훈련, 고충처리 등) → 협의사항도 의결할 수 있음

---

9   상시근로자 50명 이상 100명 미만을 사용하는 사업장에서는 부서장을 제외하고 구성할 수 있다 (상기 조항)
10 안전보건관리책임자 선임의 경우와 동일

(3) 안전보건관리규정

사업주는 안전·보건 관리조직 및 그 직무, 안전보건교육, 작업장 안전·보건 관리, 사고 조사 및 대책 수립에 관한 사항 등을 포함한 안전보건관리규정을 작성해야 한다(산업안전보건법 제25조). 역시 사업의 종류별로 안전보건관리규정을 작성해야 하는 상시근로자 수 요건이 다른데, 기본적으로 상시근로자 100인 이상이면 안전보건관리규정을 작성해야 하고, 앞에서 안전보건관리책임자의 선임 요건 및 산업안전보건위원회 구성 의무에서 상시근로자 수 300인 이상이었던 업종은 안전보건관리규정 작성과 관련해서도 동일한 상시근로자 수 기준을 적용한다.(동법 시행규칙 제25조제1항, 별표2)

(4) 전반적 유해·위험 방지 조치

① 규정 게시 및 안전보건표지 설치

사업주는 산업안전보건법과 시행령의 요지 및 안전보건관리규정을 각 사업장의 근로자가 쉽게 볼 수 있는 장소에 게시하거나 갖추어 두어 근로자에게 널리 알려야 한다(산업안전보건법 제34조). 사업주는 유해하거나 위험한 장소·시설·물질에 대한 경고, 비상시에 대처하기 위한 지시·안내 또는 그 밖에 근로자의 안전 및 보건 의식을 고취하기 위한 사항 등을 그림, 기호 및 글자 등으로 나타낸 표지를 근로자가 쉽게 알아볼 수 있도록 설치하거나 붙여야 한다. 이 경우 외국인근로자를 사용하는 사업주는 안전보건표지를 해당 외국인근로자의 모국어로 작성하여야 한다(제37조).

② 안전·보건 조치

사업주는 기계·기구·설비에 의한 위험, 폭발성, 발화성 및 인화성 물질 등에 의한 위험, 전기, 열, 그 밖의 에너지에 의한 위험으로 인한 산업재해를 예방하는 데 필요한 조치를 하여야 한다. 사업주는 굴착, 채석, 하역, 벌목, 운송, 조작, 운반, 해체, 중량물 취급, 그 밖의 불량한 작업 방법 등에 의한 위험으로 인한 산업재해를 예방하는 데 필요한 조치를 하여야 한다(산업안전보건법 제38조제1항). 사업주는 근로자가 추락할 위험이 있는 장소, 토사·구축물 등이 붕괴할 우려가 있는 장소, 물체가 떨어지거나 날아올 위험이 있는 장소, 천재지변으로 인한 위험이 발생할 우려가 있는 장소에서 작업할 때 발생할 수 있는 산업재해를 예방하는 데 필요한 조치를 하여야 한다(제38조제2항).[11]

사업주는 원재료·가스·증기·분진·흄·미스트 등, 방사선·유해광선·고온·저온·초음파·소음·진동·이상기압 등, 사업장에서 배출되는 기체·액체 또는 찌꺼기, 환기·채광·조명·보온·방습·청결 등의 기준 미달, 반복작업, 컴퓨터 단말기 조작 등에 의한 건강장해를 예방하기 위한 보건조치를 취해야 한다(제39조).

사업주는 직접 또는 정보통신망에 의한 고객 응대 근로자에 대하여 고객의 폭언 등으로 인한 건강장해를 예방하기 위하여 고용노동부령으로 정하는 바에 따라 필요한 조치를 하여야 한다. 사업주는 업무와 관련하여 고객 등 제삼자의 폭언 등으로 근로자에게 건강장해가 발생하거나 발생할 현저한 우려가 있는 경우에는 업무의 일시적 중단 또는 전환 등 대통령령으로 정하는 필요한 조치를 하여야 한다(제41조).

③ 유해·위험 방지계획서

산업안전을 위한 예방적 조치로서, 금속가공제품·화학제품 제조업

---

11 사업주는 안전모·안전화·안전대 등 작업조건에 맞는 보호구를 지급하고 '착용'하도록 해야 하고, 이를 받거나 착용지시를 받은 근로자는 이를 착용해야 한다(산업안전보건기준에 관한 규칙 제32조) 즉, 사업주는 보호구를 지급하는 데 그치지 않고 착용을 강제할 의무를 진다

등의 사업에서 건설물·기계 등의 설치·이전 또는 지상높이가 31미터 이상인 건축물 등의 건설공사 등의 경우에 유해·위험방지 계획서를 제출해야 하고, 고용노동부장관은 이를 심사하여 필요 시 작업의 중지 또는 계획의 변경을 명할 수 있다(산업안전보건법 제42조, 제43조).

④ 공정안전보고서

사업주는 사업장에 대통령령으로 정하는 유해·위험한 설비가 있는 경우 그 설비로부터의 위험물질 누출, 화재 및 폭발 등으로 인한 중대산업사고를 예방하기 위해 공정안전보고서를 작성하고 고용노동부장관에게 제출하여 심사를 받아야 하며, 보고서의 적합성에 대한 통보를 받기 전에는 해당 설비를 가동해서는 안 된다. 공정안전보고서를 작성할 때 산업안전보건위원회의 심의를 거쳐야 하되, 산업안전보건위원회가 설치되어 있지 아니한 사업장의 경우에는 근로자대표의 의견을 들어야 한다(산업안전보건법 제44조).

⑤ 안전·보건진단

고용노동부장관은 추락·붕괴, 화재·폭발, 유해·위험 물질의 누출 등 산업재해 발생의 위험이 현저히 높은 사업장의 사업주에게 안전보건진단기관의 안전·보건진단을 받을 것을 명할 수 있다(산업안전보건법 제47조).

⑥ 안전보건 개선계획

고용노동부장관은 산업재해율이 같은 업종의 규모별 평금 재해율보다 높은 사업장, 사업주의 의무 위반으로 중대재해가 발생한 사업장, 연간 2명 이상의 직업성 질병자가 발생한 사업장, 유해인자의 노출기준을 초과한 사업장에 대해 안전보건 개선계획을 수립하여 시행할 것을 명할 수 있다. 공정안전보고서와 마찬가지로 산업안전보건위원회의 심의(미설치 시

근로자대표 의견 청취)를 거쳐야 한다(산업안전보건법 제49조, 동법 시행령 제50조).

⑦ 사업주·근로자의 작업중지

사업주는 산업재해가 발생할 급박한 '위험'이 있거나 중대재해가 '발생'했을 때는 즉시 작업을 중지시키고 근로자를 대피시켜야 하며, 중대재해 발생을 알게 되면 자체 없이 고용노동부장관에게 보고해야 한다(산업안전보건법 제51조, 제54조). 근로자도 산업재해가 발생할 급박한 위험이 있는 경우에는 작업을 중지하고 대피할 수 있다. 대피한 근로자는 지체 없이 그 사실을 관리감독자나 부서장에게 보고해야 한다(제52조).

⑧ 고용노동부의 사용중지·작업중지 명령 & 영업정지 요청

고용노동부장관은 사업주가 사업장의 건설물 또는 그 부속건설물 및 기계·기구·설비·원재료(이하 "기계·설비 등")에 대하여 안전·보건 조치를 하지 아니하여 근로자에게 현저한 유해·위험이 초래될 우려가 있다고 판단될 때에는 해당 기계·설비 등에 대하여 사용중지·대체·제거 또는 시설의 개선 등(이하 "시정조치")을 명할 수 있고(산업안전보건법 제53조제1항), 사업주가 해당 기계·설비 등에 대한 시정조치 명령을 이행하지 아니하여 유해·위험 상태가 해소 또는 개선되지 아니하거나 근로자에 대한 유해·위험이 현저히 높아질 우려가 있는 경우에는 해당 기계·설비 등과 관련된 '작업'의 전부 또는 일부의 중지를 명할 수 있다(제3항). 사용중지 또는 작업중지 명령을 받은 사업주는 그 시정조치를 완료한 경우에는 고용노동부장관에게 사용중지 또는 작업중지의 해제를 요청할 수 있고(제4항), 고용노동부장관은 시정조치가 완료되었다고 판단될 때에는 사용중지 또는 작업중지를 해제하여야 한다(제5항).

고용노동부장관은 중대재해가 발생하였을 때 중대재해가 발생한 해당 작업 또는 중대재해가 발생한 작업과 동일한 작업으로 인하여 해당 사업장에 산업재해가 다시 발생할 급박한 위험이 있다고 판단되는 경우에는 '그 작업의' 중지를 명할 수 있고(제55조제1항), 토사·구축물의 붕괴, 화재·폭발, 유해하거나 위험한 물질의 누출 등으로 인하여 중대재해가 발생하여 그 재해가 발생한 장소의 주변으로 산업재해가 확산할 수 있다고 판단되는 등 불가피한 경우에는 '해당 사업장의' 작업을 중지할 수 있다(제2항). 고용노동부장관은 사업주가 작업중지의 해제를 요청하면 작업중지 해제에 관한 전문가 등으로 구성된 심의위원회의 심의를 거쳐 작업중지를 해제하여야 한다(제3항).

사업주의 의무 위반으로 많은 근로자가 사망하거나 사업장 인근지역에 중대한 피해를 주는 등의 사고가 발생한 경우, 고용노동부장관의 시정조치나 작업중지 명령을 위반하여 근로자가 업무로 인하여 사망한 경우에 고용노동부장관은 행정기관의 장에게 해당 사업의 영업정지나 그 밖의 제재를 할 것을 요청하거나 공공기관의 장에게 그 기관이 시행하는 사업의 발주 시 필요한 제한 조치를 해당 사업자에게 취할 것을 요청할 수 있다(제159조). 사용중지, 작업중지는 고용노동부가 직접 명령을 발하는 것이고, 영업정지는 관할 행정기관의 장에게 조치를 요청하는 것이다.

(5) 유해·위험 '기계' 등에 대한 조치

① 유해·위험한 기계·기구에 대한 방호조치

금속절단기, 포장기계, 지게차 등 동력으로 작동하는 기계·기구는 유해·위험 방지를 위한 방호조치를 하지 아니하고는 양도, 대여, 설치 또는 사용에 제공하거나 양도·대여의 목적으로 진열해서는 안 된다(산업안전보건법 제80조).

② 안전인증, 자율안전확인, 안전검사

유해·위험한 기계·기구·설비 및 방호장치·보호구 중에서 근로자의 안전 및 보건에 위해를 미칠 수 있다고 인정되어 대통령령으로 정하는 것(안전인증대상기계 등)[12]을 제조하거나 수입하는 자는 고용노동부장관이 실시하는 안전인증을 받아야 한다(산업안전보건법 제84조제1항). 다만, 연구·개발을 목적으로 제조·수입하거나 수출을 목적으로 제조하는 경우, 고용노동부장관이 정하여 고시하는 외국의 안전인증기관에서 인증을 받은 경우에는 안전인증의 전부 또는 일부를 면제할 수 있다(제2항). 안전인증을 받은 자는 안전인증을 받은 유해·위험기계 등이나 이를 담은 용기 또는 포장에 안전인증의 표시를 해야 한다(제85조제1항).

안전인증대상기계 등이 아닌 유해·위험기계 등으로서 대통령령으로 정하는 것(자율안전확인대상기계 등)[13]을 제조하거나 수입하는 자는 안전에 관한 성능이 고용노동부장관이 정하는 자율안전기준에 맞는지 확인하여 고용노동부장관에게 신고해야 한다. 다만, 연구·개발을 목적으로 제조·수입하거나 수출을 목적으로 제조하는 경우나 고용노동부장관의 안전인증을 받은 경우 등은 제외한다(산업안전보건법 제89조).

유해·위험한 기계·설비 등에 대해서는 제조 단계뿐 아니라, 사용 단계에서도 사용하는 사업주가 고용노동부장관의 '안전검사'를 받아야 하는데(제93조), 근로자대표와 협의하여 고용노동부장관이 인정한 자율검사프로그램을 적용하는 경우에는 안전검사를 면제한다(제98조).(산업안전보건법 제83조~제100조)

---

12 프레스·전단기(방호장치 포함), 크레인, 리프트, 압력용기(안전밸브 포함), 롤러기, 사출성형기, 고소 작업대, 곤돌라 등(산업안전보건법 시행령 제74조제1항)

13 연마기, 산업용 로봇, 혼합기, 파쇄기, 식품가공용 기계(제면기 등 일부), 컨베이어, 인쇄기 등

(6) 유해·위험 '물질'에 대한 조치

① 유해인자 허용기준의 준수

사업주는 발암성 물질 등 근로자에게 중대한 건강장해를 유발할 우려가 있는 유해인자로서 대통령령으로 정하는 유해인자[14]는 작업장 내의 그 노출 농도를 고용노동부령으로 정하는 허용기준 이하로 유지해야 한다. 다만, 유해인자를 취급하거나 정화·배출하는 시설 및 설비의 설치나 개선이 현존하는 기술로 가능하지 아니한 경우, 천재지변 등으로 시설과 설비에 중대한 결함이 발생한 경우, 고용노동부령으로 정하는 임시 작업과 단시간 작업의 경우 등은 예외이다(산업안전보건법 제107조).

② 신규화학물질의 유해성·위험성 조사

신규화학물질을 제조·수입하려는 자는 신규화학물질에 의한 근로자의 건강장해를 예방하기 위하여 그 신규화학물질의 유해성·위험성을 조사하고 그 조사보고서를 고용노동부장관에게 제출해야 한다. 다만, 일반 소비자의 생활용으로 제공하기 위하여 신규화학물질을 수입하는 경우 또는 신규화학물질의 수입량이 소량이거나 그 밖에 위해의 정도가 적다고 인정되는 경우로서 고용노동부령으로 정하는 경우는 예외이다(산업안전보건법 제108조).

③ 물질안전보건자료

화학물질 등을 제조·수입하려는 자는 제품명, 화학물질의 명칭 및 함유량, 취급 주의 사항, 건강 및 환경에 대한 유해성, 물리적 위험성 등을

---

14 6가 크롬 화합물, 니켈 화합물, 베릴륨·카드뮴 및 그 화합물, 납·망간·코발트·수은 및 그 무기화합물, 메탄올, 벤젠, 석면, 암모니아, 염소, 염화비닐, 이황화탄소, 일산화탄소, 황산, 포름알데히드 등(산업안전보건법 시행령 제84조 별표26)

적은 자료, 즉 물질안전보건자료(MSDS: Material Safety Data Sheet)를 작성하여 고용노동부장관에게 제출하여야 하고(산업안전보건법 제110조), 이를 취급하려는 사업주는 취급하는 근로자가 쉽게 볼 수 있는 장소에 물질안전보건자료를 게시하거나 갖추어 두어야 한다(제114조). 물질안전보건자료의 대상물질을 양도하거나 제공하는 자는 이를 담은 용기 및 포장에 경고 표시를 해야 한다(제115조).

④ 유해·위험물질의 제조 등 금지·허가

누구든지 직업성 암을 유발하는 것으로 확인되어 근로자의 건강에 특히 해롭다고 인정되는 물질, 유해성·위험성이 평가된 유해인자나 유해성·위험성이 조사된 화학물질 중 근로자에게 중대한 건강장해를 일으킬 우려가 있는 물질로서 대통령령으로 정하는 물질[15](제조금지물질)을 제조·수입·양도·제공 또는 사용해서는 안 된다(산업안전보건법 제117조). 다만, 시험·연구 또는 검사 목적의 경우는 예외이다. 상기 물질 중에서 대체물질이 개발되지 아니한 물질 등 대통령령으로 정하는 물질[16]을 제조하거나 사용하려는 자는 고용노동부장관의 허가를 받아야 한다(제118조).

(7) 안전보건교육

안전보건교육에는 근로자에 대한 교육과 안전보건관리책임자 등에 대한 교육, 특수형태근로종사자에 대한 교육이 있다. 근로자에 대한 교육에는 정기 교육, 채용 시 교육, 작업내용 변경 시 교육, 유해·위험 작업과

---

15 β-나프틸아민,석면, 벤젠을 포함하는 고무풀(중량 비율 5% 이하 제외), 백연을 포함한 페인트(중량 비율 2% 이하 제외) 등(산업안전보건법 시행령 제87조)

16 α-나프틸아민, 베릴륨, 비소, 염화비닐, 크롬산 아연, 황화니켈류 등(산업안전보건법 시행령 제88조)

관련된 특별교육이 있다. 정기교육은 반기마다 6시간 이상이되, 비사무직 중 판매업무에 직접 종사하는 근로자 외의 근로자는 반기마다 12시간 이상이고, 관리감독자는 연간 16시간 이상이다. 채용 시 교육은 8시간이고, 작업내용 변경 시 교육은 2시간인데, 일용근로자는 양 교육 모두 1시간이다(산업안전보건법 제29조, 동법 시행규칙 제26조제1항, 별표4). 전년도에 산업재해가 발생하지 않은 사업장의 경우 근로자 정기교육을 그다음 연도에 한정하여 해당 시간의 50% 이내의 범위에서 면제할 수 있다(시행규칙 제27조).

산업재해 발생 보고의무(산업안전보건법 시행규칙)

사업주는 사망자 또는 3일 이상의 휴업이 필요한 부상이나 질병이 발생하면, 1개월 이내 산업재해조사표를 작성하여 근로자대표의 확인을 받아 지방노동관서의 장에게 보고해야 한다(제73조).[17] 산업안전보건법상 중대재해(270쪽 표18 참조) 발생 시, 발생 개요 및 피해 상황, 조치 및 전망 등을 지체 없이 지방 노동관서의 장에게 '전화·팩스 등으로' 보고해야 한다(제67조).

---

17 근로자대표의 이견이 있으면 그 내용을 첨부하고, 근로자대표가 없으면 재해자 본인의 확인을 받아 산업재해조사표 제출

<표18> 중대재해 vs. 중대산업재해

산업안전보건법상 중대재해	중대재해처벌법[18]상 중대산업재해
1. 사망자 1명 이상	1. 사망자 1명 이상
2. 3개월 이상 요양이 필요한 부상자가 동시에 2명 이상	2. 동일한 사고로 '6개월 이상' 치료가 필요한 부상자가 2명 이상
3. 부상자 또는 직업성 질병자가 동시에 10명 이상	3. 동일한 유해요인으로 인한 급성중독 등 직업성 질병자가 '1년 이내에 3명' 이상

중대산업재해 & 처벌

중대산업재해가 발생했다고 무조건 처벌되는 것은 아니고, 안전·보건 확보의무를 위반해야 처벌된다. 안전·보건 확보의무는 ① 안전보건관리체제의 구축 및 이행, ② 재해 발생 시 재해방지 대책의 수립 및 이행, ③ 중앙행정기관의 시정명령에 대한 조치, ④ 안전·보건 관계 법령상의 의무이행이다(중대재해처벌법 제4조).

* 중대재해처벌법은 상시근로자 수 50인 이상 사업장(건설업: 공사금액 50억 원 이상)에 적용됐으나, 2024년 1월 27일부터 5인 이상 사업장에 확대 적용

---

18 정식 명칭은 중대재해 처벌 등에 관한 법률이고, 본 법은 '사업주와 경영책임자 등'의 안전·보건 확보 의무 및 의무 위반 시 처벌 규정을 담고 있다(제4조, 제6조). 중대산업재해 외에 중대시민재해도 규정하고 있는데, 이는 특정 원료 또는 제조물, 공중이용시설 또는 공중교통수단의 설계, 제조, 설치, 관리상의 결함을 원인으로 하여 발생한 재해로서, 사망자가 1명 이상 발생, 동일한 사고로 2개월 이상 치료가 필요한 부상자가 10명 이상 발생, 동일한 원인으로 3개월 이상 치료가 필요한 질병자가 10명 이상 발생한 재해를 뜻한다(제2조제3호)

(8) 근로자의 보건관리

① 작업환경측정

작업환경측정이란 작업환경 실태를 파악하기 위하여 해당 근로자 또는 작업장에 대하여 사업주가 유해인자에 대한 측정계획을 수립한 후 시료를 채취하고 분석·평가하는 것을 말한다(산업안전보건법 제2조제13호). 작업환경측정 대상 유해물질에 노출되는 근로자가 있는 작업장은 자격자로 하여금 작업환경 측정을 하도록 해야 하고, 그 결과를 고용노동부장관과 근로자에게 각각 보고·통보해야 하며, 그 결과에 따라 개선 조치를 취해야 한다(제125조, 시행규칙 제186조). 사업주는 작업환경측정 대상 작업장이 된 경우에는 그날부터 30일 이내에 작업환경측정을 하고, 그 후 반기에 1회 이상 정기적으로 작업환경을 측정해야 한다. 다만, '고용노동부장관이 고시하는' 화학적 인자의 측정치가 노출기준을 초과하거나, '기타' 화학적 인자의 측정치가 노출기준을 2배 이상 초과하면 그 측정일부터 3개월에 1회 이상 작업환경측정을 해야 한다. 최근 1년간 작업환경측정 결과에 영향을 주는 변화가 없는 경우로서 소음의 측정결과가 최근 2회 연속 85데시벨 미만이거나, 소음 외 다른 인자의 측정 결과가 최근 2회 연속으로 노출기준 미만이면 작업환경측정을 연 1회 이상 실시하면 된다(동법 시행규칙 제190조).

② 건강진단 및 역학조사

건강진단은 상시근로자에 대한 일반건강진단과 '특수건강진단 대상 유해인자' 노출 근로자에 대한 건강진단이 있는데, 후자에는 배치 전·특수·수시 건강진단이 있다. 일반건강진단은 사무직은 2년에 1회, 비사무직은 1년에 1회 실시한다(산업안전보건법 제129조, 동법 시행규칙 제197조). 특수건강진단 대상 유해인자 노출 근로자에 대한 건강진단 중 배치 전 건강

진단은 말 그대로 배치하기 전에 1회 실시하고, 특수건강진단은 유해인
자별로 6~24개월의 주기로 1회 실시하되, 배치 후 첫 번째 특수건강진
단은 유해인자별로 1~12개월의 주기로 실시한다(법 제130조, 시행규칙 제202
조제1항 별표23). 수시 건강진단은 근로자가 건강장해 의심 증상을 보이거
나 의학적 소견이 있는 경우 실시한다(법 제130조제3항). 고용노동부장관은
직업성 질환의 진단 및 예방, 발생 원인의 규명을 위하여 필요하다고 인
정한 때에는 근로자의 질환과 작업장의 유해요인의 상관관계에 관한 역
학조사를 할 수 있다(제141조).

③ 질병자의 근로 제한

사업주는 감염병(예방조치를 한 경우는 제외), 정신질환, 근로로 인하여
병세가 현저히 악화할 우려가 있는 자에 대해 의사의 진단에 따라 근로
를 금지하거나 제한해야 하고, 해당 근로자가 건강을 회복하면 지체 없
이 취업하게 해야 한다. 근로를 금지 또는 재개하는 경우 의사(보건관리자,
산업보건의 또는 건강진단을 실시한 의사)의 의견을 들어야 한다(산업안전보건법 제
138조, 동법 시행규칙 제220조).

잠함·잠수작업 등 고기압 하의 작업에 종사하는 근로자에 대하여 1
일 6시간, 1주 34시간을 초과한 근로를 시킬 수 없다(산업안전보건법 제139
조제1항). 고용노동부가 정하는 유해·위험한 작업의 경우 그 작업에 필요
한 자격·면허·경험 또는 기능을 가진 근로자 외의 자를 작업하게 해서
는 안 된다(제140조제1항).

④ 건강관리카드(수첩) 교부

건강관리카드는 발암성 물질에 일정기간 노출된 근로자에 대해 이직
후 연 1회 특수건강진단을 무료로 받을 수 있도록 발급해주는 카드이다.
요양급여 신청 시 카드를 제시하면 초진소견서를 제출한 것으로 본다.(산

(9) 도급사업과 안전·보건

① 도급의 제한

사업주는 일시·간헐적으로 하는 작업을 도급하는 경우 또는 수급인이 보유한 기술이 전문적이고 도급사업주의 사업 운영에 필수 불가결하고 고용노동부장관의 승인을 받은 경우 외에는 도금작업, 수은·납·카드뮴의 제련·주입·가공·가열 작업, 허가대상물질[19]을 제조하거나 사용하는 작업을 도급하여 자신의 사업장에서 수급인의 근로자가 그 작업을 하도록 해서는 안 된다(산업안전보건법 제58조제1항, 제2항). 고용노동부장관 승인의 유효기간은 3년 이내이고, 3년의 범위에서 연장할 수 있다(제4항, 제5항). 사업주는 급성 독성, 피부 부식성 물질의 취급 등을 도급하려면 고용노동부장관의 승인을 받아야 한다(제59조).

② 도급인의 안전·보건 조치

도급인은 보호구 착용의 지시 등 수급인 근로자의 '작업행동'에 관한 직접적인 조치를 제외하고 안전·보건 시설의 설치 등 조치를 해야 한다(산업안전보건법 제63조). 도급인은 안전보건 협의체 운영, 작업장 합동점검 및 순회점검, 수급인이 근로자에게 실시하는 안전보건교육을 위한 장소 및 자료의 지원 및 교육 실시의 확인, 경보체계 운영 및 대피방법 등 훈련(발파작업 또는 화재·폭발, 토사·구축물 붕괴, 지진 등 발생 시), 위생시설 등의 설치를 위한 장소 제공 또는 위생시설 이용의 협조, 수급인의 작업시기·내용, 안전·보건 조치 확인 등을 이행해야 한다(제64조). 도급인은 수

---

19 268쪽 주석16 참조

급인 또는 수급인 소속 근로자가 산업안전보건법과 이에 따른 명령을 위반하면 시정조치를 할 수 있고, 수급인은 이에 따라야 한다(제66조).

건설공사발주자가 도급계약을 체결하거나 건설공사 시공 총괄자(최초 수급인 제외)가 사업계획을 수립할 때는 산업안전보건관리비를 도급금액 또는 사업비에 계상해야 한다(제72조).

작업장 합동점검·순회점검

도급인은 수급인, 그리고 도급인·수급인 소속 근로자 각 1명과 함께 분기에 1회 이상 안전보건점검을 하여야 한다. 건설업, 선박·보트 제조업은 2개월에 1회 이상 실시하면 된다. 이와 별도로, 도급인은 1주일에 1회 이상 작업장 순회점검을 해야 한다. 건설업, 제조업, 토사석 광업, 서적·잡지·기타 인쇄물 출판업, 음악 및 기타 오디오물 출판업, 금속 및 비금속 원료 재생업은 2일에 1회 이상, 기타 사업은 1주일에 1회 이상 작업장 순회점검을 해야 한다(산업안전보건법 시행규칙 제80조, 제82조).

---

③ 도급인의 안전·보건 정보 제공 의무

도급인은 폭발성·독성 등 유해·위험한 화학물질을 제조·사용하는 설비를 분해·해체하는 작업, 질식·붕괴 위험이 있는 작업 등을 시작하기 전에 수급인에게 안전·보건에 관한 정보를 '문서로' 제공해야 하고, 수급인이 이에 따라 안전·보건 조치를 했는지 확인해야 한다. 수급인은 요청에도 불구하고 도급인이 이러한 정보를 제공하지 않은 경우에는 해당 작업을 수행하지 않아도 되고, 이에 대한 책임을 지지 않는다(산업안전보건법 제65조).

02

산업재해

1 산재보험법 적용범위

근로기준법에도 재해보상에 관한 규정이 있으나,[1] 업무상 재해와 관련해서는 산재보험법을 기준으로 살펴보기로 한다. 산재보험법은 원칙적으로 모든 사업장에 적용되나, 공무원 재해보상법 등 다른 법에 따라 재해보상이 되는 사업, 가구 내 고용활동, 농업, 임업(벌목업 제외), 어업·수렵업 중 법인이 아닌 자의 사업으로서 상시근로자 5인 미만인 사업에는 적용되지 않는다.

산업안전보건법의 적용대상이 근로기준법상 근로자가 아닌 노무를 제공하는 자임에 반해, 산재보험법은 근로기준법상 근로자를 적용대상으로 하나, 특례규정을 통해 노무제공자, 국외 근무자,[2] 해외파견

1　근로기준법상 재해보상은 보험 방식이 아니고 사용자의 보상역량에 의존해야 하며, 산재보험법상 휴업급여가 평균임금의 70%를 적용하는 데 비해, 근로기준법상 휴업보상은 60%를 적용하는 등의 차이가 있다. 사업이 여러 차례의 도급으로 행하여지는 경우의 재해보상에 관해서는 원수급인을 사용자로 본다(근로기준법 제90조제1항)

2　[국외의 사업에 대한 특례] 우리나라가 당사국이 된 사회 보장에 관한 조약이나 협정으로 정하는 국가나 지역에서의 사업에 대해서는 고용노동부장관이 금융위원회와 협의하여 지정하는 보험회사에 이 법에 따른 보험사업을 자기의 계산으로 영위하게 할 수 있다(제121조제1항)

자,[3] 중소기업사업주, 현장실습생, 대학·연구기관의 학생연구자 등에게도 확대 적용된다(산재보험법 제3장의4, 제121조~제124조). 여러 사업장에서 일하는 노무제공자도 보조사업장에서의 업무상 재해를 포함하여 산재보험법의 적용을 받을 수 있다.[4]

② 업무상 재해

업무상 재해는 업무상의 사유에 의한 부상, 질병, 신체장해, 사망을 의미하는데, 업무가 '원인'이 되거나, 업무를 '수행'하는 중에 발생하면 업무상 재해로 본다. 다만, 업무와 재해 사이에 상당인과관계가 없는 경우에는 업무상 재해로 인정하지 않는다(산재보험법 제37조제1항). 상당인과관계에 대한 증명책임은 재해를 입은 근로자 측에서 부담한다.[5] 업무상 재해는 업무상 사고와 업무상 질병으로 구분할 수 있다.

(1) 업무상 사고

① 업무수행 중의 사고

근로계약에 따른 업무수행 행위, 업무수행 과정에서 하는 용변 등 생리적 필요 행위, 업무를 준비하거나 마무리하는 행위, 그 밖에 업무에 따

---

3 [해외파견자에 대한 특례] 대한민국 밖의 지역에 대하여 공단에 보험 가입 신청을 하여 승인을 받으면 해외파견자를 그 가입자의 대한민국 영역 안의 사업에 사용하는 근로자로 보아 산재보험법을 적용할 수 있다(제122조제1항)

4 전속성 요건(주로 하나의 사업에 그 운영에 필요한 노무를 상시적으로 제공하고 보수를 받아 생활할 것)을 규정한 산재보험법 제125조가 폐지되었다(2023.7.1. 시행)

5 대법원 2021.9.9. 2017두45933

르는 필요적 부수행위, 천재지변·화재 등 사업장 내에 발생한 돌발적인 사고에 따른 긴급피난·구조행위 등 사회통념상 예견되는 행위는 업무상 사고로 본다(산재보험법 시행령 제27조제1항). 근로자가 사업주의 지시를 받아 사업장 밖에서 업무를 수행하던 중에 발생한 사고는 업무상 사고로 보나, 사업주의 구체적인 지시를 위반한 행위, 근로자의 사적 행위 또는 정상적인 출장 경로를 벗어났을 때 발생한 사고는 업무상 사고로 인정하지 않는다(제2항). 업무의 성질상 업무수행 장소가 정해져 있지 않은 근로자가 최초로 업무수행 장소에 도착하여 업무를 시작한 때부터 최후로 업무를 완수한 후 퇴근하기 전까지 업무와 관련하여 발생한 사고는 업무상 사고로 본다(제3항).

[휴게시간 중 사고 등]　　사업주의 지배관리하에 있다고 볼 수 있는 행위로 발생한 사고도 업무상 사고로 본다(산재보험법 제37조제1항). 사용자가 마련한 체육시설에서 운동하다가 다친 경우, 업무 관련성이 있다면 업무상 사고로 본다.[6]

② 시설물 등의 결함 등에 따른 사고

사업주가 제공한 시설물, 장비 또는 차량 등의 결함이나 사업주의 관리 소홀로 발생한 사고는 업무상 사고로 보나, 사업주의 구체적인 지시를 위반하여 이용한 행위로 발생한 사고와 그 시설물 등의 관리 또는 이용권이 근로자의 전속적 권한에 속하는 경우에 그 관리 또는 이용 중에 발생한 사고는 업무상 사고로 인정하지 않는다(산재보험법 제28조).

6　생산직 직원이 사내 체력단련실에서 역기에 눌려 사망한 사건에서 업무의 원만한 수행을 위한 체력단련 등의 필요에 의한 것이므로 업무의 준비행위거나 그에 수반되는 것으로 보아 업무상 재해로 인정한 판례가 있다(대법원 2009.10.15. 2009두10246)

③ 행사 중의 사고

행사 중에 사고가 발생한 경우, 사용자의 사업상 필요에 따라 참가 지시·승인이 있었다면 업무상 재해로 인정한다. 즉, 일률적으로 업무상 재해 여부를 판단할 수는 없고, '회사의 통제' 여부에 따라 판단해야 한다. 운동경기·야유회·등산대회 등의 행사에 근로자가 참석하는 경우, 노무관리 또는 사업의 운영상 필요하다고 인정되면서, 사업주가 행사에 참가한 근로자에 대하여 행사에 참가한 시간을 근무한 시간으로 인정하거나, 행사에 참가하도록 지시하거나, 근로자가 사전에 사업주의 승인을 받아 행사에 참가하거나, 사업주가 행사 참가를 통상적·관례적으로 인정한다면 업무상 사고로 인정한다(산재보험법 시행령 제30조).

④ 특수한 장소에서의 사고

사회통념상 근로자가 사업장 내에서 할 수 있다고 인정되는 행위를 하던 중 태풍·홍수·지진·눈사태 등의 천재지변이나 돌발적인 사태로 발생한 사고는 근로자의 사적 행위, 업무 이탈 등 업무와 관계없는 행위를 하던 중에 사고가 발생한 것이 명백한 경우를 제외하고는 업무상 사고로 본다(산재보험법 시행령 제31조).

⑤ 제삼자에 의한 폭행 등의 사고

제삼자의 폭행 등이 직장 내의 인간관계 또는 직무에 통상적으로 수반되는 위험이 현실화하여 발생한 것으로 업무와 상당인과관계가 있다면 업무상 재해로 인정할 수 있으나, 사적인 관계에서 비롯되거나 피해자가 직무의 한도를 넘어 상대방을 자극함으로써 발생한 경우에는 업무상 재해로 볼 수 없다.[7]

---

7 대법원 1995.1.24. 94누8587

⑥ 출퇴근 중의 재해

출퇴근 중의 재해도 사업주가 제공하거나 그에 준하는 교통수단을 이용하거나 통상적인 경로와 방법으로 출퇴근하던 중 발생한 사고는 업무상 재해로 인정한다(산재보험법 제37조제1항). 통상적인 경로를 이탈한 도중에 발생한 재해는 원칙적으로 업무상 재해로 인정하지 않으나, 일상용품을 구입하거나, 자녀를 보육기관 등에 데려다주거나, 병원에 들르거나, 직업교육을 받거나, 투표하러 가는 등 경로이탈이 일상생활에 필요한 행위이면 인정할 수 있다(제2항).

⑦ 자해행위·범죄행위·중과실행위

근로자의 고의·자해행위나 범죄행위 또는 그것이 원인이 되어 발생한 부상·질병·장해 또는 사망은 원칙적으로 업무상 재해로 인정하지 않는다. 다만, 정상적인 인식능력 등이 뚜렷하게 낮아진 상태에서 한 행위로 인해 발생한 재해로서, 업무상의 사유로 발생한 정신질환으로 치료를 받았거나 받고 있는 사람이 정신적 이상 상태에서 자해행위를 한 경우, 업무상의 재해로 요양 중인 사람이 그 업무상의 재해로 인한 정신적 이상 상태에서 자해행위를 한 경우, 그 밖에 업무상의 사유로 인한 정신적 이상 상태에서 자해행위를 하였다는 상당인과관계가 인정되는 경우에는 업무상의 재해로 본다(산재보험법 제37조, 동법 시행령 제36조).

근로자의 중과실로 교통사고가 발생하여 사망했더라도 업무상 재해에 해당할 수 있다. 업무용 차량으로 교육에 참석했다가 근무지로 돌아오던 중에 중앙선을 침범해 마주 오던 차량과 충돌해 사망한 사건에서 판례는 사고의 경위, 양상, 운전 능력과 같은 사고 발생의 상황을 종합적으로 고려해야 하고, '통상적으로 수반되는 위험의 범위' 안에서 사고가 발생했다면 중앙선 침범이라는 중과실이 원인이 되었다고 하더라도 업무

상 재해가 아니라고 단정해서는 안 된다고 판단했다.[8]

⑧ 기타 사고

회식 시간은 근로시간으로 인정하지 않지만, 판례는 사용자의 지배를 받는 회식 때 과음하고 무단횡단을 하여 사망한 경우 업무상 재해로 인정하였다.[9] 업무상 부상·질병으로 요양을 하는 근로자에게 요양급여와 관련한 의료사고, 요양기관에서의 요양 관련 사고, 요양기관으로 통원하는 과정에서 발생한 사고도 업무상 사고로 본다(산재보험법 시행령 제32조).

(2) 업무상 질병

업무상 질병에는 '유해·위험요인에 의한' 질병과 '업무상 부상이 원인이 되어' 발생한 질병, 그 밖에 업무와 관련하여 발생한 질병이 있다. 업무수행 중에 유해·위험 요인에 노출된 경력이 있고, 노출시간 등을 고려할 때 질병 유발의 가능성이 인정되고, 노출 또는 취급이 질병의 원인이라는 점이 의학적으로 인정되면 업무상 질병으로 본다. 또한, 업무상 부상과 질병 사이의 인과관계가 의학적으로 인정되고, 기존의 질환이 자연적으로 나타난 증상이 아니면 업무상 질병으로 본다(산재보험법 시행령 제34조제1항, 제2항). 즉, 기존의 질병이 있었어도 사고로 인해 악화하는 경우에는 업무상 질병으로 인정할 수 있다. 근로복지공단은 근로자의 업무상 질병 또는 업무상 질병에 따른 사망의 인정 여부를 판정할 때에는 그 근로자의 성별, 나이, 건강 정도 및 체질 등을 고려하여야 한다(제34조제4항).

[정신적 질병]   직장 내 괴롭힘, 고객의 폭언 등으로 인한 업무상

---

8   대법원 2022.5.26. 2022두30072
9   대법원 2020.3.26. 2018두35391

의 정신적 스트레스가 원인이 되어 발생한 질병이나 적응장애, 우울병, 외상후 스트레스 장애 등도 업무상 재해로 인정받을 수 있다(산재보험법 제37조제1항제2호).

건강손상자녀 & 업무상 재해

임신 중인 근로자가 업무수행 과정에서 유해인자의 취급이나 노출로 인하여, 출산한 자녀에게 부상, 질병 또는 장해가 발생하거나 그 자녀가 사망한 경우 업무상의 재해로 본다. 이 경우 그 출산한 자녀(건강손상자녀)는 업무상 재해의 사유가 발생한 당시 임신한 근로자가 속한 사업의 근로자로 본다. 건강손상자녀에 대한 장해등급 판정은 18세 이후에 한다(산재보험법 제91조의12).

---

(3) 보험급여

산업재해보상 보험급여에는 요양급여, 휴업급여 및 상병보상연금, 장해급여, 간병급여, 유족급여, 장의비가 있다. 보험급여를 받을 권리는 3년간 행사하지 아니하면 소멸한다(산재보험법 제112조제1항). 임금채권의 소멸시효인 3년과 동일하다.

① 요양급여

진찰, 약제, 재활 등의 치료를 뜻한다. 급여라고 하여 어떤 금전을 지급하는 것이 아니라 요양을 위한 치료 그 자체를 요양급여라고 부른다. 실제 치료를 제공하는 것이 원칙이나 부득이한 경우에는 요양비로 지급한다(산재보험법 제40조제2항).

요양급여를 받은 사람이 치유 후 요양의 대상이 되었던 업무상의 부상 또는 질병이 재발하거나 치유 당시보다 상태가 악화하여 이를 치유하기 위한 적극적인 치료가 필요하다는 의학적 소견이 있으면 다시 요양급여(재요양)를 받을 수 있다(제51조제1항).

② 휴업급여

업무상 부상 또는 질병으로 취업하지 못한 기간에 평균임금의 70%[10]의 휴업급여를 지급하는데, 그 기간이 3일 이내이면 지급하지 않는다(산재보험법 제52조). 부분휴업 · 저소득 근로자 · 고령자 · 일용직의 휴업급여는 아래와 같이 다른 기준을 적용한다(제53조~제56조, 시행령 제51조, 고용노동부 고시 제2017-82호).

<표19> 휴업급여 산정 방식

구분	휴업급여 산정
부분 휴업	(요양기간 중 일정한 기간 또는 시간에 취업하여 임금 수령 시) 평균임금에서 수령임금을 뺀 금액의 80%[11]
저소득 근로자	1일당 휴업급여 지급액(평균임금의 70%, 이하 A)이 '최저 보상기준 금액[12]의 80%(이하 B)' 이하이면 평균임금의 90%(이하 C)를 A로 함 (다만, C가 B보다 많으면 B를 A로 함) - 이렇게 산정한 A가 최저임금액보다 적으면 최저임금액을 A로 함

---

10 사용자의 귀책사유로 휴업할 때 지급하는 휴업수당과 동일한 기준이다. 단 휴업수당은 평균임금의 '70% 이상'이다

11 다만, 최저임금액을 1일당 휴업급여 지급액으로 하는 경우(저소득 · 재요양 근로자)에는 최저임금액에서 취업한 날에 대한 임금을 뺀 금액을 지급할 수 있다(산재보험법 제53조제1항 단서)

12 고용정책 기본법 제17조의 고용구조 및 인력수요 등에 관한 통계에 따른 상용근로자 5명 이상 사업체의 전체 근로자 임금 평균액의 1/2(단, 이 금액이 '시간급 최저임금액 x 8'보다 적으면 후자를 최저 보상기준 금액으로 하는데, 이에 따라 2024년 최저 보상기준 금액은 78,880원이다)(산재보험법 제36조제7항, 고용노동부 고시 제2023-74호)

고령자	61세 이후 매년 4% 감액(기존에 휴업급여를 수령한 자) - 61세 이후 요양 개시자는 요양 시작일부터 2년간 감액하지 않음
일용직[13] (3개월 미만자)	일당 x 통상근로계수(0.73) x 70%

재요양기간 중의 휴업급여도 재요양 당시의 임금을 기준으로 산정한 평균임금의 70%에 상당하는 금액으로 한다(산재보험법 제56조제1항). 1일당 휴업급여 지급액이 최저임금액보다 적거나 재요양 당시 평균임금 산정의 대상이 되는 임금이 없으면 최저임금액을 1일당 휴업급여 지급액으로 한다(제2항).

장해보상연금을 받는 사람이 재요양하는 경우에는 1일당 장해보상연금액과 1일당 휴업급여 지급액을 합한 금액이 장해보상연금의 산정에 적용되는 평균임금의 70%를 초과하면 그 초과하는 금액 중 휴업급여에 해당하는 금액은 지급하지 않는다(제3항). 이 경우 평균임금 산정사유 발생일은 재요양이 필요하다고 진단을 받은 날(단, 연속성이 인정되면 그 전의 치료 시작일), 질병의 진단서나 소견서 발급일이다(동법 시행령 제52조).

③ 상병보상연금

상병보상연금은 요양을 시작한 지 2년이 지난 날 이후에도 '치유되지 않고' 1~3급에 해당하는 중증요양상태에 해당하며 요양으로 인해 취업하지 못하는 경우에 '휴업급여 대신' 지급하는데(산재보험법 제66조), 보상금액은 1~3급이 각각 평균임금의 329, 291, 257일분이다(별표5). 근로자의 평균임금이 최저임금액의 70%보다 적을 때에는 최저임금액의 70%

---

13 도시 일용근로자의 월 가동일수를 20일을 초과하여 인정하기는 어렵다는 판례가 있다(대법원 2024.4.25. 2020다271650)

를 평균임금으로 보아 산정하되, 1일당 상병보상연금 지급액이 1일당 휴업급여 지급액보다 적으면, 1일당 휴업급여 지급액을 1일당 상병보상연금 지급액으로 하고, 상병보상연금을 받는 근로자가 61세가 되면 별도의 지급 기준에 따라 산정한 금액을 지급한다(제67조, 제68조).

재요양 기간 중의 상병보상연금도 재요양을 시작한 지 2년이 지난 후에 기존의 상병보상연금과 동일한 기준을 적용하여 지급하고. 재요양 기간 중의 휴업급여 산정에 적용되는 평균임금을 적용하되, 그 평균임금이 '최저임금액의 70%'보다 적거나 재요양 당시 평균임금 산정의 대상이 되는 임금이 없을 때에는 최저임금액의 70%에 해당하는 금액을 그 근로자의 평균임금으로 보아 산정한다(제69조제1항).

④ 장해급여·간병급여

부상·질병이 '치유된 후에' 신체에 장해가 있는 근로자에게 지급하는 급여로서 장해등급은 1~14급으로 구분되는데, 노동력을 완전히 상실한 장해등급인 1~3급은 연금만 가능하고, 경증인 8~14급은 일시금만 가능하며, 그 사이 등급은 연금과 일시금을 선택할 수 있다(산재보험법 제57조제3항, 별표2, 동법 시행령 제53조제5항). 상병보상연금의 요건인 '치유되지 않고'와 다르다. 치유는 완치와 다른 개념이다. 산재보험법에 의하면, 치유란 부상 또는 질병이 완치되거나 치료의 효과를 더 이상 기대할 수 없고 그 증상이 고정된 상태에 이르게 된 것을 의미한다(산재보험법 제5조제4호).

간병급여는 요양급여를 받은 사람 중 치유된 후에 의학적으로 상시 또는 수시로 간병이 필요하여 실제로 간병을 받는 사람에게 지급하는 급여이다. 장해보상연금의 수급권자가 재요양을 받는 경우에도 그 연금의 지급을 정지하지 아니한다(제60조제1항).

⑤ 유족급여·장례비

유족급여 중 일시금은 평균임금의 1,300일분이고, 연금은 급여기초연액(평균임금 x 365)의 47%를 기본으로 하고 가산하여 67%까지 가능하다.[14] 일시금은 근로자가 사망할 당시 유족보상연금 수급자격자가 없는 경우에 지급한다(산재보험법 제62조제2항). 유족보상연금 수급자격자는 근로자가 사망할 당시 그 근로자와 생계를 같이 하고 있던 유족(사망 당시 대한민국 국민이 아닌 자로서 외국 거주자 제외) 중 배우자, 60세 이상 부모 또는 조부모, 25세 미만 자녀, 19세 미만 손자녀, 19세 미만이거나 60세 이상인 형제자매, 고용노동부령으로 정한 장애 정도에 해당하는 장애인이다. 순위는 배우자·자녀·부모·손자녀·조부모 및 형제자매의 순서로 한다.[15] 연금과 일시금을 50%씩 적용할 수도 있다. 장례비는 평균임금의 120일분이다(산재보험법 제62조 별표3, 제71조).

⑥ 직업재활급여

직업재활급여에는 장해급여 또는 진폐보상연금[16]을 받은 사람이나 장해급여를 받을 것이 명백한 사람으로서 대통령령으로 정하는 사람 중 취

---

14 유족보상연금을 받던 사람이 그 수급자격을 잃은 경우 다른 수급자격자가 없고 이미 지급한 연금액을 지급 당시 각각의 평균임금으로 나누어 산정한 일수의 합계가 1,300일에 못 미치면 그 못 미치는 일수에 수급자격 상실 당시의 평균임금을 곱하여 산정한 금액을 수급자격 상실 당시의 유족에게 일시금으로 지급한다(산재보험법 제62조제4항)

15 근로자가 사망할 당시 태아였던 자녀가 출생한 경우에는 출생한 때부터 장래에 향하여 근로자가 사망할 당시 그 근로자와 생계를 같이 하고 있던 유족으로 본다(제63조제2항)

16 등급별 진폐장해연금과 기초연금(최저임금액의 60% x 365)을 합산한 금액 / 진폐근로자 중 일부는 장기간 요양을 하면서 그 기간에 휴업급여와 상병보상연금도 함께 받게 되고 사후에는 진폐로 인한 사망으로 쉽게 인정되어 유족급여도 받게 되어, 요양을 받지 않으면서 장해급여만을 받는 다른 진폐근로자에 비하여 보상수준이 지나치게 커지는 문제가 있으므로 ① 진폐근로자에게 휴업급여와 상병보상연금을 지급하지 않고 요양 여부와 관계없이 진폐보상연금을 지급하는 것으로 변경하고, ② 유족일시금을 폐지하여 진폐유족연금으로 일원화(산재보험법 제정 사유 중 일부)

업을 위하여 직업훈련이 필요한 사람에 대하여 실시하는 직업훈련에 드는 비용 및 직업훈련수당, 그리고 업무상의 재해가 발생할 당시의 사업에 복귀한 장해급여자에 대하여 사업주가 고용을 유지하거나 직장적응훈련 또는 재활운동을 실시하는 경우(직장적응훈련의 경우에는 직장 복귀 전에 실시한 경우도 포함)에 각각 지급하는 직장복귀지원금, 직장적응훈련비 및 재활운동비가 있다(산재보험법 제72조).

※ 보험급여의 기준이 되는 평균임금 관련

- 사용자와 합의한 금액이 아닌 실제 지급받았어야 할 금액 기준[17]
- 업무상 인과관계가 인정되는 '마지막 일터'의 평균임금 기준[18]

※ 연금의 지급기간

장해보상연금, 유족보상연금, 진폐보상연금 또는 진폐유족연금의 지급은 그 지급사유가 발생한 달의 다음 달 첫날부터 시작되며, 그 지급받을 권리가 소멸한 달의 말일에 끝난다. 또한, 각 연금의 지급을 정지할 사유가 발생한 때에는 그 사유가 발생한 달의 다음 달 첫날부터 그 사유가 소멸한 달의 말일까지 지급하지 아니한다(산재보험법 제70조).

---

17 대법원 2023.4.13. 2022두64518
18 대법원 2023.6.1. 2018두60380

▌제삼자의 행위에 의한 재해 & 구상권

제삼자의 행위에 의한 업무상 재해의 경우, 근로복지공단은 재해를 입은 근로자에게 보험급여를 지급하고, 근로자가 제삼자에게 손해배상청구권을 갖고 있다면 지급한 급여액의 한도 안에서 손해배상청구권을 대위한다(산재보험법 제87조제1항). 소위 구상권이다. 다만, 보험가입자인 둘 이상의 사업주가 같은 장소에서 '하나의 사업을 분할하여' 각각 행하다가 그중 사업주를 달리하는 근로자의 행위로 재해가 발생하면 다른 사업주는 구상권을 행사할 수 없다(제1항 단서). 또한, 근로자가 같은 직장 동료의 불법행위로 재해를 입은 경우 직장 동료는 제삼자로 볼 수 없고 사업장이 갖는 하나의 위험에 해당하므로 근로복지공단이 그 직장 동료에게 구상권을 행사할 수 없다.[19]

수급권자가 제삼자로부터 동일한 사유로 보험급여에 상당하는 손해배상을 받으면 근로복지공단은 그 배상액을 대통령령으로 정하는 방법에 따라 환산한 금액의 한도 안에서 보험급여를 지급하지 아니한다(제2항). 수급권자 및 보험가입자는 제삼자의 행위로 재해가 발생하면 지체 없이 공단에 신고해야 한다(제3항).

보험급여 신청 및 불복 절차(산재보험법 제103~제107조 등 참조)

※ ① 신청인은 재해 발생 경위, 재해에 대한 의학적 소견 등을 적은 서류를 첨부하여 근로복지공단(지사[20])에 신청 → ② 공단은 7일 내에 승인 여부를 결정하여 신청인과 사업주에게 통보[21] → ③ (불복 시) 결정이 있음을 안 날부터 90일 내에 결정을 한 지사를 거쳐 공단에 심사 청구* → ④ 공단은 산업재해보상보험심사위원회(공단 내)의 심의를 거쳐 60일(최장 80일) 내에 결정 → ⑤ (불복 시) 산업재해보상보험재심사위원회(고용노동부 내)에 재심사 청구

* 업무상질병판정위원회의 심의를 거친 결정에 불복 시 ③④의 절차를 생략하고 결정을 한 공단 지사를 거쳐 바로 ⑤의 절차 진행

---

19 대법원 2022.8.19. 2021다263748; 대법원 2004.12.24. 2003다33691

20 지역본부가 관할하는 지역도 있다

21 공단은 요양급여 신청일로부터 7일 이내에 결정해야 하나, 업무상질병판정위원회 심의, 재해조사(사업장·의료기관 등), 진찰, 서류 보완, 보험가입자(사용자)에 대한 통지 및 의견청취, 역학조사 등의 기간은 7일에 산입하지 않으므로(시행규칙 제21조) 통상적으로 7일보다 더 소요되고, 특히 업무상 질병은 수개월이 소요되기도 한다. 업무상질병판정위원회의 심의기간은 20일 이내이고, 10일을 넘지 않는 범위에서 한 차례만 연장할 수 있다(시행규칙 제8조제2항)

참고문헌

김형배, 노동법(제27판)

김형배·박지순, 노동법 강의(제13판)

이상윤, 노동법(제18판)

이수영 외, 노동법 실무(전면개정판)

이철수, 노동법

임종률·김홍영, 노동법(제20판)

하갑래, 근로기준법(제36판)

근로시간 제도의 이해, 고용노동부(2021.8)

근로시간 해당 여부 판단 기준 및 사례, 고용노동부(2022)

유연근로시간제 가이드, 고용노동부(2018. 6)

6+6 부모육아휴직제 설명자료(2024.1)

재량근로시간제 운영 가이드, 고용노동부(2019.7)

전자근로계약서 활성화를 위한 가이드라인, 고용노동부(2016)

집단적 노사관계 업무매뉴얼, 고용노동부(2022)

퇴직급여 매뉴얼, 고용노동부(2022)

특별연장근로 인가제도 업무처리 지침, 고용노동부(2022.10)

포괄임금제 사업장 지도지침, 고용노동부(2017.10)

판례 등 색인

사항색인

약력

박은중 / 공인노무사 · 외국변호사(미국 앨라배마주)

고용노동부 서기관(전문임기제 가급)
전국교육청 집단교섭 총괄간사
경남교육청 노사협력담당사무관
금호타이어 차장(경영기획 · 법무 · 미국생산법인 HR 등)
충남지속가능발전협의회 위원
한국공인노무사회 소통통합위원회 위원

〈현재〉
서울동부지방검찰청 형사조정위원회 조정장
서울특별시 노동권리보호관
서울문화재단 예술인 법률상담사업 전문가
한국공인노무사회 의무보수교육 강사
NCS(국가직업능력표준) 인사 · 조직 강사
공기업 채용 심사위원
고양특례시 적극행정위원회 위원
노동법률자문 법제 대표

〈기타〉
고용노동부장관 표창
서울대학교 행정대학원(행정학석사)
고려대학교 영어영문학과 / 한국방송통신대학교 법학과

내용 이의 및 문의: parkunite@daum.net

상식의 틀 노동법
〈혼동 주의〉 개별적 근로관계법

초판발행	2024년 8월 30일
지은이	박은중
펴낸이	안종만·안상준
편 집	장유나
기획/마케팅	김민규
표지디자인	BEN STORY
제 작	고철민·김원표
펴낸곳	(주) **박영사**
	서울특별시 금천구 가산디지털2로 53, 210호(가산동, 한라시그마밸리)
	등록 1959. 3. 11. 제300-1959-1호(倫)
전 화	02)733-6771
f a x	02)736-4818
e-mail	pys@pybook.co.kr
homepage	www.pybook.co.kr
ISBN	979-11-303-4717-2 93360

*파본은 구입하신 곳에서 교환해 드립니다. 본서의 무단복제행위를 금합니다.

정가   19,000원